125 Jahre GWG Fulda eG

EIN BEITRAG ZUR SIEDLUNGS- UND WIRTSCHAFTSGESCHICHTE DER STADT FULDA

Umschlag Titelbilder

Am Kleegarten 2-72, um 1925, Foto: Stadtarchiv Fulda.
Petersberger Straße 77 (Ausschnitt), um 1980, Foto: Stadtarchiv Fulda.

Umschlag Rückseite

Waldschlösschen, Luftaufnahme von Winfried Mannel, um 2010.

Thomas Heiler

125 Jahre GWG Fulda eG

EIN BEITRAG ZUR SIEDLUNGS- UND WIRTSCHAFTSGESCHICHTE DER STADT FULDA

MICHAEL IMHOF VERLAG

INHALT

VORWORT

Am 19.03.2024 hat die Mitgliederversammlung der GWG Fulda eG im 125. Jahr ihres Bestehens unter der Firmierung „GWG Immobiliengenossenschaft Fulda eG" ihre Liquidation zum 31.03.2024 beschlossen. Im Anschluss an das gesetzlich vorgeschriebene Sperrjahr wurde die Genossenschaft im Jahr 2025 endgültig abgewickelt. Die Genossenschaft war am 22.10.1899 als „Bauverein für den Kreis Fulda" gegründet worden. Im Jahr 1930 wurde die Firmierung in „Bauverein für den Stadtkreis Fulda eGmbH" abgeändert.

Im Jahr 1919 wurde in Fulda mit der „Erbbaugenossenschaft Fulda eGmbH" eine weitere Wohnungsgenossenschaft gegründet. Diese nahm im Jahr 1921 ihre Geschäftstätigkeit auf.

Im Jahr 1941 wurden der Bauverein für den Kreis Fulda und die Erbbaugenossenschaft Fulda durch Aufnahme der Erbbaugenossenschaft in den Bauverein miteinander verschmolzen und firmierten von da an als „Gemeinnützige Wohnungsgenossenschaft Fulda eGmbH". Der Hinweis auf die Rechtsform änderte sich in späteren Jahren im Zusammenhang mit einer Neufassung des Genossenschaftsgesetzes von „eGmbH" in „eG".

Ein weiteres Mal änderte sich die Firmierung im Jahr 2018 aufgrund des Wegfalls des Wohnungsgemeinnützigkeitsgesetzes in „GWG Wohnungsgenossenschaft Fulda eG". Eine letzte Änderung in der Firmierung der Genossenschaft ergab sich im Jahr 2021. Aufgrund des Verkaufs des gesamten Wohnungsbestandes zum 31.12.2021 regte der zuständige Prüfungsverband an, die Firmierung nunmehr in „GWG Immobiliengenossenschaft Fulda eG" zu ändern.

Losgelöst von der jeweils rechtlich zutreffenden Firmierung wurde die Genossenschaft in Mieterkreisen, von den Mitgliedern und in der breiten Öffentlichkeit in den letzten Jahrzehnten ohnehin immer nur als „GWG Fulda eG" oder kurz als „GWG" bezeichnet.

Der Liquidation der GWG Immobiliengenossenschaft Fulda eG ging ein in der Mitgliederversammlung der Genossenschaft am 31.08.2021 gefasster Beschluss voraus.

In dieser Versammlung beschlossen die Mitglieder, den nahezu gesamten Immobilienbestand der Genossenschaft zum 31.12.2021 zu veräußern. Die Veräußerung erfolgte an die Unternehmensgruppe der „Gemeinnütziges Siedlungswerk GmbH" in Frankfurt/Main. Das Verwaltungsgebäude wurde auf dieses Unternehmen selbst und der weitere Wohnungsbestand wurde auf ein Tochterunternehmen dieser Gesellschaft, die „GWG Fulda GmbH", übertragen.

Bei der Auswahl eines Erwerbers sollten neben der Findung eines angemessenen Kaufpreises auch weitere vielfältige Interessen der Genossenschaft (Mieter- und Mitgliederschutz, Übernahme von Mitarbeiterinnen und Mitarbeitern, Investitionsverpflichtungen des Erwerbers, Veräußerungsbeschränkungen für den Erwerber) Beachtung finden. Aufsichtsrat und Vorstand sind der Überzeugung, dass mit der Auswahl der erwerbenden Unternehmensgruppe und den vereinbarten Bedingungen allen diesen Interessen Rechnung getragen wurde.

Damit ist sichergestellt, dass die Erfüllung der Aufgaben, denen sich die GWG Immobiliengenossenschaft Fulda eG seit ihrer Gründung im Jahr 1899 unter Einbeziehung der mit ihr im Jahr 1941 verschmolzenen Erbbaugenossenschaft verschrieben hatte, fortgeführt wird.

Mit der Liquidation GWG Immobiliengenossenschaft Fulda eG geht allerdings die 125jährige Geschichte eines eigenständigen Unternehmens zu Ende. Es handelt sich dabei um die Geschichte eines Unternehmens, das für die Wohnungsversorgung der Bürger der Stadt Fulda und die Stadtentwicklung Fuldas von besonderer Bedeutung war.

Diese Geschichte war geprägt von großen Erfolgen, aber auch von Misserfolgen und Fehlentwicklungen. Die Tätigkeit der Mitglieder der Organe der Genossenschaft Aufsichtsrat und Vorstand war weitestgehend segensreich. Für und im Namen der Genossenschaft waren aber auch Personen tätig, deren Wirken für die Genossenschaft und darüber hinaus als unselig bezeichnet werden muss.

Die zum Zeitpunkt der Liquidation für die Genossenschaft verantwortlichen Organe Aufsichtsrat und Vorstand sind Herrn Dr. Thomas Heiler sehr dankbar, dass er sich bereit erklärt hat, diese Geschichte der GWG Fulda eG zu dokumentieren und damit als Teil der Stadtgeschichte Fuldas allen Mitgliedern der Genossenschaft und weiteren interessierten Personen, Personenkreisen und Körperschaften in Erinnerung zu halten.

Fulda, im Jahr 2025

Hans-Joachim Frohnapfel
Vorsitzender des Aufsichtsrates
der GWG Fulda eG

1

FULDA UM 1900 –

Im rasanten Wandel von der barocken Residenz zur Industriestadt

Als im Oktober 1899 der »Bauverein für den Kreis Fulda« gegründet wurde, durchlebte Fulda, die einst so beschauliche Residenz der Fuldaer Äbte und Fürstbischöfe, den größten Wandel in seiner mehr als tausendjährigen Geschichte[1]. Gerade einmal eine Generation nach dem langersehnten Anschluss der Stadt an das Bahnnetz im Jahr 1866 hatte sich deren Gestalt völlig gewandelt. Statt der Kirchtürme bestimmten nun die **Fabrikschlote** (Abb. 1 und 2), die sich in einem Kranz um den alten Ring der Stadtmauer legten, das äußere Erscheinungsbild Fuldas. Die noch zur Mitte des 19. Jahrhunderts relativ verschlafene Hauptstadt der kurhessischen Provinz Fulda war ein boomender Industriestandort geworden, der baulich über die mittelalterliche Stadtmauer hinausgriff. Zudem wurde Fulda um 1900 zum Standort einer Garnison ausgebaut, für die entlang der Leipziger Straße ein neues Stadtviertel entstand. Die Zahl der Einwohner steigerte sich zwischen 1867 (9.014) und 1914 (23.226) um mehr als 150%. Gleichzeitig veränderte sich die bisher weitgehend homogene Bevölkerungsstruktur grundlegend. War die große Mehrzahl der bisherigen Bewohner schon seit Generationen in der Stadt sowie der Region verwurzelt und fand ihre Beschäftigung im Handwerk, dem Kleingewerbe, im öffentlichen Sektor sowie als Knechte, Mägde und Taglöhner, so entstand seit den 1870er Jahren eine große Gruppe von Industriearbeitern. Sie rekrutierte sich überwiegend durch Zuzug, wies vor allem im Bereich der Bahnarbeiter eine hohe fachliche Qualifikation auf und hatte auch ein starkes gewerkschaftliches Selbstbewusstsein. Fulda wurde in diesen Jahren nicht nur größer, sondern auch städtischer, konfessionell vielfältiger und modernen Ideen gegenüber aufgeschlossener.

Der Anschluss an die Eisenbahn als Triebfeder der Industrialisierung

Die Verantwortlichen in Politik und Wirtschaft erkannten schon in den 1830er Jahren, in einer Phase der tiefsten wirtschaftlichen Depression in Osthessen, den Wert einer Anbindung an das entstehende Bahnnetz. Bereits 1836 hatte sich der Fuldaer Stadtrat für einen Anschluss an die projektierte Eisenbahnstrecke Frankfurt-Kassel ausgesprochen, um das heimische Gewerbe zu fördern. Allerdings nahm die 1845 zwischen Kurhessen, Hessen-Darmstadt und Frankfurt beschlossene und 1850 fertiggestellte Main-Weser-Bahn ihren Weg nicht über Osthessen, sondern fuhr über

1 | Stadtvedute Fulda, Blick über die Bahnhofstraße; 1910, Ölgemälde von Gustav Iller (VM, II C 128).

2 | Morgenstimmung; 1925, Ölgemälde von Fritz Pfeiffer (VM, II C 197).

3 | Bahnhof Fulda; um 1905, Postkarte (StadtAFd, BA-31772).

Marburg und Gießen. Nicht zuletzt wegen des Drucks aus Fulda, dessen Magistrat gegenüber dem hessischen Kurfürsten auf die verzweifelte wirtschaftliche Lage aufmerksam gemacht hatte, erhielt man 1866 doch noch die ersehnte Bahnlinie und zwar auf der neuen Route Bebra-Hersfeld-Fulda-Hanau. Die damit geschaffene Verkehrsanbindung an die industriellen Zentren Frankfurt und Kassel war die Initialzündung für eine Modernisierung, die für die Stadtentwicklung nicht hoch genug veranschlagt werden kann. Es lässt sich ohne Übertreibung sagen, dass der Eisenbahnanschluss die wirtschaftliche und gesellschaftliche Entwicklung der Stadt von 1866 bis heute wie kein anderer Faktor bestimmt hat. In der Folge erlebte Fulda tatsächlich den erhofften wirtschaftlichen Boom. Nun erst dehnte sich die Stadt über ihre Mitte des 12. Jahrhunderts geschaffene Ummauerung aus und vollzog die bauliche Verbindung zwischen dem heutigen Universitätsplatz und dem **Bahnhofsgebäude** (Abb. 3), das 1866 noch auf freiem Feld lag. Der Weg hierzu war sehr schwierig, denn er war verbunden mit den ersten Ansätzen einer geplanten Stadtentwicklung, die allerdings auf heftige Widerstände sowohl beim Landkreis als auch bei privaten Investoren stieß.

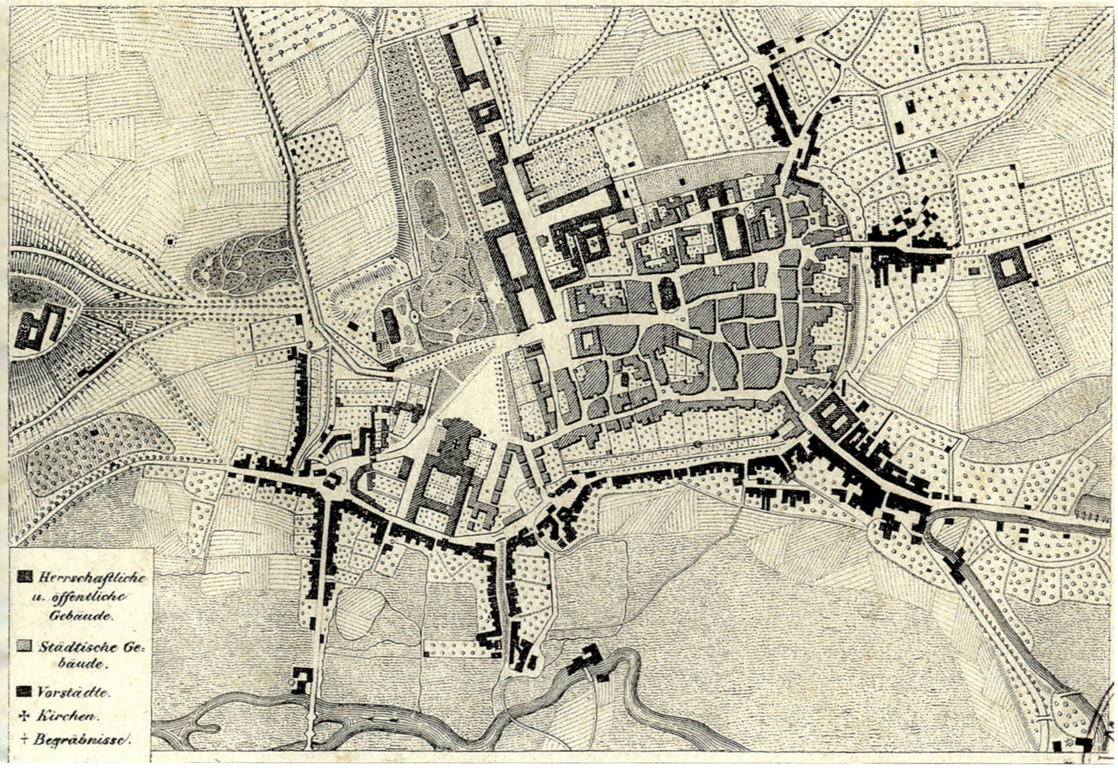

4 | Stadtplan Fulda; um 1840, Lithographie (VM II F 3).

Frühe Phase der Industrialisierung im heimischen Textilhandwerk[2]

Vom Mittelalter bis weit in das 19. Jahrhundert hinein konzentrierte sich die Besiedlung Fuldas auf den Bereich innerhalb der mittelalterlichen **Stadtmauer** (Abb. 4) und die die dazu gehörigen Vorstädte Löherstraße, Florengasse und Petersgasse. Mit der 1826 eingemeindeten Unterstadt, die von der Lengsfeldergasse über die Tränke bis hin zum Angel und zum Eichsfeld reichte, vergrößerte sich zwar das Stadtgebiet, doch hielt sich die Bebauung immer noch an den mittelalterlichen Rahmen. Dies galt auch für die erste Phase der Industrialisierung, die aus dem alten Handwerk hervorging.

Die frühen „Fabriken" waren um 1850 alle noch im Stadtgebiet angesiedelt. So stellte Fuldas größter damaliger Arbeitgeber Johann Heinrich Schmitt in seiner 1822 begründeten Fabrik zwischen der Nonnengasse und der Schulstraße im Bereich des späteren Konviktgebäudes Baumwollprodukte her. An knapp 300 Webstühlen wurden dort über 450 Personen beschäftigt. Auch der jüdische Kaufmann Jacob Jacobsohn (ca. 1800–1841) betrieb zunächst von seinem Anwesen in der Nonnengasse 1 einen florierenden Woll- und Leinenhandel, den seine Söhne Isfried und **Hermann** (Abb. 5) um eine Leinen- und Wollfabrik erweiterten. Erst unter Isfrieds Sohn Justus (1872–1936) verlagerte sich seit der

5 | 25jähriges Jubiläum des Rhönklubs mit Abbildung von Hermann Jacobson (links); 1901, Postkarte (StadtAFd, BA-41749).

Jahrhundertwende die Produktion aus der Innenstadt heraus in die Langebrückenstraße 44/46, in der seit 1934 die Textilwerke Hermann Wighardt angesiedelt waren.

Ein Gewerbeareal, das bis zu seinem Abriss 2018 das Stadtbild im Altsiedlungsbereich bestimmte, war die Baumwollfabrik des Ignaz Schwarz in der Langebrückenstraße 14, die sich noch im frühen 20. Jahrhundert auf ihre endgültige Größe erweiterte und dabei in der kleinteiligen Bebauung der Unterstadt eine Sonderrolle einnahm. Nach einer vorübergehenden Unterbrechung der Produktion war der Kaufmann **Richard Schmitt** (1853–1936), der die Enkelin des Ignaz Schwarz geheiratet hatte, in den Betrieb eingetreten und hatte diesen seit 1893 als Alleinbesitzer in der Langebrückenstraße 14/16 unter dem Namen „Mechanische Baumwollweberei GmbH" betrieben. (Abb. 6)

Vergleichbares galt für die 1843/44 begründete Schuhstofffabrik des bedeutendsten Fuldaer Industriellen der Frühzeit Burkhard Müller (1819–1881) und seines Kompagnons Melchior Kircher (1842–1903), die nach 1848 ihre Produktion auf Stramin und Plüschwaren erweitert hatten und in der Löherstraße etwa 135 Personen beschäftigten. Auch hier hielten sich in der Innenstadt die Produktionsstätten bis in die 1990er Jahre.

Die größte Erfolgsgeschichte unter den Fuldaer Textilunternehmen schrieb die Firma Mehler[3], die aus kleinen Anfängen im 19. Jahrhundert zu internationaler Bedeutung gelangte. Sie ging aus einem 1837 gegründeten Handwerksbetrieb für Tafelleinen hervor. Der aus Friesenhausen (Rhön) stammende Firmengründer Valentin Mehler (1816–1884) war eine der markantesten Fuldaer Unternehmerpersönlichkeiten. Er ließ seine Pro-

6 | Firma Richard Schmitt; um 1905, Postkarte (StadtAFd, BA-41866).

dukte zunächst vornehmlich im Verlagsstil herstellen und exportierte sie schon bald bis nach Holland und Schweden. Unter Valentins Söhnen Wilhelm und Karl wurde die Firma von der Borgiasstraße 3 an ihren heutigen Platz in der Edelzellerstraße verlegt. Zusammen mit den Gummiwerken und dem Emaillierwerk Bellinger war „**Mehler**“ im 20. Jahrhundert der größte Arbeitgeber der Stadt. (Abb. 07)

Industrialisierung im heimischen Kerzen- und Metallhandwerk

Andere Bereiche des heimischen Handwerks wagten im 19. Jahrhundert im Gegensatz zur Textilindustrie nur in Ausnahmefällen den Schritt zur Großproduktion. Zu nennen ist hier vor allem Franz Carl Bellinger (1842–1900), der aus der Klempnerwerkstatt seines Vaters Benedikt in der Kanalstraße 35 ein 1867 gegründetes Unternehmen schuf, das lange Zeit zu den wichtigsten Arbeitgebern und Steuerzahlern der Region gehörte[4]. Durch die Verlagerung des Geschäfts auf die Produktion emaillierter Blechwaren, die schon bald in vielen Küchen und Haushaltungen zu finden waren, erschloss Bellinger einen Massenmarkt. An der Petersberger Straße entstand ein Stanzwerk, das um 1900 etwa 600 Menschen Arbeit bot.

Die 1863 gegründete Metallwarenfirma Weisensee entsprang einer fuldischen Zinngießerfamilie. Josef Weisensee (1829–1884), der Vater des Firmengründers Anton (1855–1901), verkaufte als gelernter Zinngießermeister Lampen, zunächst in der Marktstraße und

7 | Firma Mehler, Blick von Süden; um 1925, Luftbild (StadtAFd, BA-7596). ↓

8 | Adam Gies; um 1860, Ölgemälde von unbekanntem Künstler (VM II 406).

9 | Franz Emil Berta; um 1890, Portraitfoto (StadtAFd, BA-89).

seit 1882 in der Florengasse 33. Sein Sohn baute das elterliche Anwesen zu einer Metallwarenfabrik („Dampfstanzerei aller Massenartikel") und einer Galvanisieranstalt aus. Nach Antons frühem Tod übernahmen seine Witwe Anna und später sein Sohn Robert den Betrieb, der 1926 in Konkurs ging[5].

Die industrielle Kerzenproduktion ging aus dem alten Handwerk der Seifensieder und Lichterzieher hervor, das 1852 in Fulda 10 Meister und nur 2 Lehrlinge zählte. **Franz Emil Berta** (1838–1897) (Abb. 9) führte zusammen mit seinem Schwager Max Eickenscheidt (1861–1919) die 1824 begründete Wachszieherei seines Vaters Franz Anton (1805–1871)[6] zum finanziellen Erfolg. Die Produktion wurde hierbei vom Luckenberg / Unterm Heilig Kreuz 11 zunächst an die Künzeller Straße und 1904 An Vierzehnheiligen 25 verlegt. Nach der Trennung der Firma in »Bertas Wachswarenfabrik Robert Berta«[7] und die »Fuldaer Wachswerke Eickenscheidt AG«[8] bezog erstere die Fabrikanlage Am Ziehersert Weg 15.

Einer hiesigen Handwerkerfamilie entstammte auch **Adam Gies** (1833–1880), der 1867 am Buttermarkt eine »Seifen- und Lichteverkaufsniederlage« eröffnete[9]. (Abb. 8) Unter den Namen »Adam Gies Nachfolger« führte Karl Halbleib eine Lichter-, Seifen- und Wachswarenfabrik in der Karlstraße 34 nach dem frühen Tod des Adam Gies weiter. Dessen Sohn Adam Joseph (1872–1909) gründete 1899 in der Frankfurterstraße 11 ein neues Unternehmen (»Wachs-Industrie Fulda Adam Gies«). Unter der Führung seiner

10 | Firma Rübsam, Wohnhaus mit Fabrik Königstraße / Am Rosengarten; Repro aus: Historische-Biographische Blätter, der Regierungsbezirk Cassel, um 1910 (StadtAFd, BA-29851).

Witwe Theresia geb. Höfling (1877–1933) sowie ab 1920 der beiden Söhne Hans und Richard entwickelte sich dieses immerhin so weit, dass 1921 in Hamburg-Bergedorf ein Zweigwerk eröffnet werden konnte.

Aus einer Kaufmannsfamilie ging Carl Rübsam (1858–1931)[10] hervor. Zunächst als Reisender für die Wachsfabrik Berta tätig, machte sich Rübsam 1886 mit einer Wachsfabrik in der **Königstraße 56** (Abb. 10) selbständig. Sein expandierender Betrieb veranlasste ihn zum Neubau einer Fabrikanlage, der 1890 eine Häuserzeile an der Königstraße (auf dem Gelände der dortigen Behördengebäude des Landes) weichen musste. Im neuen Werk waren um 1900 bereits 60 Personen mit der Kerzenherstellung beschäftigt[11].

Selbst im Bereich des Maschinenbaus lässt sich beobachten, dass der Antrieb zur industriellen Produktherstellung aus dem handwerklichen Umfeld der Familie kam. Der aus Fulda stammende Johann Ferdinand Müller (1839–1871)[12], seit 1864 Besitzer der ersten Maschinenfabrik und Eisengießerei in der Stadt, war der Sohn des Hofschlossers Franz Adam Müller (1809–1894). Seine Firma in der Tränke 41, die durch den Bruder Johann Joseph (1847–1886) zunächst noch fortgeführt werden konnte, nach dessen Tod aber schließen musste, fertigte Maschinen aller Art, von Buchbinderpressen bis zu Lokomobilen. Auch Paul Keil (1835–1917), der seit 1876 in der Lindenstraße 39 eine Maschinenfabrik betrieb, entstammte einer einheimischen Schmiedefamilie. Die Firma bestand an ihrem alten Sitz noch bis in zum Ende der 1970er Jahre und wurde Ende 1998 im Handelsregister gelöscht.

Eine neue Gründerphase

Waren die bisher genannten Unternehmen eine konsequente Fortentwicklung bestehender handwerklicher Traditionen, so entstanden nach dem Anschluss an die Eisenbahn Firmen mit neuen Produkten, die nicht mehr auf den Betrieben der Elterngeneration aufbauten und sich gleich auf der „grünen Wiese“ außerhalb des Stadtzentrums niederließen. Zu ihnen gehörte die **Lackfabrik** (Abb. 11) der Brüder Emanuel und Max Stern (1856–1930 bzw. 1857–1926), Söhne des Textilkaufmanns Hirsch Stern (1824–1905), die 1892/93 ihren Betrieb an der Edelzellerstraße 62 eröffneten[13] und sich damit vom bisherigen Geschäftsmodell der Familie verabschiedeten.

Unter den seit den 1870er Jahren von außerhalb Fuldas betriebenen Gründungen ist etwa der aus dem thüringischen Arnstadt stammende Hermann Falke (1844–1906) zu nennen, der seit 1874 zunächst in der Kanalstraße 18, seit 1882 am Horaserweg 47 eine Plüschfabrik betrieb. Darüber hinaus können auch die Brüder Georg und Heinrich Seum (1836–1907 aus Tambach bei Gotha bzw. 1838–1897 aus Salzhausen) erwähnt werden, die bis 1907 am Heinrich-von-Bibra-Platz 5 im Gebäude der früheren Porzellanfabrik eine Leinen-, Gebild- und Jaquardweberei führten. Kurz vor der Jahrhundertwende siedelten sich auch die Filialen auswärtiger Betriebe in Fulda an, so die Oberhessische Leinenindustrie Marx & Kleinberger aus Frankfurt in der Maberzellerstraße 2 und die Norddeutsche Wollkämmerei und Kammgarnspinnerei in der Löherstraße 30/32 sowie Hinter den Löhern 20/22.

11 | Lack- und Farbwerke Stern, Edelzeller Straße; 1934, Postkarte (StadtAFd, BA-7600).

12 | Maschinenfabrik Hartmann, Frankfurter Straße 10; um 1910; Fotografie von Otto Diel (StadtAFd, BA-71614).

Aus Geisa kam Wilhelm Hartmann (1852–1913) nach Fulda. Ihm hatte der Militärfiskus an der Frankfurter Straße ein geeignetes Gelände für eine Fabrik zur Herstellung von Metallsägen zur Verfügung gestellt, ein frühes Beispiel für die Förderung einer Industrieansiedlung. Die »Fuldaer Maschinen- und **Werkzeugfabrik Wilhelm Hartmann**« (Abb. 12) stieg nach ihrer Gründung 1883 rasch zu einem bedeutenden Sägehersteller auf und stellte in der Folge auch Schrot- und Mehlmühlen der Marken »Victoria« und »Wilhelma« her. August Großenbach (1855–1939), der 1889 in der Petersberger Straße die erste Zigarrenfabrik Fuldas eröffnete, stammte aus dem thüringischen Mühlhausen und blieb in Fulda als Kaufmann für Benzin, Petroleum und Spiritus verwurzelt. Aus Nürnberg kam Karl Ziegler (1860–1919), der hier zunächst als Möbelfabrikant tätig war, danach aber eine Wachswarenfabrik am Zieherser Weg 21 betrieb. 1919 siedelte sich die 1913 von Walter Gebauer (gest. 1966) in Frankfurt gegründete Kugelfabrik auf dem vormaligen Gelände der Vereinigten Schuhstofffabriken an der Hornungsmühle an. Unter dem Namen »Gebauer und Möller« exportiert die Firma bis heute (KGM Kugelfabrik Gebauer) in alle Welt.

Der bekannteste Typus einer gezielten Industrieansiedlung von außerhalb sind die im Jahr 1900 begründeten **Gummiwerke**[14]. (Abb. 13) Gustav Becker (1867–1933), Fachmann auf dem Gebiet technischer Gummiwaren und bis 1898 Betriebsleiter eines Werkes in Gelnhausen, suchte sich als Kapitalgeber zur Gründung einer eigenen Fabrik den aus Remscheid stammenden Kommerzienrat Moritz Hasenclever (1848–1907) sowie dessen Bruder Alfred. Die Wahl auf Fulda, zu der beide keine familiären oder sonstigen Bindungen

13 | Gummiwerke, Blick von Westen; um 1970, Stuttgarter Luftbild Elsäßer & Co. (StadtAFd, BA-69462).

hatten, fiel nicht zuletzt wegen der Bahnverbindung und den günstigen Löhnen im Vergleich zu möglichen Standorten im Ruhrgebiet. Zudem gab es noch preiswerte freie Flächen in Stadtnähe zu erwerben, so dass dem Gutsbesitzer Ferdinand Wißler für das gesamte Fabrikareal nur knapp 22.000 Mark bezahlt werden mussten. Trotz der turbulenten ersten Geschäftsjahre, die 1905 auch zum Ausscheiden Gustav Beckers führten, wurden die Produkte der Gummiwerke, die 1909 von einer GmbH in eine Aktiengesellschaft umgewandelt wurden, zu einem Erfolg. Die Zahl der Beschäftigten stieg von 15 im Jahre 1901 auf 300 vor dem Ersten Weltkrieg. Auch die Gründung der Firma Klein & Stiefel 1905 ging auf das Zusammenwirken eines Technikers (Wilhelm Klein 1873–1948) und eines Kaufmanns (Edwin Stiefel 1875–1932) zurück. Die Spezialfirma für die Herstellung von Holzbearbeitungsmaschinen stellte 1979 ihre Produktion ein[15].

Gesellschaftliche und städtebauliche Aspekte des wirtschaftlichen Wandels

Die Übersicht über den Gang der Industrialisierung in Fulda während der zweiten Hälfte des 19. Jahrhunderts zeigt, wie sich zunächst zögerlich, aber dann doch sehr vielgestaltig die Unternehmen entwickelten. Berücksich-

14 | Aufrichtung einer Straßenlaterne in der Bahnhofstraße; 1915, Foto (StadtAFd, BA-6326).

tigt man weiterhin, dass auch das 1867 in Betrieb genommene Bahnausbesserungswerk[16] technisch vorgebildetem Personal Arbeitsplätze bot und zugleich die in Fulda sich bildenden Ressourcen im Bereich der Eisengießereien und Maschinenfabriken abrufen konnte, so hatte die Wirtschaftsentwicklung in dieser Zeit durchaus eine Dynamik aufzuweisen. Diese erhielt zusätzliche Unterstützung durch die beginnende Energiewirtschaft mit der Gründung eines Gaswerks (1863)[17], das zunächst 160 **Straßenlaternen** und 800 Gaslampen in Privathäusern versorgte (Abb. 14). Ein wichtiger Wirtschaftsfaktor war auch die Versorgung der Haushalte mit Leitungswasser (1892), der Bau der Kanalisation (1903–1905) und die Errichtung eines Elektrizitätswerks (1912).

Die 1904 in Fulda durchgeführte Erste **Gewerbeausstellung**[18] (Abb. 15) dokumentiert ein neu gewonnenes Selbstbewusstsein für eine Region, die bisher im Deutschen Reich eher als rückständig angesehen wurde. Zu diesem schlechten Image hatte insbesondere das seit dem 19. Jahrhundert von der volkskundlichen und pseudowissenschaftlichen Literatur ge-

15 | Titelblatt des Illustrieren Katalogs zur Gewerbeausstellung in Fulda im Juli 1904; Druck Fuldaer Actiendruckerei (StadtAFd, Bibliothek Na 27).

zeichnete Bild vom „Land der armen Leute", so der Titel eines Buchs des Kulturhistorikers Wilhelm Heinrich Riehl (1823–1897), beigetragen.

— Die Änderung der Fuldaer Bevölkerungsstruktur[19]

Die bisher hauptsächlich vom Handwerk und Kleinhandel lebende Bevölkerung Fuldas änderte sich in ihrer beruflichen und herkunftsmäßigen Zusammensetzung zwischen 1866 und 1914 grundlegend. 1879 arbeiteten 15,5% der insgesamt etwa 2.400 berufstätigen Haushaltsvorstände als Arbeiter oder Verwaltungsangestellte bei der Bahn, 14,9% als Beamte, Militärs und Angestellte in der öffentlichen Verwaltung. Kaufleute (5%), Kleinhändler (4,1%), Fabrikanten (2,6%) und Wirte (2%) standen mit knapp 14% für die Wirtschaft, während das Handwerk immer noch mit etwa 34% vertreten war. Die stärkste Zahl der Handwerkerschaft stellten 140 (!) Schuhmacher (5,8%), 96 Weber (4%), 65 Schreiner (2,7%) und 63 Schneider (2,6%). Noch relativ klein war dagegen die Zahl der **Fabrikarbeiter** (Abb. 16) mit 30 (1,25%). Die 183 Taglöhner (7,6%) und die 86 Näherinnen und Wäscherinnen (3,6%) verweisen allerdings darauf, dass in dem boomenden Fulda die Zahl der ungelernten Hilfskräfte schon relativ hoch lag.

Gerade einmal 13 Jahre nach dem Anschluss Fuldas an die Eisenbahn hatten bereits 372 Haushaltsvorstände dort eine Beschäftigung gefunden, vom Bahnarbeiter über den Weichensteller und die Gepäckträger bis hin zu den Zeichnern, Technikern und Maschinenbauführern. Die größte Einzelgruppe stellten die Bahnschlosser und Bahnschmiede, die in den Reparaturwerkstätten Arbeit fanden. War in der Vergangenheit die Bedeutung des Bahnanschlusses für Fulda vor allem darin gesehen worden, die Stadt für künftige Industrieansiedlungen geöffnet zu haben, so wurde der Schub, den die Linie Bebra-Fulda-Hanau für den Arbeitsmarkt in der ersten Phase der preußischen Zeit brachte, nur am Rande wahrgenommen. Es ist davon auszugehen, dass es vor allem dem Zuzug dieses relativ qualifizierten Fachpersonals zu verdanken ist, dass die Einwohnerzahl Fuldas zwischen 1870 und 1880 von 9.571 auf 11.498 Personen wuchs.

Ein zweiter Aspekt, den die Statistik bietet, ist die relativ hohe Zahl der Bediensteten im öffentlichen Sektor (14,9%), seien es Lehrer, städtische, staatliche oder kirchliche Beschäftigte oder auch Angehörige der Post oder des Militärs. Das in kurhessischer Zeit dominierende Handwerk war nach wie vor stark vertreten. Mit 783 Nennungen wurden fast 330 Handwerker mehr in Fulda verzeichnet als noch um 1866. Die Gründe für den enormen Anstieg der Zahl liegen in der von Preußen betriebenen Liberalisierung von Handel und Gewerbe. Durch die Aufhebung des Zunftzwangs, mit dem das zünftig organisierte Gewerbe bisher die Konkurrenz begrenzen konnte, sowie der vorübergehenden Abschaffung der Gewerbesteuer, der Aufhebung aller gewerblichen Zwangs- und Bannrechte und einer neuen Gewerbeordnung wurden viele Handwerker in die Lage versetzt, problemlos ein eigenes Gewerbe anzumelden.

Zwischen 1880 und 1914 verdoppelte sich die Einwohnerzahl Fuldas von 11.498 auf 23.226[20]. Die Entwicklung verlief allerdings nicht linear. Von 1880 bis 1890 wurde ein Anstieg von 14% registriert, zwischen 1890 und 1900 waren es über 22% und von 1900 bis 1910 gar

16 | Arbeiter der Dampfziegelei Trabert & Wehner in der Buttlarstraße; um 1915, Foto (StadtAFd, BA-6902).

33%. Der Zugewinn an Bevölkerung resultierte einerseits aus einem regelmäßigen Geburtenüberschuss, der in den Jahren von 1874 bis 1894 bei Geburtenzahlen zwischen 349 und 418 sowie Sterbefällen zwischen 296 und 457 jährlich höchstens bei 100 lag und nur einmal negativ war (1887: -100). Ab 1895 war zudem bei konstanten Sterbefallzahlen ein starkes Geburtenwachstum zu verzeichnen (1905: 646), so dass sich ein jährlicher Zuwachs von 200 bis 300 Menschen ergab. Die zweite Säule des Wachstums waren die Zuzüge. Diese stiegen kontinuierlich. Das Jahr 1905 verzeichnete eine Zuwanderung von 3.356 Personen bei einer Abwanderung von 2.687, ein jährliches Wanderungsplus von 669 Personen.

Bei den Zuzügen übertraf die Zahl der Einzelpersonen jene der in Familienverbänden angekommenen Menschen um das Drei- bis Vierfache, ein Hinweis darauf, dass sehr viele unverheiratete **Handwerker**, Arbeiter und

17 | Schmiedemeister Joseph Auth (ganz links) mit seinen Gesellen in der Hofschmiede an der Schlossstraße; 1903, Repro (StadtAFd, BA-13406).

Arbeiterinnen sowie Dienstpersonal in die Stadt strömten. (Abb. 17) Dies verdeutlichen statistische Erhebungen über die Berufe der Zugezogenen[21]. Von 1894 bis 1905 wurden 22.624 Neubürger im erwerbsfähigen Alter erfasst. davon waren: 6.151 Handwerker und Gesellen (27,2%), 5.239 Mägde und Köchinnen (23,2%), 2.121 Taglöhner und Knechte (9,4%), 1.493 Beamte (6,6%) und 1.292 Kaufleute (5,7%). Die sonstigen Berufe waren mit 3.974 Nennungen (17,6%) vertreten. 3,7% gaben keinen Beruf an, 0,2% waren Militärs. Fulda weist damit die für ein Oberzentrum typische Zuzugsstruktur auf: aus den umliegenden ländlichen Gegenden drängten die meist ungelernten jungen Menschen in die Stadt. Der geographische Einzugsbereich ging dabei weit über das Fuldaer Umland hinaus. Das gilt insbesondere für die in der damaligen Zeit zugezogene jüdische Bevölkerung, in der neben der preußischen auch sehr häufig die bayerische, die russische und die österreichische Staatsangehörigkeit zu finden war. Der starke Zuzug der „Ostjuden" seit

Ende des 19. Jahrhunderts erklärt sich als Folge der wirtschaftlichen Armut in den Herkunftsgebieten, verbunden mit Pogromen gegen die jüdische Bevölkerung in Osteuropa. 1894 gab es in Fulda 75% Katholiken, 21% Protestanten und 4% Juden. Die Volkszählung von 1910 erbrachte mit 72,8% Katholiken, 22,8% Protestanten, 4,2% Juden und 0,2% „Sonstige" eine leichte Verschiebung dieser Werte, die bei der Volkszählung 1925[22] (72,6% Katholiken, 22,6% Protestanten, 4,3% Juden und 0,5% Sonstige) nahezu konstant blieben und 1933 (74,1%, 21,5%, 3,6% und 0,8%)[23] schon vor den Repressions- und Verfolgungsmaßnahmen der Nationalsozialisten eine Verminderung des jüdischen Bevölkerungsanteils aufwiesen.

— Soziale Lage, Wohnungsnot und Gewerkschaftsbewegung

Unter den 1.871 nach Fulda Zugezogenen des Jahres 1900 waren 514 Handwerker und Gesellen (27,5%), 487 Mägde und Köchinnen (26%), 173 Taglöhner und Knechte (9,3%), 135 Fabrikarbeiter (7,2%), 123 Beamte, Lehrer und Geistliche (6,5%), 110 Kaufleute (5,9%) und 329 Sonstige (17,6%)[24]. Mit Ausnahme der Beamten sowie eines Teils der Kaufleute und Handwerker handelte es sich dabei um Geringverdiener, die auf der Suche nach Arbeit vom Land in die Stadt gezogen waren und sich dort den Aufbau einer Existenz erhofften.

Es ist wenig erstaunlich, dass sich mit den neu Hinzugezogenen die Zahl jener vergrößerte, die am Existenzminimum lebten. Nimmt man als Indikator die Verteilung des Einkommens, so zeigen die Ergebnisse der Einkommensteuerstatistik für das Jahr 1900[25] eine sehr markante Ungleichverteilung. Bei einer Einwohnerzahl von 16.103 gab es 7.460 steuerpflichtige Personen, von denen nur 2.124 (28,5%) Steuern bezahlten. Die übrigen 71,5% der Steuerpflichtigen hatten weniger als 900 Mark Jahreseinkommen und lagen damit innerhalb des Freibetrags. Die große Mehrheit der tatsächlichen Steuerzahler (1.660 = 78%) hatte ein zu versteuerndes Jahreseinkommen von unter 3.000 Mark, der Rest (464 = 22%) lag darüber. 15 Personen hatten ein Einkommen von mehr als 20.000 Mark angemeldet, der Spitzenreiter, mutmaßlich der Unternehmer Richard Müller, erklärte ein Jahreseinkommen von 145.000 Mark.

Legt man diese Zahlen zugrunde, so musste ein Großteil der Bevölkerung mit einem monatlichen Gesamteinkommen als Einzelperson oder in der Familie von unter 100 Mark auskommen. Wenn man bedenkt, dass die Miete einer kleinen Wohnung bei mindestens 15 Mark lag[26] und man für ein Pfund Brot 10 Pfennige bezahlte, dürfte es klar sein, dass die meisten Familien den Pfennig mehrere Male umdrehen mussten, bevor sie ihn ausgaben. Wenn dann noch kalte Winter hinzukamen und das Brennholz zum Heizen der Wohnung teuer wurde, waren viele gezwungen, in kalten Räumen zu leben. Es ist daher nicht verwunderlich, dass Entzündungen der Lungen, der Luftröhren und des Brustfells sowie Lungenkatarrhe mit 17,5% vor der Tuberkulose mit 14% und Scharlach mit 10% weit vor den Herzerkrankungen mit 7,5% an der Spitze der Todesursachen im Jahr 1900 lagen[27].

Auf den Zusammenhang zwischen der desolaten Lage am Wohnungsmarkt und dem schlechten Gesundheitszustand weiter Teile der Bevölkerung machte 1899 ein großer Artikel in der »Fuldaer Zeitung« unter dem Titel

„Die Bedeutung einer Wohnungsreform" aufmerksam[28]. Demnach bildeten die mit vielen Personen belegten kleinen Wohnungen, in denen zudem auch noch hausindustrielle Tätigkeiten verrichtet wurden, den Nährboden für Krankheiten aller Art, insbesondere die Lungenschwindsucht. Zudem sorgte sich die Zeitung um die Sittlichkeit in der Bevölkerung, denn die Verbreitung der Untervermietung von Betten an „Kostgänger" oder „Schlafburschen" habe zu hygienisch wie sittlich bedenklichen Zuständen geführt. Zwar hat der Artikel die Lage in den Großstädten des Reichs im Blick, doch auch in Fulda konnte man die Not an jeder Ecke spüren. Der soziale Sprengstoff, den die Wohnungsnot hervorrief, war den bürgerlichen Schichten durchaus bewusst und so sorgte man sich, wie der Schreiber des genannten Zeitungsartikels vor der „sozialdemokratischen Agitation".

18 | Paul Lechler; um 1910, Foto, Autor unbekannt (Wikimedia Commons).

Bereits 1896 war in der »Fuldaer Zeitung« auf der ersten Seite ein Artikel „Zur Besserung der Wohn-Verhältnisse" erschienen. Darin wurde eingangs der schwäbische Unternehmer und Gründer des Deutschen Instituts für Ärztliche Mission **Paul Lechler** (1849–1925) mit folgenden Worten zitiert. (Abb. 18) „Die Beseitigung der Wohnungsnot ist in der Tat das erste Mittel, durch welches der religiöse und soziale Niedergang unseres Volkes aufgehalten werden kann"[29]. Der namentlich unbekannte Leitartikler widmet sich in der Folge seines Beitrags dann weniger den sozialen, als vor allem den religiösen und „sittlichen" Begleitumständen des Wohnungsmangels: „Man muss sich nur wundern, dass in Kindern, welche in solchen [engen] Wohnungen aufwachsen, überhaupt nicht jedes Gefühl für Sittlichkeit ausgemerzt wird. Die Unsittlichkeit untergräbt dann auch zugleich die Religion. Die schlechten und überfüllten Wohnungen lassen auch kein Familienleben aufkommen, sie treiben den Mann in das Wirtshaus und die Kinder auf die Straße. Unsittlichkeit, Liederlichkeit, Religionslosigkeit und Trunksucht sind wieder die Ursache der verschiedenen Verbrechen"[30].

Die sehr dramatisch formulierte Aussage, die eher die Situation in manchen „Problemgebieten" des Reiches im Blick hatte, lässt sich für Fulda nicht bestätigen, zumal auch aussagekräftige Quellen fehlen. Die sehr angespannte soziale Lage führte allerdings nicht zu Streiks und Aufständen. Das „katholische Milieu", für das Fulda wie keine andere Stadt in der zweiten Hälfte des 19. Jahrhunderts steht[31], war trotz der gesellschaftlichen Umschichtung durch die Industrialisierung stark genug, sozialdemokratische oder gar sozialistische Bewegungen an den Rand zu drängen[32]. Die sich seit 1866 bildenden katholischen Vereine wie die Männergesellschaft »**Monte Nuovo**« (Abb. 19) (benannt nach dem Versammlungsort in einem Wirtshaus in Neuenberg) oder der 1877 begründete »Katholische **Kaufmännische Verein**« (Abb. 20) stemmten sich gegen den Zeitgeist des politischen und wirtschaftlichen Liberalismus. Als das „Sozialistengesetz" vom 21. Oktober 1878

Katholiſche Männergeſellſchaft M. N.

59jähr. Stiftungsfeſt

am 6. Januar 1926, abends 7 Uhr
in der «Harmonie» zu Fulda

Fleiſchſuppe mit Einlage
Zander mit Buttertunke und Kartoffeln
Kalbskeule mit jungen Erbſen und Salat
Butter und Käſe
Obſt

	WEINE	Preis M.	Steuer M.	Zuſamm. M.
Rhein	1922er Gundersheimer Kirſchgarten	1.50	0.25	1.75
	1922er Niersteiner Domtal	2.00	0.30	2.30
	1922er Liebfraumilch	2.50	0.40	2.90
	1922er Hochheimer Daubhaus . .	2.60	0.40	3.00
	1922er Dürkheimer Frohnhof . . .	3.00	0.45	3.45
	1922er Ruppertsberger Schloßberg .	4.00	0.60	4.60
Moſel	1924er Wittlicher Felſentreppchen .	2.00	0.30	2.30
	1922er Uerziger Schwarzlay . . .	4.00	0.60	4.60
Rot	St. Charles-Rotwein	2.20	0.35	2.55
	1919er Château Gaussens	3.50	0.50	4.00
Schaumweine	Graeger Gold	7.50	1.70	9.20
	Hoehl Extra trocken . . .	10.–	2.25	12.25

19 | Menükarte zum 59. Geburtstag der Männergesellschaft Monte Nuovo; 1926, Karte (StadtAFd, NL 71, Nr. 2).

20 | Festkarte für Richard Schmitt zum Kongress der Katholischen Vereine; 1882, Karte (StadtAFd, NL 66, Nr. 27).

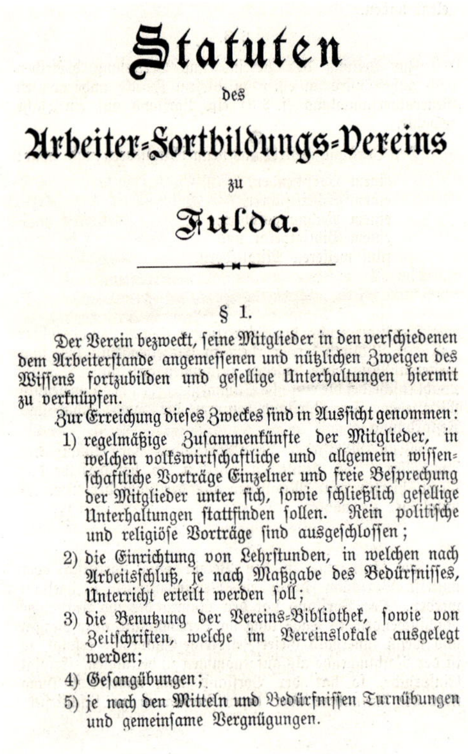

Statuten
des
Arbeiter-Fortbildungs-Vereins
zu
Fulda.

§ 1.

Der Verein bezweckt, seine Mitglieder in den verschiedenen dem Arbeiterstande angemessenen und nützlichen Zweigen des Wissens fortzubilden und gesellige Unterhaltungen hiermit zu verknüpfen.

Zur Erreichung dieses Zweckes sind in Aussicht genommen:

1) regelmäßige Zusammenkünfte der Mitglieder, in welchen volkswirtschaftliche und allgemein wissenschaftliche Vorträge Einzelner und freie Besprechung der Mitglieder unter sich, sowie schließlich gesellige Unterhaltungen stattfinden sollen. Rein politische und religiöse Vorträge sind ausgeschlossen;
2) die Einrichtung von Lehrstunden, in welchen nach Arbeitsschluß, je nach Maßgabe des Bedürfnisses, Unterricht erteilt werden soll;
3) die Benutzung der Vereins-Bibliothek, sowie von Zeitschriften, welche im Vereinslokale ausgelegt werden;
4) Gesangübungen;
5) je nach den Mitteln und Bedürfnissen Turnübungen und gemeinsame Vergnügungen.

21 | Statuten des Arbeiterfortbildungsvereins Fulda; 1862, Druck (StadtAFd, ZGS Vereine).

22 | Carl Rübsam; um 1890, Portraitfoto, Repro (StadtAFd, BA-3118).

alle Vereine verbot, „welche durch sozialdemokratische, sozialistische oder kommunistische Bestrebungen den Umsturz der bestehenden Staats- oder Gesellschaftsordnung bezwecken“[33], stand die Sozialdemokratie in Fulda noch in ihren Anfängen und bezog ihre Aufmerksamkeit durch einzelne Persönlichkeiten wie den Kasseler Tischler Wilhelm Pfannkuch (1841–1923), der zu einer Versammlung Ende 1877 immerhin 150 bis 200 Zuhörer mobilisieren konnte[34]. Der gewerkschaftliche Organisierungsgrad war zu jener Zeit in Fulda noch gering, ein sozialdemokratisches Publikationsorgan gab es nicht. Vor Ort waren, so zumindest die Beobachtung der Aufsichtsbehörden, nur wenige sozialdemokratische „Agitatoren“ tätig[35]. Da sich in Fulda bis dahin noch keine selbstbewusste Arbeiterschaft ausgebildet hatte, verwundert es nicht, dass die Stimmung hier nach dem Erlass des Sozialistengesetzes von 1878, das alle sozialdemokratischen und sozialistischen Vereine verbot, die „den Umsturz der bestehenden Staats- und Gesellschaftsordnung“ bezwecken, ruhig blieb. In der Folge sind die Sozialdemokraten bis zur Aufhebung der Gesetze 1890 in Fulda nicht mehr groß in Erscheinung getreten, auch wenn mit August Bebel (1840–1913) im Wahlkreis Fulda ein überaus prominenter Kandidat für ein Reichstagsmandat kandidierte.

Ein seit 1862 in Fulda bestehender »**Arbeiter-Fortbildungsverein**«, (Abb. 21) der seine Mitglieder „in den verschiedenen, dem Arbeiter-

23 | St. Josefsheim in der Von-Schildeck-Straße 15; um 1910, Postkarte (StadtAFd, BA-14467).

stande angemessenen und nützlichen Zweigen des Wissens fortzubilden und gesellige Unterhaltungen hiermit zu verknüpfen" suchte, hatte offensichtlich keinen politischen Charakter und diente überwiegend der Geselligkeit. An seiner Spitze standen Honoratioren wie der Arzt Dr. Philipp Schüßler (1832–1894). Noch in die Zeit der Gültigkeit der Sozialistengesetze fällt die Gründung eines katholischen Arbeitervereins in Fulda (»St. Josephsverein«, 1887), initiiert von Stadtkaplan Joseph Müller (1851–1910) und mit Förderung des Stadtpfarrers Franz Rhiel (1842–1914).

Den sozialen Problemen der Zeit suchte man ganz im Sinne der Zentrumspartei mit Förderung der Religiosität und Sittlichkeit der Vereinsmitglieder zu begegnen und dabei auch die Gemeinschaft und das gesellige Leben zu fördern. Zudem besaß die Organisation den Charakter eines Arbeiterunterstützungsvereins, der Kohle-Einkaufsgenossenschaften bildete und auch den sozialen Wohnungsbau initiierte. Unter den Gründungsmitgliedern befanden sich neben Fabrikarbeitern auch mehrere Handwerker. Die sogenannten Schutzmitglieder Richard Müller (1851–1931), Richard Schmitt (1853–1936) und **Carl Rübsam** (1858–1931) (Abb. 22) repräsentierten die erste Reihe der Fuldaer Unternehmerschaft.

Das 1904 vom Fabrikanten Richard Müller begründete **Josephsheim**[36] (Abb. 23) als Heimstätte für Arbeiterinnen vom Lande zeigt deutlich, dass man von katholischer Seite versuchte, die soziale Frage im Sinne der christli-

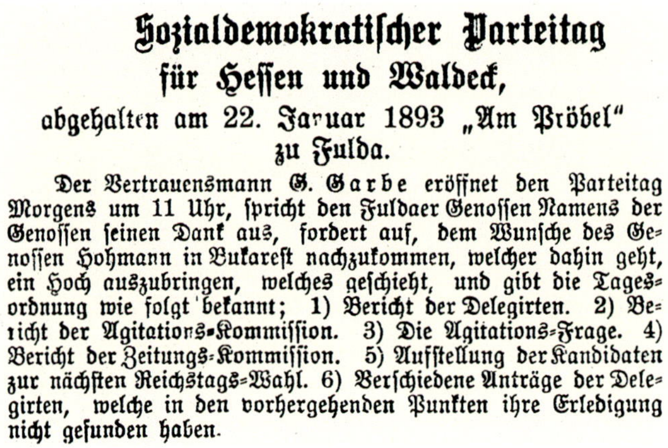

Sozialdemokratischer Parteitag für Hessen und Waldeck,

abgehalten am 22. Januar 1893 „Am Pröbel" zu Fulda.

Der Vertrauensmann G. Garbe eröffnet den Parteitag Morgens um 11 Uhr, spricht den Fuldaer Genossen Namens der Genossen seinen Dank aus, fordert auf, dem Wunsche des Genossen Hohmann in Bukarest nachzukommen, welcher dahin geht, ein Hoch auszubringen, welches geschieht, und gibt die Tagesordnung wie folgt bekannt; 1) Bericht der Delegirten. 2) Bericht der Agitations-Kommission. 3) Die Agitations-Frage. 4) Bericht der Zeitungs-Kommission. 5) Aufstellung der Kandidaten zur nächsten Reichstags-Wahl. 6) Verschiedene Anträge der Delegirten, welche in den vorhergehenden Punkten ihre Erledigung nicht gefunden haben.

24 | Fuldaer Zeitung vom 26. Januar 1893.

chen Caritas zu lösen und dabei auf Spenden und die Nächstenliebe setzte. Bis zur Jahrhundertwende gab es auf dem Gebiet der Diözese einige wenige Arbeitervereine, die sich 1902 zu einem »Diözesanverband Fulda katholischer Arbeitervereine« zusammenschlossen. Einflussreich war auch der »Volksverein für das Katholische Deutschland«, der in Fulda durch seine Bildungsangebote bei der Arbeiterschaft auf Resonanz stieß und der **Sozialdemokratie** einen Teil der Mitglieder entzog.

Die Stärke der konfessionell gebundenen Gewerkschaftsbewegung zeigt sich auch noch 1919. Eine in diesem Jahr erstellte Statistik über die gewerkschaftlich organisierte Arbeiterschaft in Fulda[37] nennt etwa 7.000 Arbeiter, die zu 40% in „freien Gewerkschaften" und zu 60% in christlichen Verbänden zusammengeschlossen waren. Unter den ersteren dominierten der »Deutsche Metallarbeiterverband« mit mehr als 1.000 und der »Deutsche Eisenbahnerverband« mit 924 Mitgliedern. Der »Zentralverband christlicher Bauarbeiter« und der »Christliche Metallarbeiterverband« zählten mit 850 bzw. 750 Mitgliedern zu den stärksten konfessionellen Verbänden. (Abb. 24)

Wer in diesem Umfeld nach einer selbstbewussten, streikbereiten Arbeiterschaft sucht, der wird fast zwangsläufig enttäuscht werden. Weder in der Hochzeit der Industrialisierungsphase zwischen 1890 und 1914 noch während der Hungerjahre 1916/17 noch in der kurzen Zeit der Räterepublik zeigt sich in der Stadt ein revolutionärer Geist.

— Die Bauentwicklung

Von einer systematischen Stadtplanung kann in Fulda vor etwa 1870 nicht gesprochen werden. Der mittelalterliche und frühneuzeitliche Stadtgrundriss wurde bis dahin weitgehend gewahrt. Eine Expansion der Bautätigkeit über die bestehenden Parzellen hinaus war angesichts der im 19. Jahrhundert zunächst rückläufigen Einwohnerzahl überhaupt nicht notwendig. Eine Ausnahme bildete lediglich die von Fuldas erstem weltlichen Fürsten **Wilhelm Friedrich** (Abb. 25) von Oranien-Nassau (reg. 1802–1806) veranlasste Errichtung der **Wilhelmstraße** (Abb. 26), die

25 | Wilhelm Friedrich von Oranien-Nassau, König der Niederlande; um 1815, Kupferstich (VM, II Ec 46).

von Westen entlang der Stadtmauer erstmals einen fast direkten Zugang zum Residenzschloss bot[38]. Diese Maßnahme entsprang allerdings vor allem einem Repräsentationsbedürfnis und war weder gestiegenen Verkehrsströmen noch einer eklatanten Wohnungsknappheit geschuldet.

Der Anschluss an die Bahn änderte auch hier die Situation grundlegend. Denn nun musste eine Verbindung zwischen den Bahnanlagen mit seinem repräsentativen Bahnhof und der Innenstadt mitten durch die bis dahin noch in diesem Bereich liegenden grünen Wiesen geschaffen werden.

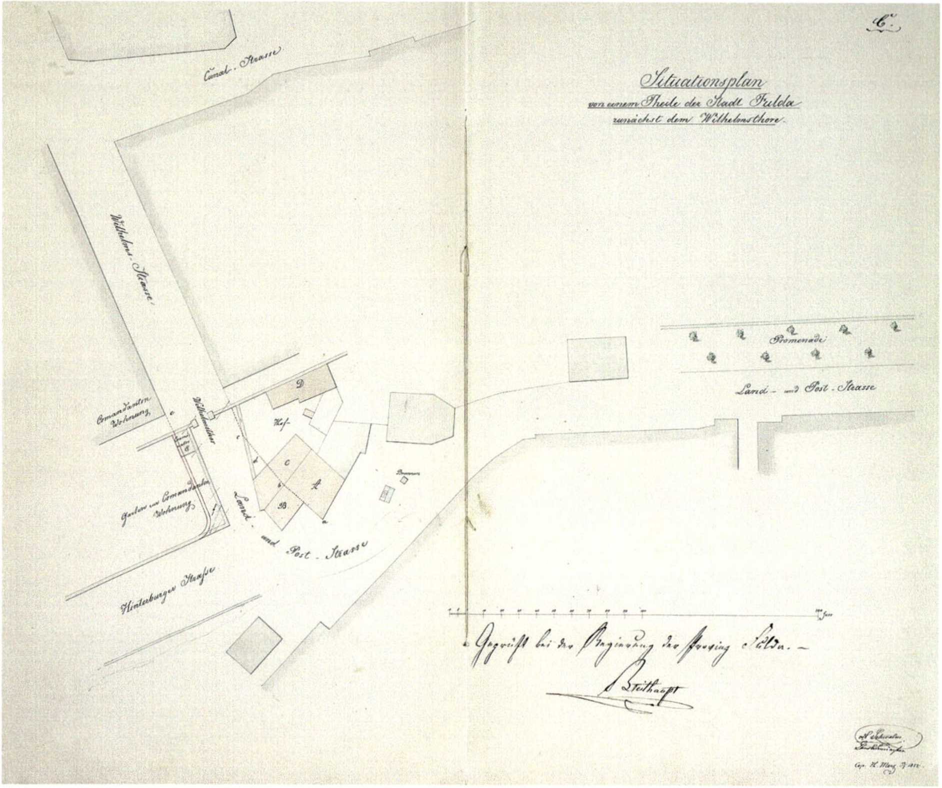

26 | Wilhelmstraße und Wilhelmstor; 1852, Situationsplan, gezeichnet von Landbaumeister Schwalm (HStAM, Bestand 100, Nr. 3842).

1869 wurden entsprechende Planungen durch die Stadtverwaltung aufgenommen[39]. Eine Baudeputation brachte zwei Varianten ins Spiel, die alle vom heutigen Universitätsplatz (damals: Hitzeplan), der zu jener Zeit noch dicht bebaut war, ausgingen. Eine Variante schlug eine Trasse vor, die in etwa dem heutigen Verlauf der unteren Bahnhofstraße folgte. Hierbei hätten auf dem **Hitzeplan** (Abb. 27) mehrere Immobilien angekauft und die darauf stehenden Häuser abgerissen werden müssen. Bei der kostengünstigeren Alternative, die den Weg weiter südlich, dicht entlang des Gymnasiums (heutige Dalberg-Schule) führte, war nur der südliche Bereich des Ackerhofes (der sogenannte Adjutantenstall) und ein Teil des zur Schule gehörigen Turngartens von der Stadt zu erwerben. Diese Variante hatte allerdings den Nachteil, dass die Straße nicht direkt auf den Bahnhof zuführte, sondern an der heutigen Lindenstraße einen Knick machte. Aus Kostengründen plädierte die Baudeputation dennoch für den zweiten Vorschlag, eine verhängnisvolle und teure Fehlentscheidung, wie sich später zeigen sollte. Zudem schlug man vor, dass die Stadt entweder auf dem Wege der Verständigung oder aber der Enteignung sämtliche Ländereien im Bereich des Nonnenklosters und des jüdischen Friedhofs entlang der heutigen Rabanusstraße aufkaufen sollte, um dieselben, sobald die neue Straße gebaut, als

27 | Der Ackerhof auf dem heutigen Universitätsplatz; 1904, Foto (StadtAFd, BA-14023).

Bauplätze zu verkaufen. Es könnte unter Umständen damit ein gutes Geschäft gemacht und vielleicht sämtliche Kosten gedeckt werden.

Die Stadtverwaltung folgte den genannten Vorschlägen sowohl hinsichtlich der Trassenwahl zum Bahnhof als auch in dem Entschluss, im Bereich des Stadtgrabens großflächig Grundstücke aufzukaufen und eine Straße (Rabanusstraße) anzulegen. Hierbei verfuhr man sogar noch umfassender, indem man zwischen dem Altenhof (beim heutigen Busbahnhof Heertor) und der Petersgasse versuchte, sämtliche Immobilien an die Stadt zu ziehen. Nicht weiter verfolgt wurde hingegen der Vorschlag der Baudeputation, anlässlich der Anlegung der neuen Straße den jüdischen Friedhof zu beseitigen. Die Deputation hatte neben Gesundheitsrücksichten damit argumentiert, dass es unstatthaft sei, einen Friedhof auf einem Platz zu sehen, der schon jetzt sehr belebt sei und immer belebter werde.

Oberbürgermeister **Dr. Franz Rang** (1831–1893, reg. 1862–1893)[40] (Abb. 28) war sich der stadtplanerischen Dimension der zu treffenden Entscheidungen im Bereich des Bahnhofsviertels sehr bewusst, zumal zu Beginn der 1870er Jahre auch ein sozialer Aspekt nicht mehr zu übersehen war. „Wenn den bisherigen Bedürfnissen nach Vermehrung von Wohnungen durch Aufbau von Stockwerken,

28 | Franz Rang; 1956, Ölgemälde von Heinrich Müller in der „OB-Galerie“ nach einer Bildvorlage (StadtAFd, BA-1303).

durch Zusammenbau und Erweiterung von kleinen Häusern genügt werden konnte, so wurden doch gerade hierdurch die Wohnungen für die kleinen Leute seltener und deren Preise in unerträglicher Weise gesteigert. Diesem Übelstand abzuhelfen, gibt es nur ein Mittel und das ist, den Baulustigen ein neues Feld ihrer Tätigkeit zu eröffnen, damit auf seither unbebautem Terrain neue Häuser entstehen und die vorhandenen geringen Wohnhäuser der wenig bemittelten Einwohnerklasse erhalten werden"[41]. Was Rang mit dem „unbebauten Terrain" meinte, war offensichtlich. Zwischen der Stadt und dem Bahnhof gebe es Platz für einen Stadtteil von 6.000 bis 8.000 Einwohnern, der zudem hoch gelegen und damit gesund sei. Der Oberbürgermeister plädierte nachdrücklich für die Erstellung eines Stadterweiterungsplanes, mit dessen Ausführung er den Landmesser Wilhelm Hufnagel (1819–1906) beauftragte, der eine Grundlagenkarte zeichnete.

Die Regierung in Kassel stand einem solchen Plan eher reserviert gegenüber, zumal Landrat Friedrich Cornelius (1817–1885, reg. 1868–1883), der verärgert darüber war, dass Rang die Planungen weitgehend ohne Rücksprache mit dem Landkreis betrieb, in Kassel immer wieder auf die Bremse trat, da er es als utopisch ansah, mit 6.000 bis 8.000 Personen zu argumentieren, während die Stadt Fulda zurzeit im Ganzen nur 9.350 Einwohner habe. Selbst wenn man annehme, dass die Stadt durch den Eisenbahnbau wachse, so müsse ein Wunder geschehen, um diesen Zuwachs zu erreichen. 10–15 große Wohnhäuser würden derzeit völlig genügen. Der Plan sei daher zu beschränken.

Die Regierung schloss sich Cornelius an und verhinderte die vom Oberbürgermeister gewünschte Aufstellung eines „Bebauungsplans" in diesem Gebiet mit dem Hinweis darauf, dass hierfür noch die gesetzlichen Grundlagen fehlten. Rangs Versuche, seine Vorstellungen von einer gleichmäßigen Bebauung des neuen Stadtviertels über ein Ortsstatut durchzusetzen schlugen fehl. Fast schon verzweifelt wies er gegenüber der Regierung im Dezember 1873 darauf hin, dass im kommenden Frühjahr an den neuen Straßen Häuser entstünden, auf deren Gestaltung die Stadt keinen Einfluss nehmen könne. Es stehe zu befürchten, „dass die mit großen Kosten angelegten Straßen durch Gebäude der allerdürftigsten und häßlichsten Art entstellt werden". Er wolle stattdessen die Bauwilligen zu „anständigen Bauten" veranlassen, in dem die Stadt über ortspolizeiliche Vorschriften die Art des Frontbaus, der Stockwerkshöhe und der Fenstergröße festlege. Die Anfrage wurde unter Hinweis darauf, dass die Baufreiheit des Einzelnen nur durch einen Bebauungsplan eingeschränkt werden könne, abgelehnt. Ein Ortsstatut für einzelne Straßen sei hingegen nicht zulässig. Erst als mit Gesetz vom 2. Juli 1875 für „die Anlegung und Veränderungen von Straßen und Plätzen" feste Normen geschaffen wurden, auf Grund deren die Städte Fluchtlinienpläne aufstellen konnten, erließ die Stadt Fulda Ende 1876 ein Baustatut, das gezielt auf das Bahnhofsviertel zugeschnitten war und dort die Bebauung zu reglementieren versuchte. Gegen dieses Statut protestierten prompt etwa 30 Personen, vor allem jene, die sich wie die Geschäftsleute Adam Heres (1839–1902) oder Isfried Jacobson (1837–1900) in das Bauerwartungsland an der Bahnhofstraße eingekauft und im Laufe des Jahres 1875 begonnen hatten, die ersten Häuser im Stile einer vorstädtischen Villenbebauung zu errichten, ohne dass die Stadtverwaltung zum damali-

29 | Blick von der Stadtpfarrkirche nach Osten; Anfang 20. Jh., Foto (StadtAFd, BA-70971).

gen Zeitpunkt regulierend eingreifen konnte. (Abb. 29)

Die von den Bauherren geschaffenen vollendeten Tatsachen bedeuteten das Ende für Rangs hochfliegende Pläne einer gezielten Stadtentwicklung. Die damaligen Privatinvestitionen in einzelne Villenbauten hatten Auswirkungen bis auf die Stadtplanung der 1970er Jahre, als mit der „Bellinger-Villa" der letzte Zeuge dieser Entwicklung zugunsten eines Kaufhauses weichen musste.

Bis zum Ende des 19. Jahrhunderts gab es außerhalb des neuen Stadtgebiets nur noch zwei Areale, in denen in größerem Umfang gebaut wurde: Zum einen südlich und westlich des Frauenbergs im Bereich der Buttlar-, Adalbert- und Josefstraße bzw. der Marienstraße. Hier ließ die relativ kleine Schicht des wohlhabenden Fuldaer Bürgertums, allen voran Richard Müller, repräsentative Wohnhäuser für sich errichten. Daneben aber investierten hier Bauunternehmer und Architekten wie Karl Wegener (1846–1914)[42] in den Bau von hochwertigen Immobilien, die sie dann verkauften oder vermieteten. Ganz anders sah die Situation im zweiten größeren Baugebiet der Stadt aus. Offenbar außerhalb genossenschaftlicher Initiativen entstanden Ende des 19. Jahrhunderts bei der Filzfabrik östlich der Frankfurter Straße im Fischfeld sowie um Wallweg, Garten- und Feldstraße Arbeiterwohnungen, die offiziell im Stadtplan des Jahres 1899 auch als solche bezeichnet wurden[43].

2

DER GENOSSENSCHAFTSGEDANKE *im Wohnungsbau*

Bereits die althochdeutsche Sprache, die vor mehr als 1000 Jahren in unseren Breiten gesprochen wurde, kennt das Wort Genossenschaft. Die *ginōzscaft* (mit langem o) enthält das Wort *ginōzo* „Genosse", das sich etymologisch deuten lässt als „derjenige, der seinen Besitz mit anderen gemeinsam hat". Genossenschaft wird im Althochdeutschen aber auch im Sinne von „Kameradschaft" und „Gemeinschaft" verwendet[44]. In der mittelalterlichen deutschen Rechtsgeschichte und ihrer Rezeption in der Forschungsliteratur des 19. und 20. Jahrhunderts spielt die „Genossenschaft" eine entscheidende Rolle. Man sah in ihr die Wurzel des Zusammenlebens sowohl im städtischen wie auch im ländlichen Umfeld und sie gilt daher als „ursprünglichste und bis heute wichtigste Erscheinungsform des menschlichen Verbandes"[45].

Im Frühmittelalter stellten die Verwandtschaft und die ländliche Wirtschaftsverfassung die wichtigste Ausprägung des genossenschaftlich organisierten Zusammenlebens dar: „Die ältere Genossenschaft war daher ein Verband, der die Menschen allseitig umfasste und auf ethisch-religiöser Grundlage ruhte"[46]. Die Genossenschaften waren in dieser Zeit als Gesamtheit der Genossen identisch mit ihren Trägern und entwickelten darüber hinaus keine eigene Rechtspersönlichkeit. Ihre Vermögen waren stets Gesamthandseigentum. Formen einer Genossenschaft zeigten sich im Mittelalter bei den Familiensippen, in Nachbar- und Dorfschaften und bei den Markgenossenschaften, die gemeinsam das Dorf, die Feldfluren und die Allmende verwalteten.

Die jüngere, seit dem Hochmittelalter entstehende Form des Genossenschaftswesens ist gekennzeichnet durch eine Spezialisierung der Zielsetzungen. Die Genossenschaft wandelte sich hierbei im Laufe der folgenden Zeit zur Körperschaft. „Aus dem Personenverband entstand eine Verbandsperson. Dies erforderte die Ausbildung eigenen autonomen Rechts (Satzung, Stadtrecht) und von Organen, da es nicht mehr die physische Person des Leiters der Genossenschaft gab"[47]. In der Folge waren die Genossenschaften neben der Versammlung aller Mitglieder nun auch durch die ausführenden Organe wie etwa in einer Kommune der Magistrat oder der Bürgermeister gekennzeichnet. Diese handelten für die Körperschaft, deren Willensbildung nicht mehr auf der Einstimmigkeit beruhte. An deren Stelle trat das Mehrheitsprinzip. Ausprägungen des Prinzips der Genossenschaft finden sich seit dem Mittelalter nicht nur in den Städteverfassungen, sondern auch in den Organisationen der Kaufleute (Gilden) und Handwerker (Zünfte).

30 | Victor Aimé Huber; Titelblatt nach einer Lithographie von Moritz Rugendas (1826) in: Rudolf Elvers, Victor Aimé Huber. Sein Werden und Wirken ..., 1872.

Der Genossenschaftsgedanke in Deutschland

Ausgehend von Weiterentwicklungen des Genossenschaftsrechts in England, wo in der frühen Phase der Industrialisierung Unternehmer wie Robert Owen (1771–1858) mit Hilfe genossenschaftlicher Prinzipien menschenwürdige Arbeits- und Lebensbedingungen einführten, kam es in Deutschland seit der Mitte des 19. Jahrhunderts zur Ausbildung neuer Genossenschaftsmodelle. Diese sind mit den Namen ihrer Gründer **Hermann Schulze-Delitzsch** (1808–1883) (Abb. 31) und Friedrich Wilhelm Raiffeisen (1818–1888) eng verbunden. Ihre Darlehnskassenvereine standen am Beginn der Volks- und Raiffeisenbanken. Daneben entwickelten sich gleichzeitig Konsumgenossenschaften, die ihren Mitgliedern den günstigen Bezug von Konsumgütern ermöglichen sollten.

Weniger bekannt als Wegbereiter des Genossenschaftswesens ist **Victor Aimé Huber** (1800–1869)[48], (Abb. 30) der früh erkannte, dass die Industrialisierung vor allem zu einer eklatanten Wohnungsnot unter der in die Städte strömenden Arbeiterschaft führen würde. Bei einer Reise nach England hatte er sich 1844 in den Arbeitervierteln von Manchester ein Bild von der schlimmen Lage gemacht, die wenige Jahre später auch auf Deutschland übergriff. Da der freie Markt keine Lösung zur Abhilfe des Problems versprach, suchte der tiefgläubige evangelische Christ und Verfechter der inneren Mission die Lösung in der Schaffung von Arbeitersiedlungen, die zunächst durch Aktiengesellschaften errichtet werden sollten. Mit dem Konzept einer „inneren Kolonisation" suchte Huber nicht nur dem Wohnungsmangel abzuhelfen, sondern auch größere Siedlungen zu schaffen, deren Mitglieder dem Ideal einer christlichen Gemeinschaft verpflichtet waren. Die auf seine Initiative hin Mitte des 19. Jahrhunderts errichteten Kleinsiedlungen in Berlin und Bremen hatten allerdings keinen langen Bestand.

Parallel dazu gab es auf kommunaler Ebene Initiativen zur Gründung gemeinnütziger Baugesellschaften, so etwa in Berlin (1847), Heilbronn (1856), Altona (1870) und Stuttgart (1872). Ein Vorläufer war der 1825 als Aktiengesellschaft gegründete »Bauverein Elberfeld«, der in der Frühphase der Industrialisierung knapp 100 Wohnungen errichten ließ.[49]

Neben dem Genossenschaftsmodell schien in der Frühphase der Industrialisierung der Bau von Arbeitersiedlungen, getragen und finanziert durch Großunternehmen, ein vielversprechender Weg, dem Wohnungsmangel zu begegnen. Vorbild waren hier die Entwicklungen in England und Frankreich. In Yorkshire ließ der Textilfabrikant Titus Salt (1803–1876) ab 1851 die Werkssiedlung Saltaire errichten, die 3.000 Arbeitern und ihren Familienangehörigen Platz bot. Im elsässischen Mühlhausen entstand zur gleichen Zeit eine von den dortigen Unternehmern für ihre Arbeiterschaft gegründete Siedlung mit 1.200 Wohnungen auf 60 Hektar. Die cité ouvrière nahmen sich deutsche Firmen für ihren Bau von Arbeiterwohnungen als Vorbild[50].

In Fulda wurde erstmals 1886 bei der Generalversammlung des Vereins vom Heiligen Vinzenz von Paul die Notwendigkeit des Baus von Arbeiterwohnungen öffentlich angesprochen[51]. Größere Diskussionen zu diesem Thema gab es aber im Gegensatz zu den Großstädten nicht, auch wenn hier der Leidensdruck sicherlich nicht so viel geringer war als in den Zentren der Industrialisierung. Das zum 1. Juli 1889 in Kraft getretene Genossenschaftsgesetz[52] schuf auf Grundlage einer Regelung des Norddeutschen Bundes von 1868[53] einen rechtlichen Rahmen für das Genossenschaftswesen in Deutschland. Das Gesetz gab hierbei auch eine bis heute gültige Definition für diese Form der Wirtschaftsbetriebe, indem es sie als „Gesellschaften von nicht geschlossener Mitgliederzahl, welche die Förderung des Erwerbes oder der Wirtschaft ihrer Mitglieder mittelst gemeinschaftlichen Geschäftsbetriebes bezwecken“ beschrieb. In der namentlichen Auflistung der hierunter fallenden Vereine wurden auch unter der letzten Nummer sieben „Vereine zur Herstellung von Wohnungen“ genannt. Zudem schuf das Gesetz mit der vorgeschriebenen Bildung eines Vorstands und eines Aufsichtsrats die bis heute maßgeblichen Organe einer Genossenschaft.

31 | Hermann Schulze-Delitzsch; Portrait in: Die Gartenlaube 1863, S. 517 (Wiki Commons).

Der Spar- und Bauverein Fulda

Nur wenige Jahre später entstand in Fulda auf dieser Grundlage der **»Spar- und Bauverein«**, [Abb. 32] der am 25. April 1889 in das Genossenschaftsregister eingetragen wurde[54]. Die ersten Vorstandsmitglieder waren der Bahnschmied Franz Joseph Schmitz (?-?), der Schlosser und Grubenmeister am Bahnhof Konrad Rodemer (1858–1934), der Schreiner am Bahnhof Ferdinand Frank (1854–1925), der Heizer Wilhelm Krug (?-?) und der Sattler Christoph Lieblein (1848–1928). Als sechstes Vorstandsmitglied kam bei der Gründung noch der Gärtner **Joseph Angeli** (1846–1921) (Abb. 33) hinzu. Die Genannten standen bis

Satzungen

des

Fuldaer Spar- u. Bau-Vereins

zu Fulda in Hessen,

Eingetragene Genossenschaft mit beschränkter Haftpflicht.

Gültig vom 25. März 1904. Ausgabe 1904.

I. Geschäftsname, Sitz, Gegenstand und Dauer des Unternehmens, Haftpflicht der Genossen.

§ 1.

1. Die unter dem Namen: Fuldaer Spar- und Bau-Verein, eingetragene Genossenschaft mit beschränkter Haftpflicht gegründete Genossenschaft hat ihren Sitz zu Fulda in Hessen.

2. Gegenstand des Unternehmens ist der Bau, Erwerb und Verwaltung von Wohnhäusern, deren Vermietung und Verkauf an Genossen, sowie die Annahme und Verwaltung von Spar-Einlagen der Genossen.

3. Die Dauer des Unternehmens ist unbeschränkt.

4. Für dasselbe gelten die Satzungen und das Reichsgesetz betreffend die Erwerbs- und Wirtschafts-Genossenschaften vom 1. Mai 1889.

32 | Statuten des Fuldaer Spar- und Bauervereins; 1904, Druck (StadtAFd, NL 2, Nr. 7).

33 | Joseph Angeli, Kunst- und Handelsgärtner; um 1880, Repro (StadtAFd, BA-25).

auf Angeli als Handwerker im Dienst der Bahn und handelten bei der Gründung der Genossenschaft im Auftrag der Königlichen Eisenbahnwerkstätten. Als Aufsichtsrat fungierte u.a. der bereits genannte Bauunternehmer Karl Wegener[55], der Dachdeckermeister Heinrich Israel (1861–1901), der Schmied Johannes Bräutigam (1851–1926) und der Bahnschlosser Johann Schürger (1853–1930). Der Spar- und Bauverein hatte bei seiner Gründung 49 Mitglieder und errichtete bis zur Jahrhundertwende Häuser in der Sebastianstraße 13, 15, 17, 19, 21 und 23 sowie Am Waldschlösschen 4a, 5 und 7. Bis zum Jahr 1907 nahm die Mitgliederzahl auf 199 zu. Zudem waren bis dahin 45 Wohnungen errichtet worden, 23 mit drei Zimmern und 22 mit zwei Zimmern. Die Mietpreise betrugen 1907 im Jahr zwischen 162 und 276 Mark[56]. Zum Ende des Jahres 1914 war die Zahl der Mitglieder auf 228 gestiegen, die 544 Anteile an der Genossenschaft hielten[57]. Gegenüber 1907 waren 14 Wohnungen an der **Wörthstraße 30** (Abb. 34) und 32 hinzugekommen. Zudem hatte der »Spar- und Bauverein« in jenen zu Beginn des 20. Jahrhunderts erbauten Häusern an der Sebastianstraße und am Waldschlösschen, in denen es weder Gas noch elektrisches Licht gab, aufgrund des Petroleummangels 1914 dafür gesorgt, dass alle

34 | Wörthstraße 30; um 1975, Foto (StadtAFd, BA-14744).

Wohnungen einen Gasanschluss erhielten[58]. Das 1913 fertiggestellte Haus Wörthstraße 30 war das erste, das elektrisches Licht hatte. „Falls sich die elektrische Beleuchtung, die in den übrigen Häusern nicht vorhanden ist, bewährt, soll sie zur Einführung in weiteren Häusern in Betracht gezogen werden", hieß es im Geschäftsbericht für das Jahr 1913[59]. In diesem Jahr setzten sich die Mieter des Vereins aus 45 Eisenbahnern und 14 sonstigen Bewohnern mit insgesamt 334 Personen zusammen (56 Männer, 62 Frauen, 3 Untermieter und 213 Kinder)[60]. Dies bedeutet, dass auf ein Ehepaar statistisch ca. 3,5 Kinder kamen.

DIE GRÜNDUNG DES BAUVEREINS

und die Entwicklung bis zum Ersten Weltkrieg

Trotz der Anstrengungen des bereits bestehenden Spar- und Bauvereins und privater Bautätigkeit hatte sich die Lage am Fuldaer Wohnungsmarkt am Ende des 19. Jahrhunderts nicht grundlegend gebessert. Die knapp 17.000 Einwohner des Jahres 1900 lebten in 1.440 Häusern, was einem Schnitt von 11,7 Bewohnern pro Gebäude entsprach. Damit wohnten in einem Haus statistisch ein Drittel mehr Personen als noch 1850[61]. Selbst wenn man berücksichtigt, dass zwischenzeitliche größere Wohnhäuser entstanden waren, in denen eine größere Anzahl von Menschen leben konnten, so war die Tendenz eindeutig: Die Schaffung von neuem Wohnraum konnte mit der stark gestiegenen Einwohnerzahl nicht mehr Schritt halten.

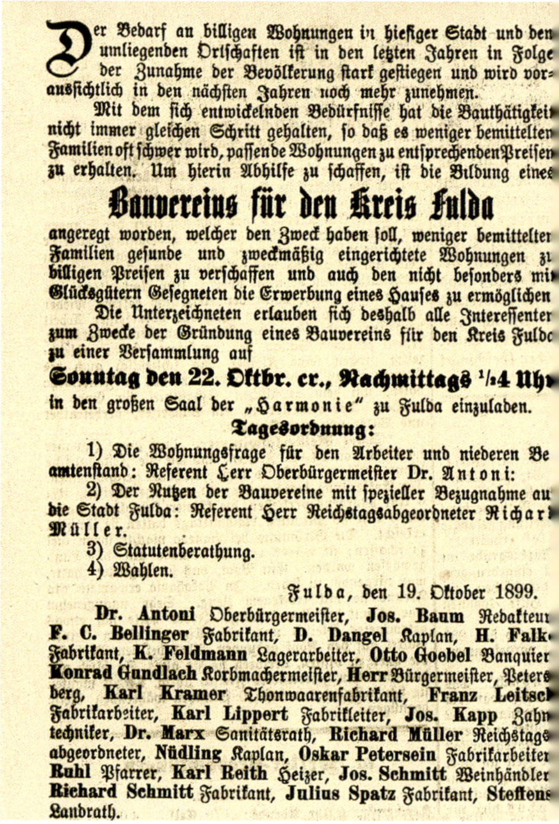

Der Bedarf an billigen Wohnungen in hiesiger Stadt und den umliegenden Ortschaften ist in den letzten Jahren in Folge der Zunahme der Bevölkerung stark gestiegen und wird voraussichtlich in den nächsten Jahren noch mehr zunehmen.

Mit dem sich entwickelnden Bedürfnisse hat die Bauthätigkei nicht immer gleichen Schritt gehalten, so daß es weniger bemittelten Familien oft schwer wird, passende Wohnungen zu entsprechenden Preisen zu erhalten. Um hierin Abhilfe zu schaffen, ist die Bildung eines

Bauvereins für den Kreis Fulda

angeregt worden, welcher den Zweck haben soll, weniger bemittelten Familien gesunde und zweckmäßig eingerichtete Wohnungen zu billigen Preisen zu verschaffen und auch den nicht besonders mi Glücksgütern Gesegneten die Erwerbung eines Hauses zu ermöglichen

Die Unterzeichneten erlauben sich deshalb alle Interessenter zum Zwecke der Gründung eines Bauvereins für den Kreis Fuldc zu einer Versammlung auf

Sonntag den 22. Oktbr. cr., Nachmittags 1/24 Uhr

in den großen Saal der „Harmonie" zu Fulda einzuladen.

Tagesordnung:

1) Die Wohnungsfrage für den Arbeiter und niederen Beamtenstand: Referent Herr Oberbürgermeister Dr. Antoni:

2) Der Nutzen der Bauvereine mit spezieller Bezugnahme au die Stadt Fulda: Referent Herr Reichstagsabgeordneter Richar Müller.

3) Statutenberathung.

4) Wahlen.

Fulda, den 19. Oktober 1899.

Dr. Antoni Oberbürgermeister, **Jos. Baum** Redakteur **F. C. Bellinger** Fabrikant, **D. Dangel** Kaplan, **H. Falk** Fabrikant, **K. Feldmann** Lagerarbeiter, **Otto Goebel** Banquier **Konrad Gundlach** Korbmachermeister, **Herr** Bürgermeister, Petersberg, **Karl Kramer** Thonwaarenfabrikant, **Franz Leitsch** Fabrikarbeiter, **Karl Lippert** Fabrikleiter, **Jos. Kapp** Zahntechniker, **Dr. Marx** Sanitätsrath, **Richard Müller** Reichstagsabgeordneter, **Nüdling** Kaplan, **Oskar Petersein** Fabrikarbeiter **Ruhl** Pfarrer, **Karl Reith** Heizer, **Jos. Schmitt** Weinhändler **Richard Schmitt** Fabrikant, **Julius Spatz** Fabrikant, **Steffens** Landrath.

35 | Fuldaer Zeitung vom 21. Oktober 1899.

Die Gründungsversammlung

Vor diesem Hintergrund rief eine Gruppe von 23 Unterzeichnern mit einer **Anzeige in der Fuldaer Zeitung im Oktober 1899**[62] (Abb. 35) zur Bildung eines »Bauvereins für den Kreis Fulda« auf und lud zu einer Gründungsversammlung am 22. Oktober um 15.30 Uhr in den großen Saal des Harmoniegebäudes (Am Peterstor 18–20)[63] ein. Als Begründung wurde angegeben, dass der Bedarf an billigen Wohnungen in Fulda und den umliegenden Ortschaften in den letzten Jahren in Folge der Zunahme der Bevölkerung stark gestiegen sei und voraussichtlich auch noch weiter zunehmen werde: „Mit dem sich entwickelnden

36 | Dr. Georg Antoni; 1957, Ölgemälde von Josef Hunstiger in der „OB-Galerie" nach einer Bildvorlage (StadtAFd, BA-42).

37 | Richard Müller; um 1920, Repro nach einem Original von Wilhelm Bechtold (StadtAFd (BA-1159).

38 | Franz Carl Bellinger; um 1890, Repro (StadtAFd, BA-65).

Bedürfnisse hat die Bauthätigkeit nicht immer gleichen Schritt gehalten, so daß es weniger bemittelten Familien oft schwer wird, passende Wohnungen zu entsprechenden Preisen zu erhalten". Die Gründung eines Bauvereins habe den Zweck, „weniger bemittelten Familien gesunde und zweckmäßig eingerichtete Wohnungen zu billigen Preisen zu verschaffen und auch den nicht besonders mit Glücksgütern Gesegneten die Erwerbung eines Hauses zu ermöglichen".

Zu den Unterzeichnern gehörten mit Oberbürgermeister **Dr. Georg Antoni** (1862–1945) (Abb. 36) und Landrat Karl Steffens (1855–1910) die führenden Politiker von Stadt und Landkreis sowie mit dem Fabrikanten **Richard Müller** (1851–1931) (Abb. 37) auch ein Reichstagsabgeordneter und Fuldas vermögendster Bürger. Weitere Unternehmer unter den Erstunterzeichnern waren der Direktor der Emaillierwerke **Franz Carl Bellinger** (1842–1900) (Abb. 38), der Leiter der Schuhstoffwerke Hermann Falke (1844–1906), der Tonwarenfabrikant Karl Kramer (1852–1941), der Direktor der mechanischen Baumwollweberei Richard Schmitt (1853–1936) und der Cellulosefabrikant Julius Spatz (1847–1920)[64]. Zum gehobenen Bürgertum der Stadt zählten der Redakteur Joseph Baum (1855–1919)[65], der Stadtkaplan Damian Dangel (1869–1944?), der Bankier Otto Göbel (1862–1941), der Sanitätsrat Dr. Florentin Marx (1848–1929), der Zahntechniker Josef Kapp (1862–1929)[66], der Domkaplan Ludwig Nüdling (1874–1947)[67], der Superintendent und Pfarrer Friedrich Ruhl (1855–1935) sowie der Weinhändler Josef Schmitt (1849–1920)[68]. Aus der Arbeiterschaft finden sich unter den Erstunterzeichnern mit Karl Feldmann (1859–1931), Franz Leitsch (1865–1945) und Oskar Petersein (1865–1923) nur drei Vertreter. Aus der Handwerkerschaft stammte mit Konrad Gundlach (1838–1908) nur eine Person.

— „Klein, aber mein"

Bei der einberufenen **Gründungsversammlung**[69], zu der über 100 Personen gekommen waren, (Abb. 39) hielt Oberbürgermeister Dr. Antoni zu dem ersten Tagesordnungspunkt „Die Wohnungsfrage für den Arbeiter- und niederen Beamtenstand" einen längeren Vortrag. In diesem skizzierte er eine ambitionierte Vision für die Schaffung von Arbeiterwohnungen: „Wir wollen nicht nach berüchtigten Mustern Mietskasernen bauen, sondern kleine, nette Häuschen für ein ungestörtes, ruhiges, behagliches Familienleben der kleineren Leute. Es soll auch ein Gärtchen dabei sein, das die Arbeiterfrau pflegen kann, worin ihre Kinder spielen können und der Mann nach dem Tagwerk Erholung und Freude findet."
Das »Fuldaer Kreisblatt«, dem wir das vorliegende Zitat verdanken, schließt den Bericht über die Rede Dr. Antonis mit der Wiedergabe einer programmatischen Äußerung des Oberbürgermeisters: „Des Redners Ausführungen gipfelten in dem Wunsche, dass jeder Arbeiter ein eigenes Heim bekommen möge, an dessen Stirn er schreiben könne: »Klein, aber mein«"[70].
Danach legte Richard Müller in seiner Ansprache die „ethischen, praktischen und wirtschaftlichen" Vorteile bei der Gründung eines Bauvereins dar. Ein solcher erhalte von der Alters- und Invaliditätsversicherungsanstalt Hessen-Nassau überaus günstige Bauzinsen in Höhe von 3% und könne dabei die Objekte bis zu 75% des Realwertes beleihen. Eine aufgenommene Hypothek sei zudem zehn Jahre unkündbar. Müller forderte eine Einlage von 100 Mark für jeden Genossen, die nicht sofort, sondern auch in Teilbeträgen gezahlt werden könne.
Als Unternehmer und Wirtschaftspolitiker sah Müller die Verbesserung der Wohnungssituation für die Arbeiterschaft nicht in einer Zunahme von einzelnen sozialen Wohltaten. Stattdessen referierte das »Fuldaer Kreisblatt« Müllers Credo wie folgt: „Mit Wohlfahrtsgesetzen allein können dem kleinen Manne nicht aufgeholfen werden; er selbst müsse sich regen und nach der Höhe zufriedenen Daseins in loyaler Weise ringen. Wir wollen ihm dazu freudig die Hand reichen – das Zugreifen sei seine Sache"[71]. Für seine Äußerungen wurde der Redner, folgt man den Zeitungen, mit Beifall überschüttet.
Aus der anschließenden Diskussion, die im Wesentlichen keine grundsätzlichen Einwände gegen die Gründung eines Bauvereins brachte, sind noch zwei Punkte hervorzuheben, die einzig das „Fuldaer Kreisblatt" überliefert. Zum einen regte Domkapitular Professor Dr. **Viktor Thielemann** (1867–1944)[72] an, (Abb. 40) dass man zur Ersparnis von Grundstückskosten besser mehr in die Höhe als in die Breite bauen solle, da die Luft bis jetzt nichts koste. Diesem Einwand begegnete Richard Müller damit, dass keine Grundstücksspekulationen zu befürchten seien und damit offenbar der Boden nach wie vor günstig zu erwerben war. Sanitätsrat Dr. Marx gab zudem einen bedrückenden Einblick in die Wohnungsnot jener Zeit. Nach ihm hausten viele Familien in entsetzlichen Spelunken, die er gar nicht schildern könne. Keine 30% der hiesigen Wohnungen entsprächen den sanitären Mindestanforderungen, nämlich 15 Kubikmetern Luft pro Person. Sofern diese

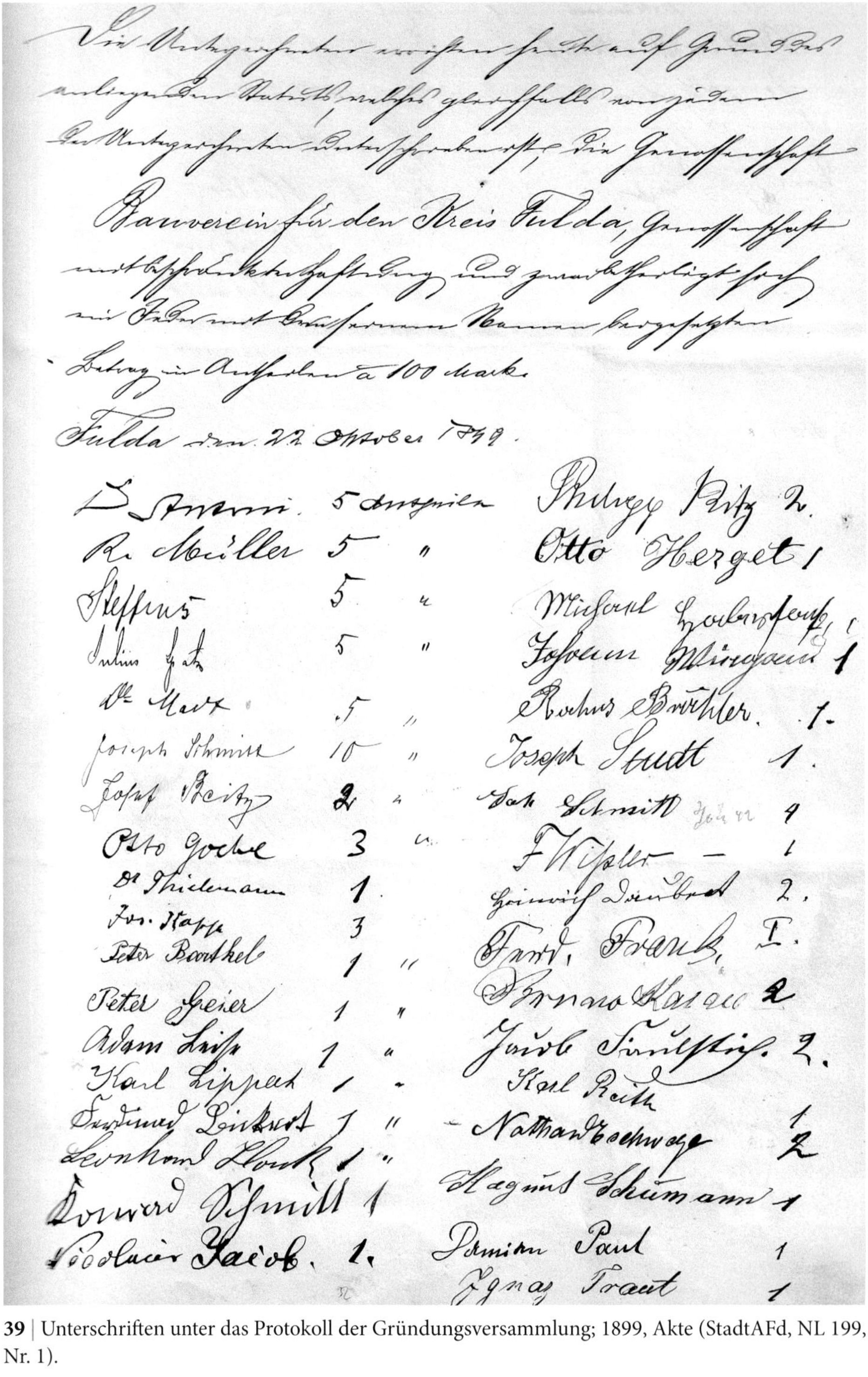

Die Unterzeichneten zeichnen heute auf Grund des anliegenden Statuts, welches gleichfalls von jedem der Unterzeichneten unterschrieben ist, die Genossenschaft Bauverein für den Kreis Fulda, Genossenschaft mit beschränkter Haftpflicht und zwar leistet jeder die bei seinem Namen beigesetzten Betrag in Antheilen à 100 Mark.

Fulda den 22. Oktober 1899.

R. Müller 5
Steffens 5
Joseph Schmitt 10
Otto Herget 1
Dr. Thielemann 1
Peter Barthel 1
Peter Geier 1
Karl Lippert 1
Joseph Staudt 1
Heinrich Dernbach 2
Ferd. Frank 1
Karl Reith
Nathan Eschwege 2
August Schumann 1
Damian Paul 1
Ignaz Traut 1

39 | Unterschriften unter das Protokoll der Gründungsversammlung; 1899, Akte (StadtAFd, NL 199, Nr. 1).

Zahlen stimmen, hätten viele Einwohner der Stadt im Schnitt weniger als 6 bis 7 Quadratmeter Wohnfläche für sich zur Verfügung gehabt.

Im Anschluss an die Grundsatzreferate und die Aussprache beschlossen die Anwesenden Personen einstimmig die Gründung eines Bauvereins für den Kreis Fulda als eingetragene Genossenschaft mit beschränkter Haftpflicht. Die im Zusammenwirken von Oberbürgermeister Dr. Antoni und Richard Müller entworfenen Statuten des Vereins wurden bis auf kleine Abänderungen ebenfalls angenommen[73].

— Die Satzung (Statut) [Abb. 41]

Als Satzungszweck der Genossenschaft wurde festgelegt, dass dieser ausschließlich darin besteht, „unbemittelten Familien gesunde und zweckmäßig eingerichtete Wohnungen in eigens erbauten oder angekauften Häusern zu billigen Preisen zu verschaffen" (§1.2)[74]. Um diesen Zweck zu erreichen, räumte die Satzung dem Bauverein umfassende Tätigkeitsrechte ein. Diese bestanden sowohl in dem Erwerb bebauter wie unbebauter Grundstücke, dem Bau von Wohnungen entweder in eigener Verantwortung oder durch die Beauftragung von Dritten sowie der Errichtung der erforderlichen Straßen einschließlich der Be- und Entwässerungsanlagen. Der durch die Tätigkeit des Vereins geschaffene Wohnraum konnte sowohl vermietet als auch verkauft werden.

Hinsichtlich der Mitgliedschaft in der Genossenschaft wurde festgelegt, dass „jede großjährige Person, welche sich im Besitze der bürgerlichen Ehrenrechte befindet" aufgenommen werden könnte (§ 3). Nach damaligem Recht waren damit alle unbescholtenen

40 | Prof. Dr. Viktor Thielemann

Männer ab 21 Jahren gemeint. Frauen konnten zu dieser Zeit nicht als Genossen aufgenommen werden, da nur Staatsbürger in den Genuss der bürgerlichen Ehrenrechte kamen und der Kern des Staatsbürgerrechts im aktiven und passiven Wahlrecht bestand, das den Frauen in Deutschland erst im November 1918 zugestanden wurde. In Fulda war die Mitgliedschaft nicht an eine Konfessions- oder Parteizugehörigkeit gebunden[75].

Neben natürlichen Personen konnten auch Körperschaften, Handelsgesellschaften, Genossenschaften und andere Personenvereine als Mitglied aufgenommen werden. Davon machte der Bauverein allerdings keinen Gebrauch.

Zu den Organen der neuen Genossenschaft wurde in der Satzung ein aus drei bis fünf Mitgliedern bestehender Vorstand (§ 11) sowie ein Aufsichtsrat bestimmt, dem sieben

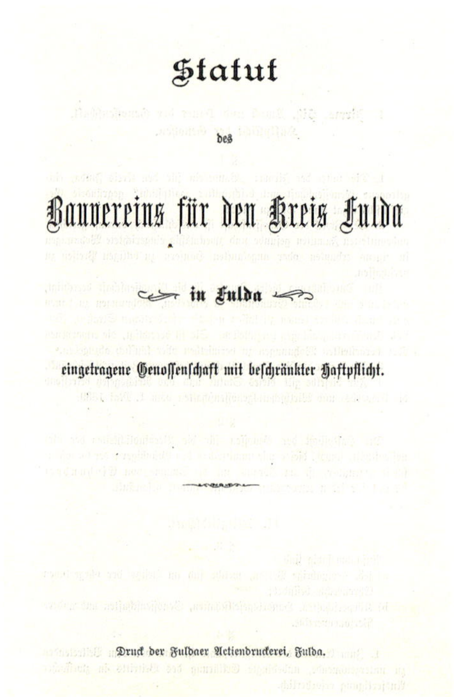

Statut

des

Bauvereins für den Kreis Fulda

in Fulda

eingetragene Genossenschaft mit beschränkter Haftpflicht.

Druck der Fuldaer Actiendruckerei, Fulda.

41 | Statut des Bauvereins; 1899, Druck (StadtAFd, NL 199, Nr. 1).

Personen angehören sollten (§ 15). Die von der Hauptversammlung für drei Jahre gewählten Aufsichtsratsmitglieder erhielten keine Vergütung und konnten nur einen Auslagenersatz beanspruchen. Das Ausscheiden eines Mitglieds erfolgte automatisch nach drei Jahren, allerdings war eine Wiederwahl möglich. Die wichtigste Funktion des Aufsichtsrats bestand in der Wahl und der Entlassung des Vorstands, der die Genossenschaft nach außen hin vertrat. Zudem legte die Satzung fest, dass der Aufsichtsrat über die Vergütungen oder Gehälter der Vorstandsmitglieder entscheidet.

Das der Gründungsversammlung vorgelegte Statut wurde mit den oben genannten kleinen Änderungen gebilligt und von 88 Personen unterschrieben. Zum Aufsichtsrat wählte die Hauptversammlung neben Oberbürgermeister Dr. Georg Antoni, der zum Vorsitzenden bestimmt wurde, den Landrat Karl Steffens, den Reichstagsabgeordneten Richard Müller, den Sanitätsrat Dr. Florentin Marx, die Arbeiter Karl Feldmann (1859–1931) und Franz Leitsch (1865–1945) sowie den Weber Peter Barthel (1852–1926).

Als Vorstandsvorsitzenden des Bauvereins erkor der Aufsichtsrat im Dezember 1899 den Fabrikanten **Karl Kramer**[76]**.** (Abb. 42) Zu seinem Vertreter und Schatzmeister wurde der Bankdirektor **Otto Göbel** bestimmt, (Abb.43) die Funktion des Schriftführers übernahm der Stadtoberinspektor Josef Beitz (1864–1938)[77] und die beiden Beisitzerposten gingen an den Heizer Karl Reith (1878–1960) und den Maurer Wilhelm Helker (1870-verzogen 1906). Der entsprechende Eintrag im Genossenschaftsregister des Königlichen Amtsgerichts Fulda erfolgte am 23. Dezember 1899[78].

Eine größere Satzungsänderung wurde infolge des Zuwachssteuergesetzes vom 14. Februar 1911 nötig. Um nicht unter die Steuerpflicht zu fallen, wurden einige Passagen in der Satzung des Bauvereins noch eindeutiger im Hinblick auf dessen Gemeinnützigkeit formuliert[79]. Etwas redaktionell geändert wurde in diesem Zusammenhang auch der Satzungszweck. Statt von „unbemittelten Familien", denen der Verein nutzen sollte war nun von „minderbemittelten Familien oder Personen" die Rede. Die neu gefassten Statuten traten zum Beginn des Jahres 1913 in Kraft.

Die ersten Jahre

Die Gründung des neuen Bauvereins wurde von großen Erwartungen begleitet. Die »Fuldaer Zeitung« schrieb in ihrer Ausgabe vom

42 | Briefkopf der Tonwarenfabrik Karl Kramer; 1899, Akte (StadtAFd, NL 199, Nr. 1).

43 | Otto Göbel (vorne, 2. von rechts) bei einer Skatrunde im Gasthaus »Windmühle«; 1934, Foto (StadtAFd, BA-525).

26. Oktober 1899, dass man im Hinblick auf die hohe soziale Bedeutung der Aufgabe, die sich der Verein gestellt habe, diese Initiative nur freudig begrüßen könne: „Hat die Genossenschaft doch einzig und allein den Zweck, den unbemittelten Volksklassen gesunde Wohnungen zu billigen Preisen zu verschaffen." Im Gegensatz zu privaten Bauträgern komme die Genossenschaft in den Genuss steuerlicher Vergünstigungen sowie niedriger Kreditzinsen und werde zudem meist auch von den Gemeinden unterstützt. „Da nun ferner jede Spekulation, die die billigen Häuser wieder verteuern würde, durch die Statuten ausgeschlossen ist, darf man hoffen, dass der neue Bauverein sein Ziel [...] recht bald in möglichst hohem Grade erreichen werde"[80].

> „Das Vorgehen des hiesigen Bauvereins verdient die höchste Anerkennung. Wer die hiesigen Wohnungszustände einigermaßen kennt und weiß, wie gerade die ärmsten Leute für die denkbar schlechtesten Wohnungen die verhältnismäßig höchsten Mietpreise bezahlen müssen, wer weiß, wie für kleine armselige Häuser der doppelte, ja drei- und vierfache Bauwert bezahlt wird, wer ferner weiß, welche Schwierigkeiten von Minderbemittelten beim Bau eines eigenen Hauses zu überwinden sind, wird die Tätigkeit eines Vereins, der den schreienden Missständen Abhilfe schafft, gewiss mit Freude begrüßen. Es soll gutem Vernehmen nach alsbald der Bau einer größeren Anzahl Häuser für je vier Familien in Angriff genommen werden; so zwar, dass jede Familie einen eigenen Ausgang und einen genügend großen Garten erhält. Der Aufsichtsrat und Vorstand des Vereins besteht aus solchen Herren, welche über große Erfahrung verfügen und von welchen man erwarten kann, dass sie eine gedeihliche und segensreiche Tätigkeit entfalten werden."
>
> Fuldaer Zeitung vom 22. Juni 1900

Die hohen öffentlichen Erwartungen bezogen sich auf den möglichst schnellen Bau größerer Wohnanlagen, mit denen in möglichst kurzer Zeit einer Vielzahl von Familien geholfen werden konnte. Neben dem Kapital benötigte man hierfür zunächst geeignetes Bauland. Insofern ist eine Initiative des Vereins, die dieser schon vor seiner Gründung anstieß, besonders bemerkenswert und von stadtgeschichtlicher Bedeutung. Es geht hierbei um den Erwerb der **Domäne Ziehers**, (Abb. 44) um den sich die Stadt Fulda schon 1894 vergeblich bemühte. Ziehers, bestehend aus Ober- und Unterziehers, gehörte als Hof mit eigener Gemarkung wie die übrigen alten Fuldaer Domänen seit 1816 dem Staat, der sie über das Landwirtschaftsministerium in Berlin durch einen vor Ort sitzenden Pächter verwalten ließ[81]. Die weit ausgedehnte Domäne, die mit ihren Flächen den Nordosten der Stadt begrenzte und hier keine weitere Entwicklung zuließ, galt Oberbürgermeister Dr. Antoni als wichtige landwirtschaftliche Fläche, die er seinen Bürgern nach einem Erwerb durch die Stadt in Form von Kleingärten pachtweise zuführen wollte. Diesem Ansinnen hatte sich jedoch der Minister mit dem Hinweis widersetzt, „dass auf die Veräußerung größerer, wirtschaftlich lebensfähiger Domänenvorwerke grundsätzlich nur aus ganz besonderen Gründen Bedacht zu nehmen sei und da derartige Gründe nach den angestellten Ermittlungen für den Verkauf der Domäne Ziehers nicht geltend zu machen seien, dieselbe außerdem noch bis Jo-

44 | Domäne Ziehers, genutzt durch die Stadtgärtnerei; 1955, Foto: Julius Cäsar (StadtAFd, BA-14809).

hannis 1901 verpachtet sei, so werde der Verkauf der genannten Domäne abgelehnt“[82]. Richard Müller griff das Thema noch einmal auf und schlug im September 1899 dem Oberbürgermeister vor, die Kaufanfrage in modifizierter Form erneut an die Regierung in Kassel zu richten, dieses Mal aber mit dem neuen Bauverein als Absender und unter Hinweis darauf, dass insbesondere für die Bahnarbeiter Wohnungen errichtet werden sollen, die in unmittelbarer Nähe zu den Bahnwerkstätten liegen sollten und man daher um die Abtretung von zwei Teilstücken der Gemarkung Ziehers bitte. Ob das von Müller verfertigte Schreiben[83] in dieser Form an die Regierung jemals versandt wurde, ist unklar. In der Folge spielt der Baugrund in Ziehers, das erst 1953 nach Fulda eingemeindet werden konnte, bei den Planungen des Bauvereins keine Rolle mehr. Ob es jemals zu der Anfrage kam, ist offen. Es haben sich dazu keine Quellen erhalten.

— Diskussion um das Bauprogramm

Zu Beginn seiner Tätigkeit stand der Bauverein vor der Frage, ob er sofort mit der Bautätigkeit beginnen solle. Die hohen Lohnkosten schienen Ende 1899 ebenso wie die stark gestiegenen Materialpreise zunächst gegen eine unmittelbare Aufnahme der Bautätigkeit zu sprechen. In der ersten gemeinschaftlichen Sitzung von Vorstand und Aufsichtsrat am 5. Januar 1900 plädierte Oberbürgermeister Dr. Antoni zunächst für ein abwartendes Vorgehen[84]. In der anschließenden Diskussion wurde allerdings darauf hingewiesen, dass die Kosten für Ziegelsteine wie für Kohle und Holz nicht billiger würden. Zudem wurde zu bedenken gegeben, dass bei einem Aufschub des Bauens um ein Jahr „die Leute ungeduldig werden und fragen: Wir haben wohl einen Bauverein gegründet, aber er tut nichts". Für den Anfang dürften aber nicht zu viele Häuser errichtet werden, sondern man solle nur für jenen Personenkreis bauen, der sich ohnehin mit dem Gedanken trage, ein Haus zu errichten.

Auch bei der Art der zu erbauenden Gebäude gab es in der genannten Sitzung einen erheblichen Diskussionsbedarf: „Einige Herren waren der Meinung, dass kleine Wohnungen, höchstens für 2 Familien und einige, dass Doppelwohnhäuser mit 2 Wohnungen übereinander, mit Tür an der Giebel- oder Kopfseite zu bauen seien. Bei dem Bau von Doppelhäusern wurden Bedenken darüber geäußert, ob dann nicht den Arbeitern der Erwerb der Häuser erschwert wird." Hier entschloss man sich, die möglichen Käufer der Immobilien nach ihren Wünschen zu fragen. Festgesetzt wurde hingegen verbindlich die Zahl der Zimmer jeder Wohnung, die drei bis vier ohne die Küche betragen sollte.

Einig war man sich darin, dass die Wohnungen nicht an einer Stelle, „sondern um die Stadt herum gebaut werden sollen". Dies sei schon durch die Fabriken, die um die Stadt herumlägen, bedingt. Als Bauplätze wurden folgende Areale vorgeschlagen: die Grundstücke an der Bretterhalle (heute der untere Teil des Rinnwegs), das „F.C. Bellinger´sche Grundstück" Richtung Bachrain[85], der Holzgarten gegenüber dem Landkrankenhaus bei der Krätzmühle[86], Privatgrundstücke im Kohlhäuserfeld, die Loreysche Wiese[87], die Grundstücke des Heilig-Geist-Spitals neben dem Badegarten[88], „die vielen kleinen Ländchen" an der Hornungsmühle sowie ein städtisches Grundstück an der Maberzeller Straße.

— Suche nach Bauplätzen (Abb. 45)

Das ambitionierte Bauprogramm konnte mangels geeigneter Grundstücke in dieser Form allerdings nicht umgesetzt werden. Den Startschuss zum Bau gab ausgerechnet der Initiator des Bauvereins selbst. In der Vorstandssitzung vom 1. März 1900 war beschlossen worden, u.a. bei Richard Müller anzufragen, ob er bereit sei, geeignete Baugrundstücke zu verkaufen[89]. Das Kapital für den Baulanderwerb sicherte man durch ein Darlehen der Landesversicherungsanstalt ab, die im Mai 1900 einen Kredit in Höhe von 100.000 Mark bewilligte. Zu jener Zeit waren es gerade die im Zuge der Bismarck´schen Sozialgesetzgebung in den 1880er Jahren gegründeten Versicherungsanstalten, die am Beginn ihrer Geschäftstätigkeit hohe Beiträge aus den Pflichtversicherungen einnahmen ohne dabei zunächst zu größeren Leistungen verpflichtet zu sein. Die überschüssigen Gelder mussten angelegt werden oder man stellte sie in Form von Krediten auch den Bauvereinen zur Verfügung. Auf diese Weise kam der Fuldaer Bauverein an relativ günstige Kredite zu 3 ½% Zinsen[90].

— Grunderwerb an der Petersberger Straße

Knapp ein Drittel des erhaltenen Kredits konnte man schon bald investieren. Im Mai 1900 hatte Richard Müller zugestimmt, dem Bauverein ein etwa 30.000 Quadratmeter großes Grundstück an der Petersberger Straße in Richtung Zickegarten für 32.000 Mark zu verkaufen[91]. Laut »Fuldaer Zeitung«, die über den Verkauf berichtete[92], müsse der ausgehandelte Quadratmeterpreis von 1 Mark und 3 Pfennig als „verhältnismäßig billig" be-

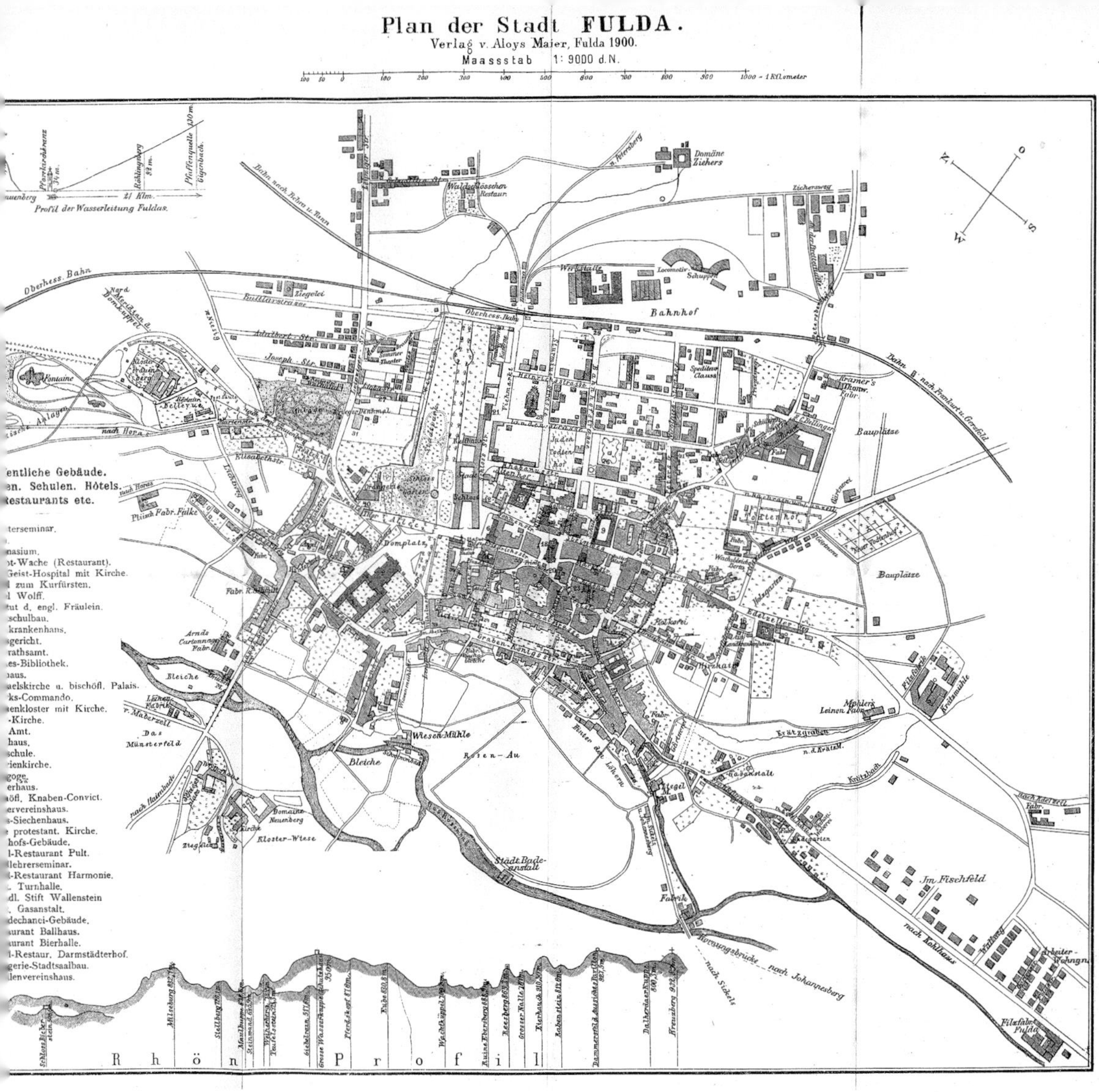

45 | Plan der Stadt Fulda; 1900, Verlag Aloys Mayer (StadtAFd, Karten und Pläne, Fa 26).

zeichnet werden. „Es wird, wie wir hören, beabsichtigt, in Kürze einen Bebauungsplan für das Grundstück auszuarbeiten und, wenn tunlich, noch im Laufe des Herbstes mit dem Bau einiger Wohnungen zu beginnen; vorher wird nötig sein, einige Straßenbauten vorzunehmen".

Tatsächlich machte diese erste große Initiative des Bauvereins die Erstellung eines Bebauungsplans erforderlich. Bereits Franz Rang, der Vorgänger Dr. Antonis im Amt des Oberbürgermeisters, hatte 1892 darauf hingewiesen, dass die „Baulust" in Fulda sich zu heben scheine und dabei als Baugrund vor allem jene Lagen wie am Kohlhäuser und am Edelzeller Weg bevorzugt würden, an denen das Land noch günstig zu erwerben sei. Um das planlose Bauen in das freie Feld hinein zu verhindern, müsse die Stadt dringend Fluchtlinienpläne für die Feldlagen erstellen[93]. Dies ist 1893 für den südlich der Innenstadt gelegenen Bereich der Frankfurter Straße, des

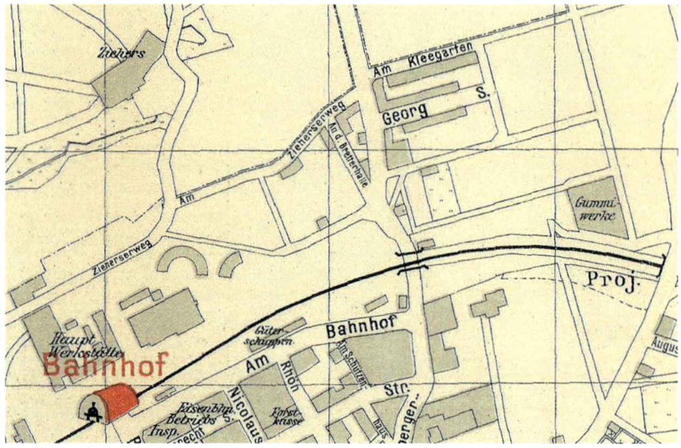

46 | Plan der Stadt Fulda, Ausschnitt; 1921, Pharus Verlag (StadtAFd, Karten und Pläne, Fa 31).

Wallwegs und der Edelzeller Straße auch erfolgt.

Infolge der Aktivitäten des Bauvereins übertrug man das Verfahren der Erstellung eines Fluchtlinienplans auch auf „das Gelände am Zickegarten rechts von der Petersbergerstraße (an der Bretterhalle) bis zur Künzellerstraße sowie einerseits zur Eisenbahn und anderseits bis zur Enklave des Gutsbezirks Ziehers“[94]. Im Erläuterungsbericht zum Plan wird ausdrücklich auf den Bauverein Bezug genommen: „Die Ausarbeitung eines Bebauungsplans von diesem Gelände wurde hauptsächlich dadurch veranlasst, dass der Bauverein Fulda eGmbH einen größeren Komplex Gelände zur Errichtung von Wohnhäusern ankaufte und inzwischen auch schon mit der Bebauung begonnen hat. Außerdem sind die Gummiwerke bereits auf diesem Gelände erbaut, so dass anzunehmen ist, dass sich dieses Terrain in nicht allzu ferner Zeit bebauen wird.“

In die Planungen einbezogen wurde der Bau von vier Straßen, wobei als Hauptachse eine Verbindung zwischen der Petersberger Straße und der Künzeller Straße vorgesehen wurde, die spätere Straße Am Kleegarten. Allerdings sollte bis zur Fertigstellung dieser Straßen nicht zuletzt aufgrund der angespannten Finanzlage der Stadt noch einige Zeit ins Land gehen. Auf dem ersten großen Stadtplan von Fulda des Jahres 1910[95] ist abzweigend von der Petersberger Straße nur die heutige Georg-Antoni-Straße mit Wohnbauten eingetragen. Dort, wo sich heute die Dientzenhoferstraße und die Straße Am Kleegarten befinden, ist zu dieser Zeit noch ein Wirtschaftsweg verzeichnet. 1921 ist erstmals die Straße am Kleegarten auf einem **Stadtplan** zu sehen[96]. (Abb. 46) Deren Fertigstellung erfolgte in zwei Bauphasen zwischen 1920 und 1928[97]. Der auf eine Flurbezeichnung zurückgehende Name wurde bereits 1920 offiziell verliehen[98].

— Erste Häuser an der Georgstraße

Der Aufsichtsrat des Bauvereins hatte im November 1900 seine grundsätzliche Zustimmung zu den Planungen für das erste Wohnhaus südöstlich der Petersberger Straße gegeben. Er sprach sich allerdings gegen die geplante Dreistöckigkeit der Gebäude aus und plädierte für zwei Stockwerke. Die in Eigenregie zu errichtende Straße solle bei einer Gesamtbreite von 12 Metern eine Straßenbreite von sechs Metern aufweisen sowie links und rechts jeweils drei Meter breite Bürgersteige[99]. In der Vorstandssitzung des Bauvereins vom 23. Februar 1901 wurde beschlossen, die ersten beiden Doppelhäuser in dem genannten Baugebiet Am Zickegarten mit insgesamt acht Wohnungen zur Vergabe der Arbeiten auszuschreiben[100]. Bereits Mitte des Jahres 1901 meldete der Bauverein an die Landesversicherungsanstalt, dass 13 Häuser im Bau seien und man 10.000 Mark an Kredit benötige[101]. 1901/1902 wurden durch den Bauverein in der **Georgstraße** (Abb. 47 und 48) die Häuser Nr. 5, 7, 8, 9, 10, 11, 12 und 14 fertiggestellt[102]. Die nachweislich erste Gebäudebesichtigung durch den Aufsichtsrat fand in den Häusern Georgstraße Nr. 8 und 10 am 2. Februar 1902 statt[103].

Allerdings wurde die Mehrzahl dieser Gebäude im Laufe der folgenden Jahre weiterveräußert. Die Nummer 5 erwarben der Fuhrmann Wilhelm Herrlich und seine Ehefrau Elenora, die Nummer 7 der Lokomotivheizer Heinrich Hildebrand, die Nummer 8 der Fuhrknecht Augustin Jahn, die Nummer 9 der Zugführer Franz Joseph Ritz und seine Ehefrau Theresia, die Nummer 10 die Witwe Magdalena Baumbach, die Nummer 11 der Lackierer Karl Kircher und seine Ehefrau Gertrud, die Nummer 12 der Sattler Karl Stumpf und die Nummer 14 die Büglerin Rosa Ebert. Der Kaufpreis für ein halbes Doppelhaus war in der Vorstandssitzung vom 14. Dezember 1901 auf 9.700 Mark festgelegt worden[104]. Hinzu kam dann noch der Preis für das Grundstück, das in der Regel mit 3 Mark pro Quadratmeter berechnet wurde[105]. Dieser Betrag stieß nicht überall auf Begeisterung. Das Aufsichtsratsmitglied Franz Leitsch verzichtete auf den Erwerb eines der ersten Häuser an der Georgstraße mit dem Hinweis darauf, dass ihm der Preis zu hoch sei[106]. Geht man davon aus, dass die Jahresmiete einer kleineren Wohnung in Fulda bei etwa 200 Mark lag, so betrugen die Kosten eines halben Hauses knapp das Fünfzigfache. Vor diesem Hintergrund ist es verständlich, wenn ein Arbeiter wie Franz Leitsch, der kaum mehr als monatlich 100 Mark verdiente, sich eine solche Immobilie nicht leisten konnte.

Im April 1902 beschloss der Vorstand, den Bau von dreistöckigen Gebäuden mit Zweizimmerwohnungen am Zieherserweg und an der rechten Seite der Georgstraße[107]. Damit veränderte sich das Konzept von Doppelhaushälften hin zu kleinen Wohneinheiten. Ziel war die Errichtung von „geschlossenen Häusergruppen" mit zwei Zimmern in einfacher Bauweise[108].

In diese Zeit fallen auch die ersten Vermietungen in der Georgstraße, die zum Preis von 20 Mark und 50 Pfennigen pro Monat an die Genossen vergeben wurden[109]. Die Mieten blieben bis zum Ersten Weltkrieg stabil und lagen je nach Wohnungsgröße zwischen 15 und 20 Mark monatlich. Die erste pauschale Mieterhöhung um 50 Pfennig pro Monat für alle Wohneinheiten erfolgte zum 1. Januar 1914[110].

Anfangs waren offenbar nicht alle Mieter als Mitglied der Genossenschaft eingetragen. Anlässlich der Erstvermietung des Neubaus Georgstraße 19, 21 und 23 fasste der Vorstand 1907 den Beschluss, nur noch an Genossen Mietwohnungen abzugeben[111]. Bis zum Beginn des Ersten Weltkriegs wurden durch den Bauverein in der Georgstraße neben den bereits genannten Nummern 5 bis 14 noch die

47 | Georg-Antoni-Straße; um 1905, Foto (StadtAFd, BA-8334).

Häuser Nr. 15 bis 19 und 21 bis 31 und 33 fertiggestellt. Das ursprünglich anvisierte Ziel, an mehreren Stellen im Stadtgebiet mit Neubauten vertreten zu sein, konnte bis dahin noch nicht umgesetzt werden.

— Unterstützung privater Bauvorhaben und Bauten in Eigenregie

Mangels Bauland war der Bauverein zunächst gezwungen, auch private Bauvorhaben zu unterstützen, bei denen der Bauherr schon über ein Grundstück, nicht aber über das Eigenkapital verfügte. Ein noch erhaltener Vertrag aus dem Jahr 1904 zwischen dem Bauverein und dem Maurer Egid Müller sowie seiner Ehefrau Pauline aus Horas[112] zeigt die vor dem Ersten Weltkrieg geübte Praxis der Eigenheimfinanzierung. Die Eheleute verkauften dem Bauverein ihr Grundstück für 2.196 Mark. Sie verpflichteten sich darüber hinaus, auf dem Grundstück innerhalb eines knappen Jahres ein Haus zu errichten, dessen Baukosten sich nach dem Voranschlag auf 11.200 Mark beliefen. Im Gegenzug zahlte ihnen der Bauverein bis zu 80% der genannten Summe als Baukredit aus, die der Verein zu günstigen Konditionen über die Landesversicherungsanstalt in Kassel zur Verfügung stellen konnte. Nach Fertigstellung des Hauses mussten die Eheleute das Haus mit Grund und Boden vom Bauverein erwerben. Der Kaufpreis setzte sich aus den Kosten für das Grundstück (2.196 Mark), den Baukosten

48 | Georg-Antoni-Straße; um 1910, Foto (StadtAFd, BA-8335).

(11.200 Mark) und einem Zuschlag von 10% für den Bauverein (1.120 Mark) zusammen. Die Kaufsumme betrug somit ohne eventuell anfallende Zusatzkosten 14.516 Mark. Davon abzuziehen sind die 2.196 Mark, welche die Familie bereits als Preis für ihr Grundstück erhalten hatte. Somit verblieben als Betrag 12.320 Mark, von denen knapp 8.900 Mark über ein zinsgünstiges Darlehen finanziert werden konnte.

Für den Bauherrn ergab sich der Vorteil, dass er zusätzlich zu einem bereits vorhandenen Grundstück nur ein geringes Eigenkapital benötigte, um seinen Bauwunsch verwirklichen zu können und er zusätzlich einen Kreditzins bezahlen musste, den er als Privatperson am freien Markt nicht erhalten hätte. Zudem war es meist üblich, dass der Bauverein selbst schlüsselfertig baute und der Bauwillige sich um die Fertigstellung des Hauses nicht kümmern musste. Umgekehrt generierte der Bauverein aus dem Aufschlag von 10% ein Kapital, das er für seine eigentlichen Absichten, nämlich dem Bau von größeren Wohneinheiten, benötigte. Bis 1910 erstellte der Bauverein auf der beschriebenen Grundlage etwa 20 Eigentumshäuser für Privatpersonen, die ein Grundstück zur Verfügung gestellt hatten[113]. Zukunftsträchtig war dieses Modell nicht, zumal sich seit Mitte der 1920er Jahre abzeichnete, dass diese Variante des Tätigkeitsfeldes von Baugenossenschaften der Gewerbesteuerpflicht unterlag und somit nicht mehr rentabel war.

Das anfängliche Nebeneinander zwischen dem Erwerbshausbau und dem Mietshausbau in der Geschäftspolitik des Bauvereins zeigt sehr deutlich den sogenannten „Prinzipienstreit", der die Baugenossenschaftsbewegung um die Wende zum 20. Jahrhundert spaltete und schwächte[114]. Während ein Teil der Genossenschaften darauf setzte, „eigentumslose Arbeiter in arbeitende Eigentümer zu verwandeln", erblickten die Verfechter der Schaffung von Mietshäusern den Vorteil darin, „daß die Miethausgenossenschaften ein dauerndes, unkündbares, vererbliches Wohnungsrecht und dadurch die völlige Bewegungsfreiheit gewährten"[115]. In Fulda suchte man offenbar in der Anfangsphase beide Ansätze gleichzeitig umzusetzen.

Statistik des Bauvereins bis zum Ende des Ersten Weltkriegs in Zahlen

Die im Archiv des Bauvereins für den Kreis Fulda erhaltenen Rechnungsabschlüsse sowie die statistischen Beilagen von 1900 bis 1918[116] erlauben einen genauen Einblick in die Leistungen und den Geschäftsumfang der Genossenschaft von der Gründung bis zum Ende des Ersten Weltkriegs.

Die Zahl der Mitglieder bewegte sich ab 1900 bei knapp über 100 Personen. 1907 gab es einen relativ starken Zuwachs von 18 Neumitgliedern bei sieben Austritten bzw. Todesfällen, so dass Ende dieses Jahres 120 Mitglieder verzeichnet wurden. Ende 1910 wurden gar 144 Genossen registriert, 1911 waren es 161. In der Folge stieg die Zahl nicht mehr ganz so stark an und lag Ende 1918 bei 174 Personen. Dies bedeutet immerhin eine Steigerung von knapp 75% innerhalb von nicht einmal 20 Jahren. Über die Gründe, warum immer wieder auch Austritte zu verzeichnen waren, liegen keine Erkenntnisse vor. Es ist zu vermuten, dass die geforderte Mindesteinlage von 100 Mark, die auch in Raten gezahlt werden konnte, für manche doch nicht zu erbringen war. Es gibt in den Protokollen des Vorstandes immer wieder auch Hinweise darauf, dass Genossen ausgeschlossen wurden, die mit ihren Zahlungen im Rückstand waren[117].

Aufschlussreich sind die erstellten Übersichten über den Berufsstand der Mitglieder. Die 167 Genossen (darunter eine Frau) des Jahres 1914 verteilten sich auf folgende Berufe[118]:

- Selbstständige Landwirte, Gärtner, Förster, Fischer 2 (1,2%)
- Gehilfen und Arbeiter in der Land- und Forstwirtschat 2 (1,2%)
- Fabrikanten, Bergwerkbesitzer und Bauunternehmer 4 (2,4%)
- Selbständige Handwerker 25 (14,9%)
- Fabrikarbeiter, Bergarbeiter, Handwerksgesellen 70 (41,9%)
- Selbständige Kaufleute und Händler 5 (3%)
- Handlungskommis und kaufmännische Gehilfen 3 (1,8%)
- Fuhrherren, Gast- und Schankwirte 0
- Briefträger, untere Eisenbahnarbeiter, Postbeamte 40 (24%)
- Dienstmänner, Dienstboten 2 (1,2%)
- Ärzte, Apotheker, Lehrer, Beamte 12 (7,2%)
- Rentner, Pensionäre und ohne Beruf 2 (1,2%)

Mit einem Anteil von knapp zwei Dritteln dominieren unter den Mitgliedern die Arbeiter, Handwerker und Bahnbediensteten.

Die erste zum Ende des Jahres 1900 nachgewiesene Bilanzsumme lag bei 40.123 Mark[119]. Bei den Aktiva standen 33.108 Mark an Grund

und Boden, 6.948 Mark an zinsbar angelegten Kapitalien und Forderungen sowie 66 Mark als Kassenbestand. Die Passiva bestanden neben kleineren Posten aus den Geschäftsguthaben der Mitglieder (7.435 Mark) sowie Hypothekenschulden und Anleihen (32.260 Mark).

Ende des Jahres 1910 war das Bilanzvolumen um knapp das Neunfache gestiegen (278.542 Mark). Die Aktiva bestanden überwiegend aus unbebauten Grundstücken (20.315 Mark), fertiggestellten Mietshäusern (160.377 Mark), noch nicht verkauften Erwerbshäusern (44.768 Mark) und den im Bau befindlichen Neubauten, die bis auf ein Objekt Mietshäuser waren (41.835 Mark). Bei den Passiva dominierten die seitens des Gläubigers (Landesversicherungsanstalt Hessen-Nassau) unkündbaren Hypotheken mit 196.363 Mark und die kündbaren Schulden in Höhe von 49.400 Mark. Bis zum Ende des Ersten Weltkriegs stieg das Bilanzvolumen nur noch relativ gering an (1918: 268.223 Mark).

Die Gewinn- und Verlustrechnung hatte am Jahresende 1910 einen Jahresüberschuss von 13.965 Mark. Die Erträge bestanden hauptsächlich aus den Mieteinnahmen (9.804 Mark) sowie aus Zinserträgen (2.102 Mark). Dem standen die relativ geringen Geschäftskosten für Personal und Büromiete (1.040 Mark) ebenso wie die Betriebskosten (1.033 Mark) gegenüber. Der größte Anteil entfiel auf die Zahlung der Hypothekenzinsen (8.089 Mark). Der Reingewinn des Jahres 1910 kam den dividendenberechtigten Geschäftsguthaben der Mitglieder zugute, auf die 3,5% Dividende gezahlt wurde. 1.223 Mark wurden als Gewinnvortrag in das nächste Geschäftsjahr gebucht.

Die Rentabilitätsberechnung der im Eigentum des Bauvereins Ende 1910 befindlichen Hausgrundstücke kam bei den Mietshäusern auf eine Rendite von 5,3% und bei den Erwerbshäusern auf 4,8%.

In den ersten zehn Jahren seines Bestehens hatte der Bauverein 14 Mietshäuser (darunter vier Doppelwohnhäuser) zu einem Herstellungspreis von 170.630 Mark errichtet. Hinzu kamen 20 fertiggestellte Erwerbshäuser mit einem Baupreis von 148.734 Mark.

Zehn der bis Ende 1910 errichteten Mietshäuser bestanden aus drei Wohnungen, vier der Häuser aus sechs Wohnungen, insgesamt waren also 54 Mietwohnungen in den ersten zehn Jahren des Bauvereins von diesem gebaut worden. Die 20 Erwerbshäuser bestanden überwiegend (18) aus zwei Wohnungen. Insgesamt waren in diesem Segment 38 Wohneinheiten entstanden.

Ende 1918 konnte der Bauverein in seiner Statistik 19 Miethäuser mit 69 Wohnungen vermelden[120]. Der größte Teil bestand aus drei Räumen, wobei die Küche als eigener Raum gerechnet wurde. Nur 14 Wohnungen hatten vier Räume einschließlich der Küche. Nimmt man den jährlichen Mietertrag von 14.600 Mark, so errechnet sich daraus eine durchschnittliche jährliche Wohnungsmiete von 211 Mark. 1918 hatte der Bauverein keine Erwerbshäuser mehr im Bau oder im Eigentum. Bis dahin hatte er auf dieser Basis 21 Häuser errichtet, die einen Verkaufserlös von 158.445 Mark, im Schnitt also 7.545 Mark, erbrachten.

DER BAUVEREIN IN DER ZWISCHENKRIEGSZEIT

als wichtiger Bestandteil des sozialen Siedlungsbaus

Zwischen 1918 und 1933 stieg die Einwohnerzahl Fuldas von 24.125 auf 28.293. Die Steigerungsrate von 17% in 15 Jahren war zwar durchaus beachtlich, allerdings reichte sie nicht an jene rapide Entwicklung heran, die um die Jahrhundertwende zu verzeichnen war.

Der Erste Weltkrieg hatte trotz der Revolution von 1918/19 und dem Ende des Kaiserreichs zunächst nur wenig an Fuldas Stadtpolitik geändert. Oberbürgermeister Antoni, einer der frühen Förderer des Bauvereins, hatte in der unruhigen Phase, als auch in Fulda **Arbeiter- und Soldatenräte** (Abb. 49) nach Macht und Einfluss strebten, kühlen Kopf bewahrt und war in seinem Amt verblieben. Dennoch stellte der große Krieg in vielen Bereichen eine Zäsur dar. Zwar wurde Fulda im Gegensatz zu den Bombardierungen des Zweiten Weltkriegs nicht direkt in das Kriegsgeschehen verwickelt, doch gab es dennoch viele Opfer zu beklagen Von den etwa 3.500 Fuldaern, die auf den europäischen Schlachtfeldern standen, verloren etwa 500 ihr Leben[121].

Doch auch an der sogenannten „Heimatfront" gab es Opfer, die sich allerdings nicht genau beziffern lassen, da insbesondere die seit 1916/17 grassierende Hungersnot nicht direkt zum Tod führte, allerdings in vielen Fällen die Menschen so schwächte, dass sie

49 | Aufruf zur Volksversammlung im Schlosshof; November 1918, Plakat (StadtAFd, Bestand XIX E, Nr. 2).

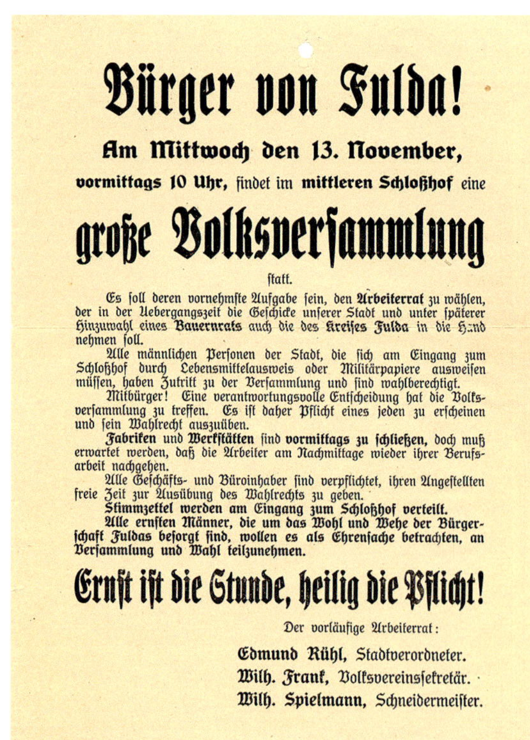

Bürger von Fulda!

Am Mittwoch den 13. November,

vormittags 10 Uhr, findet im **mittleren Schloßhof** eine

große Volksversammlung

statt.

Es soll deren vornehmste Aufgabe sein, den **Arbeiterrat** zu wählen, der in der Uebergangszeit die Geschicke unserer Stadt und unter späterer Hinzuwahl eines **Bauernrats** auch die des **Kreises Fulda** in die Hand nehmen soll.

Alle männlichen Personen der Stadt, die sich am Eingang zum Schloßhof durch Lebensmittelausweis oder Militärpapiere ausweisen müssen, haben Zutritt zu der Versammlung und sind wahlberechtigt.

Mitbürger! Eine verantwortungsvolle Entscheidung hat die Volksversammlung zu treffen. Es ist daher Pflicht eines jeden zu erscheinen und sein Wahlrecht auszuüben.

Fabriken und **Werkstätten** sind **vormittags zu schließen,** doch muß erwartet werden, daß die Arbeiter am Nachmittage wieder ihrer Berufsarbeit nachgehen.

Alle Geschäfts- und Büroinhaber sind verpflichtet, ihren Angestellten freie Zeit zur Ausübung des Wahlrechts zu geben.

Stimmzettel werden am Eingang zum Schloßhof verteilt.

Alle ernsten Männer, die um das Wohl und Wehe der Bürgerschaft Fuldas besorgt sind, wollen es als Ehrensache betrachten, an Versammlung und Wahl teilzunehmen.

Ernst ist die Stunde, heilig die Pflicht!

Der vorläufige Arbeiterrat:

Edmund Rühl, Stadtverordneter.
Wilh. Frank, Volksvereinssekretär.
Wilh. Spielmann, Schneidermeister.

empfänglicher für Krankheiten aller Art waren, wie etwa die Tuberkulose. Seit 1915 hatten sich auch in Fulda die Versorgungsengpässe bemerkbar gemacht. Da man in Berlin für eine längere Kriegszeit keine Vorsorge getroffen hatte und die Ernte wegen der fehlenden Landarbeiter nicht in ausreichendem Maß eingebracht werden konnte, trieb die Entwicklung auf eine humanitäre Katastrophe zu. Im Februar 1915 wurden die ersten Lebensmittelkarten ausgeteilt und die Hausfrauen zu einem sparsamen Umgang mit den Rohstoffen aufgerufen. Als mit der Zeit auch die Fette knapp wurden, hielt man die **Schulkinder** zur Sammlung von Bucheckern und Obstkernen an, um daraus Öl herzustellen. (Abb. 50) Eine eigens hergestellte „Fuldaer Kriegswurst“ bestand aus Grütze und Kartoffelmehl, das „Kriegsmus“ war ein mit Kohlrüben gestreckter Marmeladenersatz. Als durch die Kartoffelfäule des Jahres 1916 auch der Ertrag des wichtigsten Nahrungsmittels einbrach, standen im harten Winter 1916/17 nur noch Steckrüben zur Verfügung, die in allen Variationen verarbeitet wurden. Viele Fuldaer litten 1917/18 unter großem Hunger. Verschärft wurde die Situation durch Fuldas Rolle als **Lazarettstadt.** (Abb. 51) Mehrere Tausend Verwundete wurden während des Kriegs im Landkrankenhaus sowie in den Reservelazaretten (u.a. im Stadtschloss und im Stadtsaal der Orangerie) versorgt. Die wachsende Unzufriedenheit, Resignation und Kriegsmüdigkeit war in Fulda spätestens seit 1917 überall greifbar. Das Kriegsende im November 1918 wurde von vielen als eine Erlösung betrachtet[122].

Die wirtschaftlichen und sozialen Folgen des Kriegs, die in ihrer Bedeutung gar nicht hoch genug eingeschätzt werden können, trugen den Kern des Untergangs für die junge Demokratie schon in sich. Während der Kriegsjahre hatten die großen Fuldaer Firmen wie Bellinger, Mehler und die Gummiwerke anlässlich der Umstellung auf die Rüstungsproduktion die Zahl ihrer Beschäftigten noch steigern können. Doch die Spätfolgen des Kriegs in Form der Inflation des Jahres 1923, daneben aber auch die politisch unruhigen Phasen der Weimarer Republik und die große Weltwirtschaftskrise Ende der 1920er Jahre gefährdeten die positive Entwicklung nachhaltig. Eine schleppende Inlandsnachfrage und Schwierigkeiten auf dem Auslandsmarkt waren regelmäßig wiederkehrende Merkmale, denen sich die Fuldaer Industrie nach 1918 ausgesetzt sah[123].

Die Folgen waren auch hier Massenarbeitslosigkeit und damit verbundene Probleme bei der Finanzierung von Sozialleistungen. Zwischen 1927 und 1932 musste man im Bereich der Stadt Fulda einen Rückgang der gewerblichen Arbeitnehmer um 26% von 9.355 auf 6.960 verzeichnen[124]. Die Zahl der Empfänger von Arbeitslosenunterstützung erhöhte sich zwischen dem 1.1.1929 und dem 1.1.1930 um über 66% von 513 auf 855[125]. Am 31.12.1932 waren in Fulda 1.694 Personen (etwa 6% der

50 | Aufruf zur Sammlung von Obstkernen; 1917, Plakat (StadtAFd, Bestand XIX E, Nr. 22).

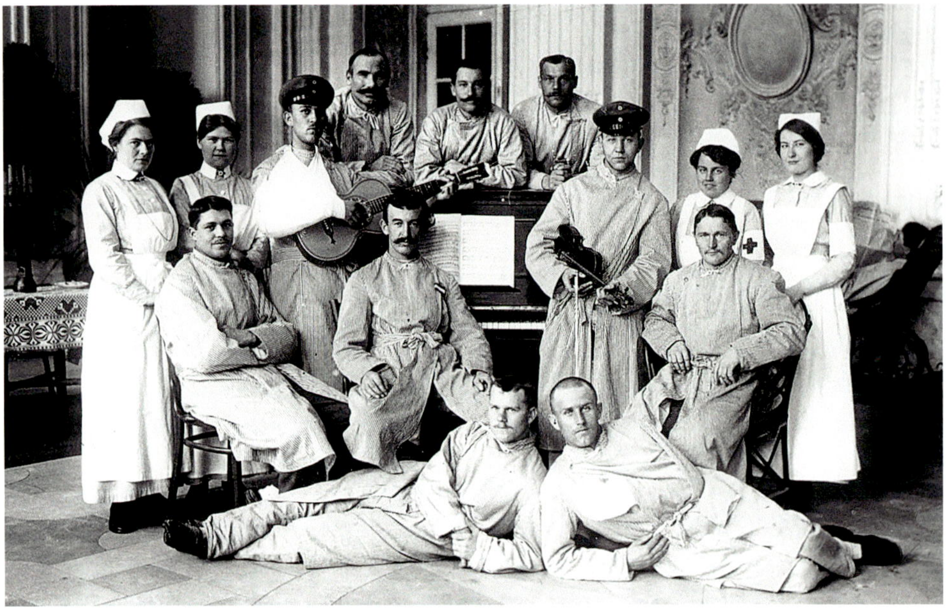

51 | Lazarett im Stadtsaal; 1915, Foto (StadtAFd, BA-15131).

Bevölkerung) auf Wohlfahrtsunterstützung angewiesen[126]. Zum selben Stichdatum lag die Zahl der Arbeitslosen in der Stadt bei etwa 10%[127].

Trotz dieser gravierenden Probleme, die sich vor allem im Konkurs kleinerer Betriebe zeigte, war die Situation in Fulda vergleichsweise besser als in anderen hessischen Industriegebieten, etwa in Kassel. Dies lag auch daran, dass die großen Betriebe (Gummiwerke, Emaillirwerke, **Mehler**, (Abb. 52) Filzfabrik, Gebrüder Stern) zwar immer wieder in Schwierigkeiten kamen, aber letztlich doch nie zusammenbrachen. Dies galt auch für die Wachsindustrie und den Maschinenbau. Ihre Produktion einstellen mussten hingegen die Mechanische Baumwollweberei Richard Schmitt (Langebrückenstraße 14) sowie die Vereinigten Schuhstofffabriken (Löherstraße 29).

Kennzeichnend für die Weimarer Republik war neben der politischen Instabilität ein starkes Vordringen der öffentlichen Hand (Reich, Länder und Gemeinden) bei der sozialen Fürsorge. „Ausgelöst durch Weltkrieg und Nachkriegszeit mit all ihren bitteren Folgen für Wirtschaft und Gesellschaft kam es in den 1920er Jahren zu einer systematischen legislativen Weiterentwicklung der sozialen Daseinsfürsorge“[128]. Dies galt insbesondere für jene Bereiche, die heute unter dem Begriff der „Sozialhilfe“ zusammengefasst werden. Der städtische Haushalt für Sozialausgaben stieg zwischen 1918 und 1933 enorm.

Sozialer Wohnungsbau

Die schlechte öffentliche Stimmung bei Kriegsende, die in den Großstädten zu revolutionären Ausbrüchen und zum Sturz des deutschen Kaisers führte, war nicht zuletzt auch der immer noch herrschenden Wohnungsnot und dem allgemeinen Gefühl der großen sozialen Ungleichheit geschuldet. Stellvertretend für die große Unzufrieden-

52 | Belegschaft der Firma Mehler; 1927, Foto: Otto Diel (StadtAFd, BA-71619).

heit in Fulda hinsichtlich der Lage auf dem Wohnungsmarkt sei eine Sitzung des Fuldaer Mietervereins genannt, die dieser im Juni 1918 im überfüllten „Ballhaus" in der Marktstraße 18 durchführte. Gekommen, so das »Fuldaer Kreisblatt«[129], waren Mieter aus allen Ständen, besonders aber Kriegerfrauen. Anlass war die Ankündigung des Haus- und Grundbesitzervereins, die Mieten um 25 bis 50 Prozent zu erhöhen. Die Versammlung wies die Begründung, wonach stark gestiegene Finanzierungszinsen und Reparaturkosten eine Steigerung erforderlich machten, als unbegründet zurück. Stattdessen machte sich der Unmut bei den Mietern darüber Luft, dass Wohnungen nur an „ganz genehme Mieter" vergeben würden und eine Kriegerwitwe auf der Wohnungssuche abgewiesen worden sei, weil sie zwei Kinder habe („Pfui-Rufe aus der Versammlung"). „Besonders wurde dann das Verhalten eines hiesigen Vermieters gegeißelt, der für eine Dachwohnung von 3 Zimmern einen Mietaufschlag von 100 Mark verlangte, aber außerdem noch 15 Mark für Wassergeld, 5 Mark für Schornsteinfegergebühren forderte und ferner die

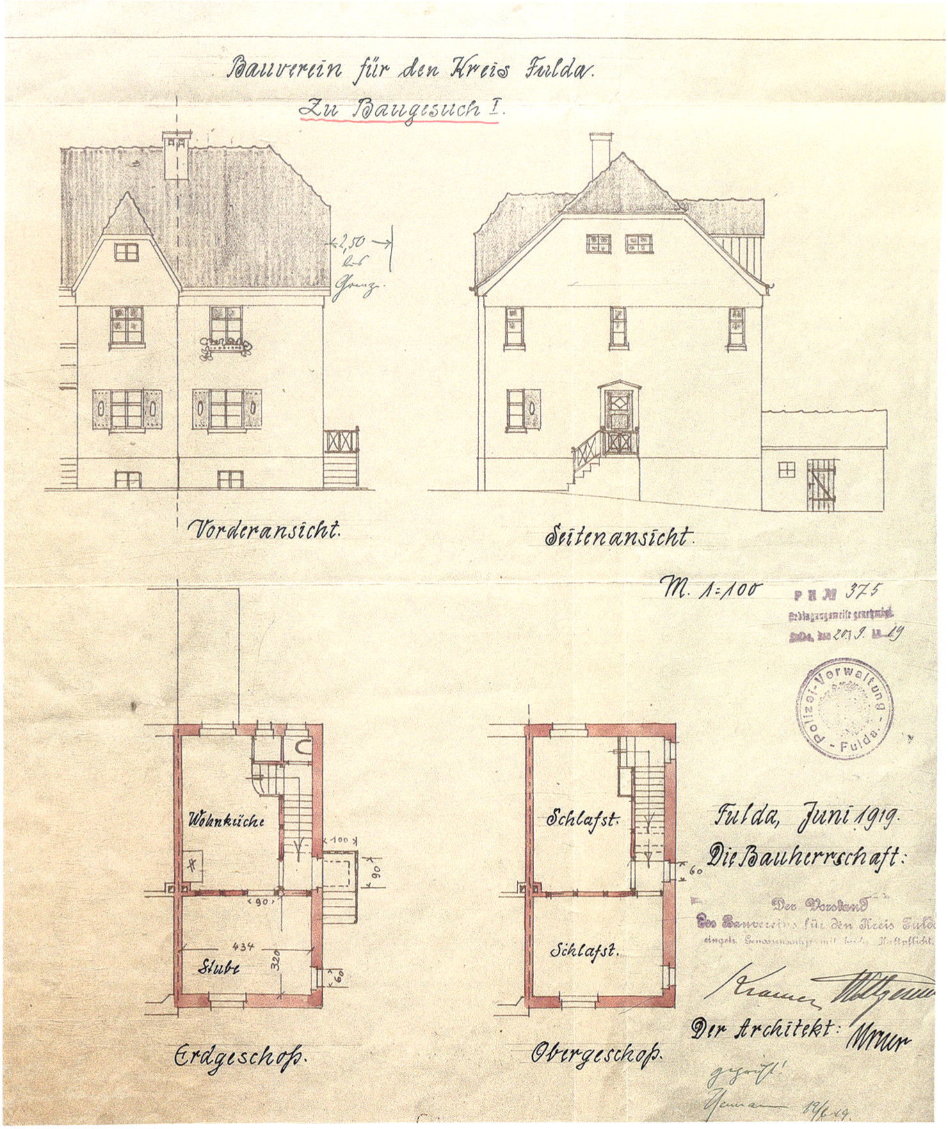

53 | Am Kleegarten 2, Grund- und Aufriss; 1919, Bauplan von August Urner (StadtAFd, Bauakten Serie A).

Bedingung stellte, dass erforderliche Reparaturen zu Lasten des Mieters gehen. Es solle hier in Fulda die Notlage der Mieter ausgenützt werden."

Zudem befürchteten einige Redner auch die wachsende Unattraktivität Fuldas gegenüber anderen Städten, wenn hier die Mietpreise bedeutend höher lägen. „Ein Mietpreis von 750 Mark [jährlich] für eine 4 Zimmerwohnung wie heute zu lesen, sei geradezu unerhört. Auf diese Weise fördere man den Fremdenzuzug nicht"[130].

Als Mitursache für die schlechte Stellung der Mieterschaft in Fulda machte man auch de-

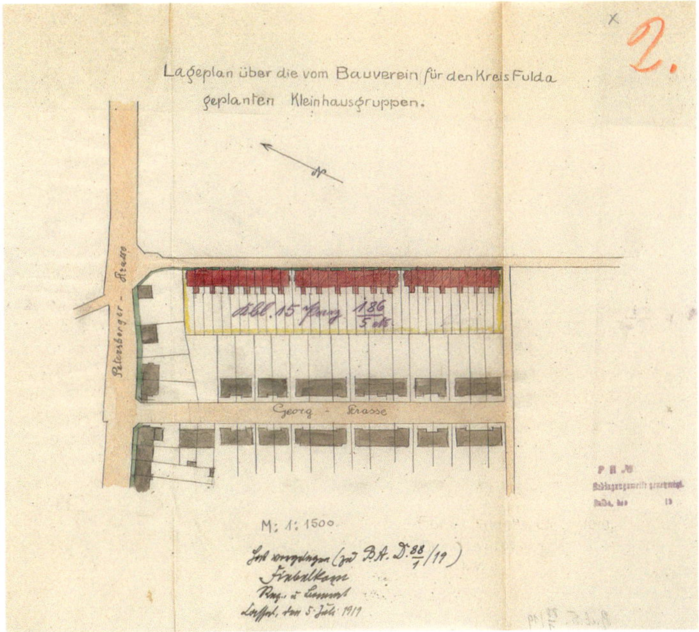

54 | Am Kleegarten, Lageplan für den Bau von Kleinhäusern; 1919, Bauplan (StadtAFd, Bauakten Serie A).

ren unzureichende Vertretung in der Stadtverordnetenversammlung verantwortlich. In diesem Kollegium seien nur drei Herren, welche man als Mieter bezeichnen könne, während der Magistrat sich nur aus Hausbesitzern zusammensetze[131]. Alle Hoffnung setzten die Versammelten auf das neu geschaffene städtische Mieteinigungsamt, das paritätisch aus zwei Hausbesitzern, zwei Mietern und einem Vorsitzenden Richter zusammengesetzt war.

Das Wohnungsproblem schwelte auch über die Revolution hinaus weiter. In der ersten Sitzung der Stadtverordnetenversammlung am 18. November 1918, an der auch ein Arbeiter- und Soldatenrat teilnahm, rief Oberbürgermeister Dr. Antoni die Bürger zu Ruhe und Ordnung auf. Er verkündete, dass man alle notwendigen Maßnahmen ergreifen werde, um die sozialen Härten infolge des Krieges soweit es geht aufzufangen. Hinsichtlich der herrschenden Wohnungsnot stellte er in Aussicht, dass der Bauverein für den Kreis Fulda mit dem Bau mehrerer Wohnhäuser alsbald beginnen wolle und dabei besonders an die kinderreichen Familien denke[132].

Tatsächlich bildete der soziale Wohnungsbau, der mit dem Beginn des Ersten Weltkriegs abrupt abgebrochen war, im Folgenden eine der tragenden Säulen in der Sozialpolitik der Weimarer Zeit zu Gunsten der Arbeiterschaft. In Fulda zeigte sich dies daran, dass der Bauverein in den frühen 1920er Jahren, als die Materialknappheit wieder behoben werden konnte, so viele Häuser fertigstellte wie nie zuvor und danach. 1920 wurden die bereits zu Kriegszeiten geplanten Dreifamilienhäuser Georgstraße 32, 34 und 36 eingeweiht. Fertiggestellt wurden 1920/21 auch die Einfamilien-Reihenwohnhäuser (Kleinhäuser) **Am Kleegarten 2** (Abb. 53–56) und 4 sowie 26 bis 48 und 50 bis 72[133]. Entsprechend positiv fiel daher auch der Rückblick

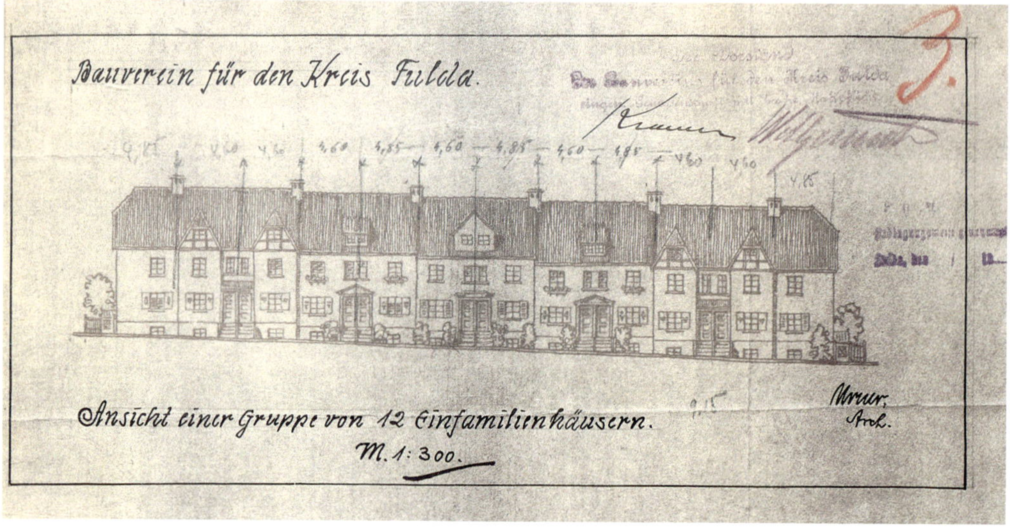

55 | Am Kleegarten, Ansicht der Kleinhäuser; 1919, Bauplan von August Urner (StadtAFd, Bauakten Serie A).

auf das Geschäftsjahr 1920 aus. Die Fuldaer Zeitung konnte von der Hauptversammlung des Bauvereins, die am 29. März 1922 im Sitzungssaal der Stadtverordneten stattgefunden hatte, äußerst positive Zahlen mitteilen[134]. In den Bau der Häuser Georgstraße 32, 34 und 36 waren 1920/21 insgesamt 381.000 Mark geflossen, auf die Einfamilienhäuser am Kleegarten entfielen zwischen 1920 und dem Frühjahr 1922 mehr als 2 Millionen Mark an Baukosten. Zu dieser doch beträchtlichen Summe hatten der Staat (die preußische Provinz Hessen-Nassau) und das Reich knapp 1,5 Millionen Mark an Zuschüssen gegeben, ebenso die Stadt Fulda knapp eine halbe Million Mark. Etwa 450.000 Mark hatte der Bauverein aus eigenen Mitteln aufgebracht. Die dunklen Wolken am Horizont zeichneten sich allerdings schon ab. Im Hinblick auf den Materialmangel und die Teuerung stellte der Rechnungsführer des Bauvereins Wohlgemuth fest, dass es nahezu unmöglich sei, mit den derzeitigen staatlichen und kommunalen Baukostenzuschüssen auszukommen, unter Umständen müssten vom Reich und vom Staat (gemeint: die preußische Provinz Hessen-Nassau) bedeutend größere Förderbeträge vorgesehen werden. Am zweckmäßigsten sei es jedoch, wenn der Staat für billigere Baumaterialien sorgen würde. Unter den derzeit waltenden Umstände, so Wohlgemuth, werde der Bauverein vorläufig von weiteren Neubauten absehen[135].

Für jene über 400 Familien, die sich zu Beginn des Jahres 1922 auf Wohnungssuche befanden, war diese Nachricht nicht ermutigend. In der »Fuldaer Zeitung« wurde darüber spekuliert, ob die größeren Arbeitgeber sich weiter an der Erstellung von Wohnungen beteiligen werden. Bisher hätten F.C. Bellinger 27 Wohnungen, C.A. Arnd 8 Wohnungen, Mehler 16 Wohnungen, Klein & Stiefel 6 Wohnungen, die Hutstoffwerke 4 Wohnungen, Hermann Weber 2 Wohnungen, das Postamt 12 Wohnungen und die Vereinigten Schuhstofffabriken 4 Wohnungen erbaut[136].

56 | Am Kleegarten Nr. 2–72; um 1925, Foto (StadtAFd, BA-5815).

Die Erbbaugenossenschaft

Direkt nach dem Ersten Weltkrieg kam es angesichts steigender Baupreise und fehlenden Investitionskapitals zur Anwendung eines neuen Instrumentariums, nämlich dem des Erbbaurechts, das am 15. Januar 1919 seine gesetzliche Grundlage erhielt. Die „Verordnung über das Erbbaurecht" [137] schuf zum einen die Möglichkeit, günstiger zu bauen und vermehrte zum anderen den Baugrund, da nun auch jene Grundstücke genutzt werden konnten, deren Eigentümer nicht bauwillig waren. In Fulda bildete sich am 22. Dezember 1919 eine Erbbaugenossenschaft, die das Ziel hatte, „unbemittelten Familien gesunde und zweckmäßig eingerichtete Wohnungen zu verschaffen"[138] bzw. nach dem Text der ersten **Satzung** (Abb. 57) sich folgendes vorgenommen hatte: „Der Zweck der Genossenschaft ist ausschließlich darauf gerichtet, minderbemittelten Familien gesunde und zweckmäßig eingerichtete Wohnungen in eigens erbauten Häusern zu billigen Preisen zu verschaffen und zwar durch Überlassung zur Miete oder zum Eigentum als Erbstätter, sowie auch Einkauf und Verkauf von Baustoffen"[139]. Es handelt sich dabei offenbar um jene „neue Siedlungsgesellschaft in Fulda", über die am gleichen Tag in der »Fuldaer Zeitung« berichtet wurde[140]. Demnach hätte sich ein größerer Teil von Personen im evangelischen Gemeindehaus versammelt, „um die Bestrebungen der Bodenreformer in die Praxis umzusetzen". Von den anwesenden 65 Herren seien sofort 80 Geschäftsanteile gezeichnet worden. Zum Vorstand wurden laut Zeitungsartikel gewählt: der Eisenbahningenieur Otto Gottesbüren (1890–1914 nach Hanau verzogen), Meliorationsbausekretär Max Müller (1885–1961), Ingenieur Wilhelm Diehl (1889–1943), Oberkassenvorsteher Karl Staudt (1861–1945) und Bahnmeister Jakob Eckert (1891–1959). Im Hinblick auf eine Siedlung in der Niesiger Straße sei man bereits mit dem Magistrat in Verbindung getreten.

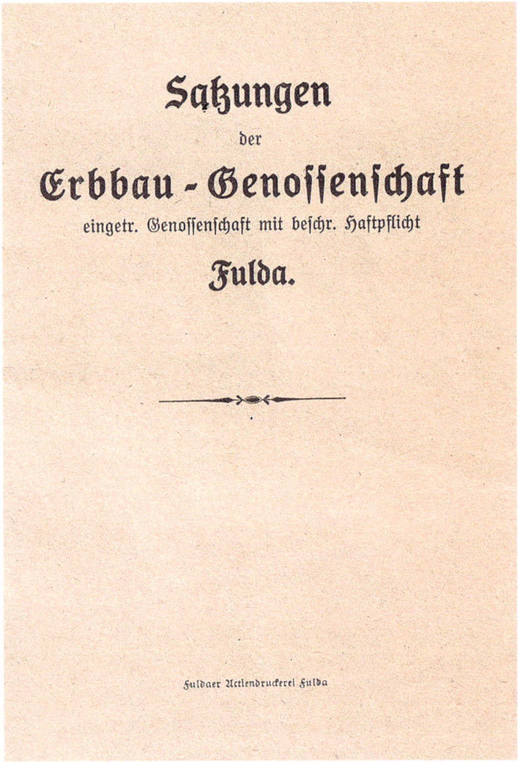
Satzungen
der
Erbbau-Genossenschaft
eingetr. Genossenschaft mit beschr. Haftpflicht
Fulda.

Fuldaer Actiendruckerei Fulda

57 | Satzungen der Erbbau-Genossenschaft; 1921, Druck (StadtAFd, Bestand 10, Nr. 966).

Laut Satzung konnten sowohl Einzelpersonen als auch juristische Personen Mitglied der Genossenschaft werden. Jedes Mitglied hatte einen Geschäftsanteil von 200 Mark einzuzahlen, entweder auf einmal oder in Raten innerhalb von höchstens 12 Monaten. Ein Mitglied konnte bis zu 25 Anteile erwerben, erheblich mehr als beim Bauverein, der einen Höchstsatz von 10 Anteilen festschrieb.
Zum Erwerb eines Genossenschaftshauses waren in der Regel nur Genossen berechtigt, die seit mindestens sechs Monaten der Genossenschaft angehörten, ihren Anteil schon vollständig entrichtet hatten und eine Anzahlung leisten konnten. Unter mehreren berechtigten Bewerbern sollte das Los entschei-den. Gehörte jemand schon zwei Jahre der Genossenschaft an, erhielt er zwei Lose, bei drei Jahren Mitgliedschaft gab es drei Lose und bei vier Jahren ein weiteres Los. Nach fünf Jahren Mitgliedschaft hatten die Genossen ein Recht auf Zuweisung eines Hauses, sofern eines verfügbar war. Die Vermietung einer Genossenschaftsimmobilie, zu Beginn der 1920er Jahre beim Bauverein die Regel, wurde in der Satzung der Erbbaugenossenschaft ausdrücklich als Ausnahme erklärt.
Wie der Bauverein hatte auch die Erbbaugenossenschaft drei Organe: der sechsköpfige Vorstand (Vorsitzender, Schriftführer. Kassierer und drei Beisitzer), der aus 12 Personen bestehende Aufsichtsrat und die Generalversammlung, die einmal im Jahr stattfinden sollte.
In der Weimarer Republik entfaltete die Erbbaugenossenschaft, die 159 Mitglieder im Jahr 1928 bei einer Jahresbilanz von knapp einer halben Million Reichsmark zählte[141], eine rege Geschäftstätigkeit. 1928 befanden sich 16 Häuser mit 53 Wohnungen in ihrem Besitz[142]. Insgesamt hatte die Genossenschaft bis zu dieser Zeit 51 Häuser mit 89 Wohnungen erstellt, wovon im Erbbaurecht 35 Häuser mit 36 Wohnungen an Einzelsiedler übergingen[143].

Der Eigenhandbauverein

In den ersten Jahren des Bestehens arbeitete der Erbbaugenossenschaft ein 1921 gegründeter Eigenhandbauverein zu, „dessen Mitglieder zugleich Mitglieder der Erbbaugenossenschaft waren. Nicht nur bei den Ausschachtungsarbeiten und bei der Erstellung der Bauten halfen sich die Mitglieder des Eigenhandbauvereins, sie stellten auch aus dem gemeinsam bezogenen Zement und sonstigen erforderlichen Baustoffen mittels Steinpressen selbst die zum Bau nötigen Kunststeine her“[144].

Zu Beginn der Satzung des Eigenhandbauvereins findet sich unter der Überschrift „Entstehungsursache“ folgende Aussage: „Der Verein ist durch die Not der Zeit entstanden, da sich infolge des Nahrungsmittelmangels und der Wohnungsnot immer mehr das Verlangen nach einem eigenen Heim mit ausreichend großem Gartenland bemerkbar machte“[145]. Im Gegensatz zu den herkömmlichen Baugenossenschaften, die von ihren Mitgliedern Geldanteile einforderten, setzte der Eigenhandbauverein auf die persönliche Arbeitskraft. In § 2 heißt es: „Der Verein hat sich zu dem Zweck gebildet in gegenseitiger Hilfe, mit eigener Arbeitskraft unter Ausnutzung der arbeitsfreien Zeit, Eigenheime mit ausreichend großem Garten zu schaffen, nach dem Grundsatz, so weit als möglich alle Arbeiten selbst herzustellen. Um hierdurch die verteuernde fremde Hilfe zu vermeiden“. Wie auch die Erbbaugenossenschaft strebte man die Errichtung von Eigenheimen auf dem Grund und Boden der Gemeinde in Form des Erbbaurechts an. Sollte der Boden ausnahmsweise aus Privathand erworben werden müssen, so kauft diesen der Verein an und gibt ihn an die Siedler in Erbpacht ab. Der Boden jeden Eigenheims sollte nach Möglichkeit so groß bemessen sein, dass durch die Bewirtschaftung desselben die für das Gebäude aufzubringenden Zinsen gedeckt wurden.

Der Verein wollte objekt- oder gebietsbezogene Baugruppen bilden, um eine Zersplitterung des Arbeitseinsatzes zu vermeiden. Innerhalb einer Gruppe sollten alle Fachrichtungen vertreten sein. Zur besseren Kommunikation war geplant, jeden Monat eine Mitgliederversammlung stattfinden zu lassen. Die ersten 18 Mitglieder des Jahres 1921 hatten sich bereit erklärt, links an der Petersberger Straße nach dem Eisenbahnwasserturm Siedlungsbauten zu errichten. „Jedes Mitglied des Eigenhandbauvereins muß auch der Erbbau-Genossenschaft beitreten und im ersten Jahr 200 Mark Anteil an diese zahlen. Weitere Bauprojekte in der Wörth-, Maberzeller-, Niesiger- und Frankfurter Straße sind in Vorbereitung“[146].

Eine im Gründungsjahr 1919 von der Erbbaugenossenschaft aufgestellte Beispielrechnung für die Errichtung eines Einfamilienhauses mit fünf Zimmern und Küche ging davon aus, dass die Baukosten durch die Eigenleistung des Eigenhandbauvereins mehr als halbiert werden konnten. Statt regulärer Baukosten von 90.240 Mark für ein solches Objekt, waren nur 41.920 Mark erforderlich, sofern alle Gewerke unter Verzicht auf den Lohn zusammenhalfen.

Zudem war vorgesehen, dass die Stadt Fulda jedem einzelnen Siedler einen Vorzugskredit über 20.000 Mark zu 4 ½% Zinsen gewährte. Somit waren nur noch etwas mehr als 20.000 Mark anderweitig zu finanzieren. Eine der Beispielrechnung beigefügte Liste von 27 Personen, bestehend überwiegend aus Handwerkern und Bahnbediensteten, waren diejenigen, die als erste in den Genuss des städtischen Kredits kommen sollen, da sie in ihrem jeweiligen Beruf so gute Verdienstmöglichkeiten hätten, dass sie die Zinslasten ohne größere Probleme tragen könnten. Ein Großteil dieser Personen erscheint Ende der 1920er Jahre als Hausbesitzer am Zieherser Weg in den ungeraden Nummern von 33 bis 75, alles Anwesen, die von der Erbbaugenossenschaft und dem Eigenhandbauverein errichtet wurden[147].

58 | Zieherser Weg Nr. 33–37; 1957; Foto: Julius Cäsar (BA-35836).

Die ersten sieben Doppelhäuser (**Zieherser Weg 33–59**) (Abb. 58) wurden 1921 bis 1922 fertiggestellt. Laut Auskunft der Genossenschaft an die Stadtverwaltung im August 1921 waren die Häuser unterkellert, „haben 3 Zimmer, 2 Kammern und Küche sowie Speisekammer und Abort. Zu jedem Haus gehören 1.200 qm Gartenland."[148]

Städtische Initiative im Kohlhäuser Feld (1920–1929)

Unter dem tatkräftigen Stadtbaurat Michael Josef Eberlein (1878–1951, reg. 1919–1932)[149] kümmerte sich auch die Stadt Fulda um bezahlbaren Wohnraum. Unmittelbar nach dem Ersten Weltkrieg konzentrierte sie dabei ihre Initiativen auf das Kohlhäuser Feld im Bereich der Weser-, Main-, Mosel- und Ronsbachstraße. Beauftragt von Oberbürgermeister Dr. Antoni zur Erstellung eines Konzepts, um die Wohnungsnot zu beheben, ging Eberlein kurz nach seinem Amtsantritt entschlossen ans Werk und suchte zunächst nach einem geeigneten Areal hierfür. In der Vorlage an den Magistrat heißt es: „Das Grundstück, welches dafür benutzt werden soll, liegt an einem Wirtschaftswege, der sich vom Wallwege in paralleler Richtung der Frankfurter Straße hinzieht. Gegenwärtig wird das Grundstück zu landwirtschaftlichen Zwecken benutzt"[150].

Eberleins erster Entwurf sah die Errichtung von vier Wohnhäusern mit drei Stockwerken zu je sechs Wohnungen vor. Jede dieser Wohnungen sollte aus zwei Zimmern, einer Wohnküche mit Speisekammer, einer kleinen Kammer und einer Klosettanlage bestehen. Zudem waren noch zwei weitere dreistöckige Wohnhäuser mit je drei Wohnungen pro Etage geplant. In der städtischen Baukommission entschied man sich jedoch im Februar 1920 für eine zweite, vom Stadtbaurat eingereichte Variante, die vier zweistöcki-

59 | Weserstraße; 1927, Foto (StadtAFd, BA-14650).

ge Gebäude vorsah. Diese weise, so das Protokoll der Sitzung, in städtebaulicher, sanitärer und sozialer Hinsicht zahlreiche Vorteile gegenüber der dreistöckigen Alternative auf. Eberlein betonte auch, „dass es nicht allein darauf ankomme, Wohnungen zu bekommen, sondern es müsse die Stadt trotz der Ungunst der heutigen Verhältnisse auch darauf bedacht sein, einwandfreie Wohnungen zu schaffen, für die sich auch nach Behebung der Wohnungsnot noch Mieter finden"[151].

In den folgenden Jahren entstand unter Federführung des Stadtbauamts im Bereich des Kohlhäuserfelds ein ganzes Areal an städtischen Siedlungsbauten, die sich zum Teil um nutzbare Innenhöfe gruppierten. Es handelt sich dabei um die Anwesen **Weserstraße 12–18**, (Abb. 59) **Moselstraße 2–24**, (Abb. 60) Mainstraße 1–7 und Ronsbachstraße 31–41. Mit den Maßnahmen sollte schon Mitte des Jahres 1920[152] begonnen werden. Offenbar waren dann aber doch die einsetzenden Preissteigerungen dafür verantwortlich, dass das Projekt erst 1927/28 unter Leitung des städtischen Bauamts und nach Plänen des Architekten **Hermann Mahr** (1874–1945)[153] (Abb. 61) umgesetzt werden konnte[154]. Anlässlich der von der Stadtverordnetenversammlung Ende November 1928 beschlossenen Erweiterung der Anlage um vier Häuserblocks mit 46 Wohnungen im Kohlhäuser Feld nach Plänen der Architekten Hermann Mahr, Fritz Adam (1873–1943)[155], Emil Staubach (1891–1942)[156] und Johannes (Hanns) Hodes (1900–1981)[157] gab es auch kritische Stimmen zum starken städtischen Engagement im sozialen Wohnungsbau. Der Zentrumsabgeordnete Prof. Thielemann[158] betonte, „dass die Stadt angesichts der herrschenden Wohnungsnot mit ihren gesundheitlichen, sittlichen und sozialen Gefahren alles, was in ihrer Macht stehe, tun müsse, um Abhilfe zu schaffen. Das Projekt beschränke sich auf das Allernotwendigste. Der Redner

60 | Blick über das Kohlhäuser Feld; 2009, Luftbild von Rudolf Karpe (Sammlung Karpe Nr. 1975).

wünscht, dass in Zukunft die Erträgnisse der Hauszinssteuer wieder mehr den Baugenossenschaften und Bauvereinen zugewandt werden. Im Interesse einer Stärkung des Verantwortungsgefühls des Einzelnen sei dies erstrebenswert"[159].

Die zum 1. Oktober 1929 fertiggestellten 46 Zweizimmerwohnungen und zwei Einzimmerwohnungen waren mit Mietpreisen von 20 bis 22 Mark bzw. 14 Mark sehr günstig. Die Fuldaer Zeitung berichtete stolz: „Es wird wenige Städte geben, die es fertig gebracht ha-

61 | Hermann Mahr; im 1920, Foto (StadtAFd, BA-1071).

ben, Wohnungen dieser Art mit allem Zubehör zu einem solchen Preise zu vermieten“[160]. Allerdings kamen längst nicht alle Wohnungssuchenden in den Genuss der günstigen Preise. Um die 48 Wohnungen hatten sich 200 Bewerber gemeldet.

Inflation (Abb. 62)

Der anfängliche Bauboom nach dem Einbruch des Ersten Weltkriegs wurde schon bald wieder jäh unterbrochen. Bereits Mitte des Jahres 1920 traten Handwerker, wie der Schreinermeister Karl Herzig (1884–1974), an den Bauverein heran und baten um einen Zuschlag von 10 bis 20 Prozent zu den bereits vereinbarten Konditionen bei den Schreinerarbeiten, da die Löhne drastisch gestiegen seien[161]. Die im August 1920 bezugsfertigen Wohnungen Georgstraße 32, 34 und 36 lagen in der Miethöhe schon knapp doppelt so hoch gegenüber den ersten Vermietungen des Bauvereins zu Beginn des 20. Jahrhunderts. Im August 1920 setzte der Vorstand die Monatsmieten für die Häuser Nr. 32, 34 und

Bekanntmachung.

Der Gaspreis ist für Monat September auf
4000000 Mk. je cbm
festgesetzt worden.
Koks kostet von heute ab
100 000 000 je Zentner.
Fulda, den 4. Oktober 1923.
Direktion des städt. Gas- und Wasserwerkes.

62 | Fuldaer Zeitung vom 5. Oktober 1923.

36 auf 36 Mark für das Erdgeschoss, 40 Mark für die erste Etage und 38 Mark für die zweite Etage fest[162].

Am 1. Januar 1923 sah sich der Vorstand gezwungen, alle Mieten „um das 2fache der seitherigen Mietsbeträge" zu erhöhen. „Außerdem haben die Mieter sämtliche Reparaturen im Innern der Wohnung selbst sowie in den gemeinschaftlich genutzten Gebäudeteilen je nach Verhältnis der Wohnungen anteilig zu tragen". Zudem wurde für die Instandhaltung der Gebäude „in Dach und Fach" bis auf Weiteres ein Zuschlag von 20% auf die neuen Mietbeträge erhoben[163]. „Mit Rücksicht auf die große Geldentwertung, die bedeutende Erhöhung der Reparatur-Costen verursacht", wurden die Mieten im Juni 1923 in den Neubauten Am Kleegarten und in der Georgstraße mit einer Mieterhöhung belegt, so dass dort eine Anpassung zu jenen älteren Mietshäusern des Bauvereins an der Georgstraße vorgenommen wurde, da diese mit einer Wohnungsbauabgabe belegt waren[164]. Diese Abgabe[165] hatte zum Ziel, den Bau neuer Häuser und Wohnungen ebenso zu unterstützen wie den Umbau bereits bestehender Gebäude. Sie diente im Falle von Neubauten „in erster Linie dem Kleinhausbau in Stadt und Land und dem Bau von Siedlerstellen" (§ 4). Verpflichtet zur Entrichtung dieser Abgabe waren alle Nutzungsberechtigte, darunter auch Mieter von Wohnungen, die vor dem 1. Juli 1918 fertiggestellt wurden. Insofern waren die Mieter der älteren Wohnungen des Bauvereins, die zur Abgabe herangezogen wurden, gegenüber den Mietern neuer Gebäude benachteiligt.

Diese Erwägungen erwiesen sich allerdings angesichts der dramatischen Entwicklungen in den folgenden Wochen schon bald als Makulatur.

Zum 1. Oktober 1923 wurden vom Bauverein die Monatsmieten für die neuen Häuser am Kleegarten auf 16 Millionen Mark und für die Anwesen der Georgstraße auf 7 Millionen Mark (Parterre) bis 8,2 Millionen Mark (Obergeschoss) festgesetzt[166]. „Mit Rücksicht auf die ungeheure Geldentwertung" war einen Monat später noch einmal eine drastische Erhöhung notwendig. Zum 1. November stiegen die Mieten am Kleegarten auf 4,5 Milliarden Mark pro Monat, in der Georgstraße lagen sie zwischen 2,7 und 3,25 Milliarden Mark[167]. Ihren Höhepunkt erreichte die Inflation Ende November 1923. Inzwischen waren die Monatsmieten am Kleegarten auf 2 Billionen Mark gestiegen, während in der Georgstraße zwischen 1,2 und 1,5 Billionen Mark zu entrichten waren[168]. (Abb. 63)

Mit der schrittweisen Einführung der Rentenmark seit 15. November 1923 konnte die Hyperinflation zu Beginn des Jahres 1924 gestoppt werden. Die durch den Grundbesitz von Landwirtschaft, Gewerbe und Industrie gedeckte Interimswährung hatte einen Kurs von 4 Mark 20 Pfennig zu einem US-Dollar. 1 Billion alter Mark entsprachen einer neuen Rentenmark. In seiner Sitzung vom 17. Januar 1924 beschloss der Vorstand des Bauvereins, die Mieten am Kleegarten auf 5,50 Rentenmark festzusetzen. In der Georgstraße sollten je nach Wohnung zwischen 4,20 und 4,50

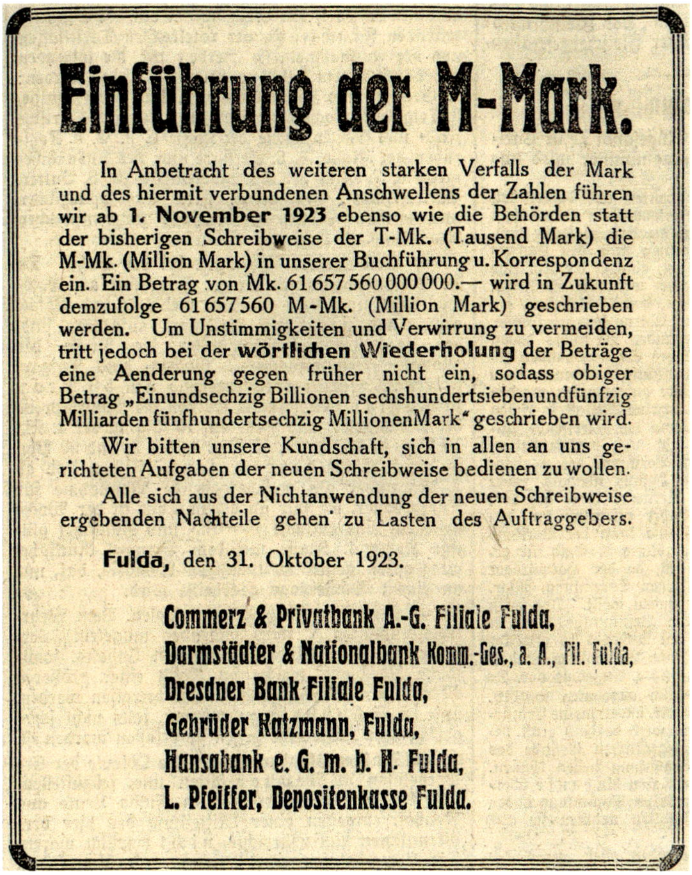

Einführung der M-Mark.

In Anbetracht des weiteren starken Verfalls der Mark und des hiermit verbundenen Anschwellens der Zahlen führen wir ab **1. November 1923** ebenso wie die Behörden statt der bisherigen Schreibweise der T-Mk. (Tausend Mark) die M-Mk. (Million Mark) in unserer Buchführung u. Korrespondenz ein. Ein Betrag von Mk. 61 657 560 000 000.— wird in Zukunft demzufolge 61 657 560 M-Mk. (Million Mark) geschrieben werden. Um Unstimmigkeiten und Verwirrung zu vermeiden, tritt jedoch bei der **wörtlichen Wiederholung** der Beträge eine Aenderung gegen früher nicht ein, sodass obiger Betrag „Einundsechzig Billionen sechshundertsiebenundfünfzig Milliarden fünfhundertsechzig MillionenMark" geschrieben wird.

Wir bitten unsere Kundschaft, sich in allen an uns gerichteten Aufgaben der neuen Schreibweise bedienen zu wollen.

Alle sich aus der Nichtanwendung der neuen Schreibweise ergebenden Nachteile gehen zu Lasten des Auftraggebers.

Fulda, den 31. Oktober 1923.

Commerz & Privatbank A.-G. Filiale Fulda,
Darmstädter & Nationalbank Komm.-Ges., a. A., Fil. Fulda,
Dresdner Bank Filiale Fulda,
Gebrüder Katzmann, Fulda,
Hansabank e. G. m. b. H. Fulda,
L. Pfeiffer, Depositenkasse Fulda.

63 | Fuldaer Zeitung vom 1. November 1923.

Rentenmark bezahlt werden[169]. Ab April 1924 kostete eine Wohnung am Kleegarten monatlich 12 Rentenmark 50 Pfennige, in der Georgstraße lagen die Preise zwischen 7 und 8 Rentenmark.

Arbeitslosigkeit und Kleinstwohnungen

Unter dem Titel „Arbeitslosigkeit und Wohnungsnot" veröffentlichte Stadtbaurat Eberlein[170] in der »Fuldaer Zeitung« zu Beginn des Jahres 1924 einen wegweisenden Artikel[171]. Darin verwies er auf die hohe Zahl von Arbeitslosen (ca. 500), die Erwerbslosenfürsorge erhielten und zu mehr als der Hälfte (ca. 300) arbeitsfähig waren. Wenn man bedenke, dass gleichzeitig eine hohe Wohnungsnot herrsche und derzeit 733 Familien auf Wohnungssuche seien, so wäre es doch sinnvoll, hier einen Ausgleich zu schaffen, indem man mit der Arbeitskraft dieser Arbeitslosen Kleinstwohnungen für Bedürftige errichte. Allerdings musste der Stadtbaurat zur Kenntnis nehmen, dass aus den Mitteln der Arbeitslosenhilfe kein Wohnungsbau gefördert werden durfte. Nach langen Verhandlungen erreichte er schließlich die Genehmigung zur

Errichtung von Kleinstwohnungen als „kleine Notstandsarbeit". Das Instrument der Notstandsarbeiten bezeichnete zu jener Zeit staatlich geförderte Arbeitsbeschaffungsmaßnahmen, die der hohen Arbeitslosigkeit entgegentreten sollten. „Diese Kleinstwohnungen", so Eberlein, „dürfen nur je 2 Zimmer im Erdgeschoss erhalten. Es ist aber möglich, im Dachgeschoss 1 bis 2 Kammern unterzubringen. Um die Kosten möglichst gering zu halten, und, um eine gute Wärmeausnützung zu erzielen, kann die Siedlung nur eine Reihenhaussiedlung werden. Freilich entspricht eine derartige Kleinst-Wohnung nur den geringsten Ansprüchen. Aber wir sind ein verarmtes Volk, sodass wir die Wohnungsansprüche auf ein recht beschränktes Maß herunterstellen müssen. Durch geeignete Anlage des Grundrisses ist es möglich, zwei derartige Häuschen zu einer Wohnung zu verbinden. Wie groß aber der Bedarf an Klein-Wohnungen hier in Fulda ist, geht daraus hervor, dass von den eingetragenen 783 Wohnungslosen 62 Ein-Zimmer- und 387 Zwei-Zimmerwohnungen gesucht werden."

Eberlein rechnete vor, dass zehn Erwerbslose mit jeweils 60 Tagwerken zu vier Stunden ein Haus errichten könnten. Dadurch reduziere sich der Preis des Hauses um die Lohnkosten, die ohnehin in Form der Erwerbslosenhilfe von der Stadt zu erbringen seien. Mit den von der Stadt unterstützen Erwerbslosen ließen sich innerhalb kürzester Zeit 300 Kleinhäuser erstellen. Damit sei der Allgemeinheit ein großer Dienst erwiesen. Nach den Vorstellungen des Stadtbaurats sollten die Häuser verkauft werden und zwar an Inhaber von Sparvermögen bei der Sparkasse Fulda, deren zu 5% verzinste Sparpapiere einen wichtigen Teil der Finanzierung sichern sollten, so dass nach 20 Jahren mit einem Gesamtaufwand von 4.000 Mark ein kleines Häuschen abbezahlt war. Der Grund und Boden sollte dabei über ein Erbbaurecht im Besitz der Stadt bleiben. Nach den Vorstellungen von Eberlein sollte die Abwicklung über die Bauvereine erfolgen. Ob es jemals zur Umsetzung einer solchen Maßnahme kam, ist unklar. Weder in den Unterlagen des Bauvereins für den Kreis Fulda noch in denen der Sparkasse Fulda sind entsprechenden Maßnahmen zu finden.

Zunächst war der Schock durch die Inflation offenbar noch nicht überwunden. Bei der Hauptversammlung des Bauvereins im Juni 1924 verkündete das Vorstandsmitglied Wohlgemuth, dass die weitere Bautätigkeit noch nicht wiederaufgenommen werden konnte, da sowohl die hohen Kosten der Baustoffe als auch die schwierige Geldbeschaffung dem entgegenstehen. Sobald eine Verbesserung der Lage eintrete, werde man die Herstellung von Häusern am Kleegarten ins Auge fassen[172].

Bauboom durch die Hauszinssteuer

Unter dem sperrigen Begriff der Hauszinssteuer versuchten die deutschen Länder seit 1924 die Eigentümer an Wohneigentum, das vor 1918 entstanden war, an den Kosten des sozialen Wohnungsbaus zu beteiligen. Begründet wurde dies damit, dass sich die vor 1918 aufgenommenen Immobilienkredite durch die Inflation in Nichts aufgelöst hatten, während der Haus- und Grundbesitz seinen Wert behielt. Auf der rechtlichen Grundlage eines Gesetzes „über den Geldentwertungsausgleich bei bebauten Grundstücken"[173] wurden in der Folge im gesamten Reich gewaltige Summen generiert, die überwiegend dem Bausektor zugutekamen.

64 | Dientzenhoferstraße 11; 1931, Foto (StadtAFd, BA-6991).

In der sogenannten „Hauszinssteuerära" flossen von 1924 bis 1931 etwa 16,5 Milliarden Reichsmark in den öffentlich geförderten Wohnungsbau. Davon kamen 4,8 Milliarden RM (29,1%) aus der Hauszinssteuer, 6,34 Milliarden RM (38,5%) vom Kapitalmarkt, 3,11 Milliarden RM (18,8%) aus öffentlichen Mitteln und 2,25 Milliarden RM (13,6%) aus Privatmitteln (Eigenkapital, Privatdarlehen etc.)[174].
Von diesem Finanzierungsschub profitierten auch die Baugenossenschaften, die nach harten Jahren nun eine neue Blüte erlebten[175].
Im Juli 1924 hatte das »Kartell der christlichen Gewerkschaften« vom Magistrat zur Behebung der Arbeitslosigkeit den Bau neuer Wohnungen aus den Mitteln der Hauszinssteuer empfohlen[176]. In der Folge war dies tatsächlich ein geeignetes Mittel, um den Wohnungsbau in Fulda anzukurbeln. Etwa 300 Privatbauten wurden ebenso finanziert wie die Aktivitäten der Baugenossenschaften. Eingehoben wurde die Hauszinssteuer von den Ländern und von den Kommunen verwaltet, die im Rahmen der ihnen zugeteilten Förderbeträge diese an die Baugenossenschaften und an Privatpersonen weiterreichten. Der Vorteil der neu geschaffenen Fördermaßnahme lag nicht nur in der Bereitstellung von Mitteln für einen Immobilienkredit, sondern auch in dessen niedriger Verzinsung. Während in den späten 1920er und frühen 1930er Jahren von den Banken für Immobilienkredite zwischen 7% und 10% Zinsen verlangt wurden, gab es die Kredite aus der Hauszinssteuer in der Regel mit einem Zinssatz von 3%.
Die Stadt Fulda zeigte sich bei der Durchführung des Verfahrens relativ großzügig und versuchte das ihr über die Hauszinssteuer anvertraute Kapital auch vollständig an die Bauherren, meist die Baugenossenschaften, weiterzureichen. Damit wurden auch nicht abgerufene Mittel schnell umgeleitet, um keine Verzögerung im ambitionierten Wohnungsbauprogramm entstehen zu lassen. So stand 1927 der Bau von 20 Dreizimmerwohnungen durch den Bauverein in der **Dientzenhoferstraße 11–13** (Abb. 64) wegen Finan-

zierungsschwierigkeiten auf der Kippe. In einem Schreiben des Bauvereins an Stadtbaurat Eberlein beantragte dieser eine kurzfristige Erhöhung der Zuschüsse aus der Hauszinssteuer und bat um rasche Behandlung der Angelegenheit, „weil wir mit den Bauten innerhalb 8–10 Tagen beginnen wollen"[177]. Falls die Erhöhung nicht gewährt werde „können wir natürlich die in unserem Schreiben vom 9.9.26. errechnete, für den Arbeiter schließlich noch tragbare Miete von 26 Mark für eine 3 Zimmerwohnung nicht mehr erzielen. Unser Bestreben ist nun einmal, für die minderbemittelte Bevölkerung Wohnungen zu tragbaren Mieten zu erstellen." Trotz der knappen Bearbeitungszeit wurde dem Bauverein kurzfristig eine Erhöhung gewährt, da zur gleichen Zeit die Erbbaugenossenschaft Fulda auf die ihr in Aussicht gestellten Mittel verzichtet hatte.

Zudem gewährte die Stadt Fulda dem Bauverein regelmäßig Zinszuschüsse in jenen Fällen, in denen die Fördermittel ausgeschöpft waren und sich der Bauverein Kapital am Markt besorgen musste. Stellvertretend sei hier aus einem Brief des Stadtbaurats Eberlein vom 27. März 1929 an den Bauverein zitiert, in dem die beantragte Förderung eines Siebenfamilienhauses Am Jagdstein aus Mitteln der Hauszinssteuer abgelehnt wird: „Leider sind die in diesem Jahr zu Verfügung stehenden Mittel aus dem Aufkommen der Hauszinssteuer zur Hergabe von Bau-Hypotheken äußerst gering, sodass der Magistrat nicht in der Lage ist, mit diesen Mitteln die Bautätigkeit ergiebig unterstützen zu können. Der Magistrat hat daher in der Sitzung vom 8. März 1929 sich zu dem Beschluss gezwungen gesehen, die Aufnahme der Bauhypotheken Ihnen zu überlassen. Um jedoch die Mieten in erträglichen Grenzen halten zu können, hat der Magistrat weiterhin beschlossen zur Zinsverbilligung Ihnen den Unterschiedsbetrag zwischen dem Hauszinssteuersatz von 3% und dem Zinsfuß für das von Ihnen aufzunehmende Baukapital, jedoch nur bis zu einem Höchstsatz von 7% als Zinszuschuss zu gewähren"[178].

Durch diese im Ganzen recht unbürokratische Vorgehensweise trugen die von der Hauszinssteuer zur Verfügung gestellten Mittel zu einer Erfolgsgeschichte im Wohnungsbau seit 1925 bei. Während der gesamten Zeit der Weimarer Republik wurden von 1919 bis 1932 nach einer Aufstellung des städtischen Wohnungsamts[179] 1.310 Wohnungen neu gebaut, dadurch 260 durch die Stadt Fulda, 746 durch öffentliche Mittel (Baugenossenschaften) und 304 auf privater Basis. Hinzu kommt der Umbau von Bestandsgebäuden, die zu 480 neuen Wohnungen führten, davon 72 in Trägerschaft der Stadt, 178 mit öffentlichen Mitteln und 230 durch Private. Insgesamt entstanden somit 1.790 Wohnungen, die zu 18,5% durch die Stadt Fulda, zu 29,8% von Privat und zu 51,7% mit Hilfe öffentlicher Mittel über Baugenossenschaften und Bauvereine erstellt wurden[180].

Durch den Bauverein wurden mit Mitteln der Hauszinssteuerhypothek in der zweiten Hälfte der 1920er Jahre folgende Bauten erstellt:

- Am Jagdstein 1: Siebenfamilienhaus (1929). Baukosten (mit Grunderwerb und Nebenkosten): 54.758 RM. Förderung durch die Hauszinssteuerhypothek: 10.000 RM. Löschung der Sicherungshypothek 1964[181].
- Am Kleegarten 1: Beamtenwohnhaus mit vier 4-Zimmer-Wohnungen (1926). Baukosten (inkl. Nebenkosten; auf Erbbau): 44.016 RM. Förderung durch die Hauszinssteuer-

65 | Dientzenhoferstraße 3–21; 1931, Foto (StadtAFd, BA-6993).

hypothek 18.000 RM. Löschung der Sicherungshypothek 1964[182].

- **Dientzenhoferstraße 3, 5, 7:** (Abb. 65) Neunfamiliengruppenhaus (1924–1925). Baukosten ca. 70.680 RM, Grunderwerb und Nebenkosten 7.238,90 RM, Gesamtkosten 79.918,90 RM. Förderung durch die Hauszinssteuerhypothek mit 40.500 RM. Löschung der Schuld im Jahr 1974[183].
- **Dientzenhoferstraße 9:** (Abb. 66 und 67) Siebenfamilienhaus (1926). Gesamtherstellungskosten 62.100 RM. Förderung durch die Hauszinssteuerhypothek mit 36.000 RM. Löschung der Sicherungshypothek 1974[184].
- Dientzenhoferstraße 11–15: Dreizehnfamilienhaus (1927). Baukosten: 105.700 RM inklusive Grundstücks- und Straßenkosten. Förderung durch die Hauszinssteuerhypothek: 70.000 RM. Löschung nach vorzeitiger Ablösung im Jahr 1975[185].
- Dientzenhoferstraße 18: Fünffamilienhaus (1938): Baukosten inklusive Grunderwerb und Nebenkosten: 36.437,46 RM. Förderung mit 10.000 RM aus der Hauszinssteuer. Löschung der Sicherungshypothek 1954[186].
- Dientzenhoferstraße 19–21: Wohnhausgruppe mit 21 Dreizimmerwohnungen (1928). Bau- und Grundstückskosten: 118.861 RM. Förderung durch die Hauszinssteuerhypothek: 40.000 RM. Löschung nach vorzeitiger Ablösung im Jahr 1975[187].
- Dientzenhoferstraße 20, 20a, 20b und 24b: Familiengruppenhäuser mit 22 Wohnungen (1930–1931). Baukosten: 190.008 RM inkl.

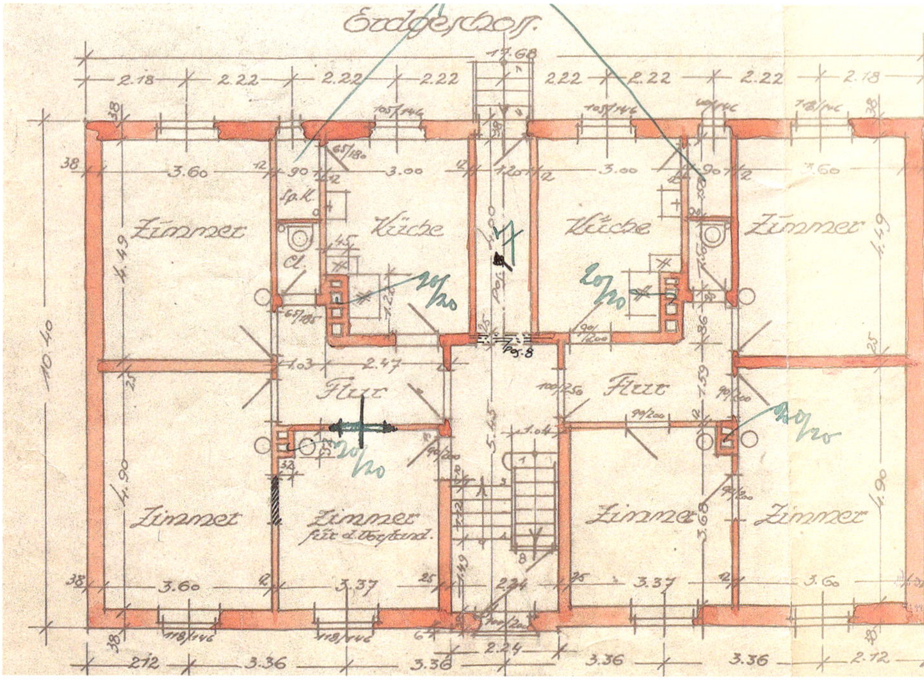

66 | Dientzenhoferstraße 9; 1926, Bauplan Grundriss (StadtAFd, Bauakten).

Grundstücks- und Straßenbaukosten. Förderung durch die Hauszinssteuerhypothek: 88.000 RM. Löschung nach vorzeitiger Ablösung im Jahr 1975[188].

- Dientzenhoferstraße 22: Sechsfamilienhaus (1928–1930). Baukosten: 51.270 RM. Förderung durch Hauszinssteuerhypothek: 10.000 RM. Löschung: 1964[189].
- Dientzenhoferstraße 24a: Dreifamilienhaus (1935). Die Baukosten nicht bekannt. Förderung mit 10.000 RM aus der Hauszinssteuer. Löschung der Sicherungshypothek 1964[190].

Die Erbbaugenossenschaft errichtete folgende Immobilien:

- Am Kleegarten 11 und 13: Drei- und Fünffamilienhaus (1930). Gesamtkosten: 105.000 RM. Förderung durch die Hauszinssteuer: 31.100 RM. Löschung der Hypothek 1964[191]
- Am Waldschlösschen 65/67: Sechsfamilienhaus für Postbedienstete (1930). Baukosten (inkl. Grundstück): 57.100 RM. Förderung durch die Hauszinssteuerhypothek: 13.900 RM. Löschung der Sicherungshypothek 1964[192].
- Am Waldschlösschen 65a / 67a: Sechsfamilienhaus (1931). Gesamtkosten: ca. 52.000 RM. Förderung aus der Hauszinssteuerhypothek mit 10.000 RM. Löschung der Sicherungshypothek 1964[193].
- Am Waldschlösschen 69–79: 6 Wohnhäuser (1930). Baukosten: unbekannt. Förderung aus der Hauszinssteuerhypothek mit 66.000 RM. Löschung der Sicherungshypothek: 1984[194].
- Am Waldschlösschen 73a / 75a: Neubau eines Doppelhauses mit 6 Wohnungen (1938)[195].
- Am Waldschlösschen 77a / 79a: Doppelhaus mit 6 Wohnungen (1938–1939). Gesamtkosten: unbekannt. Förderung durch die Hauszinssteuerhypothek unbekannt[196].

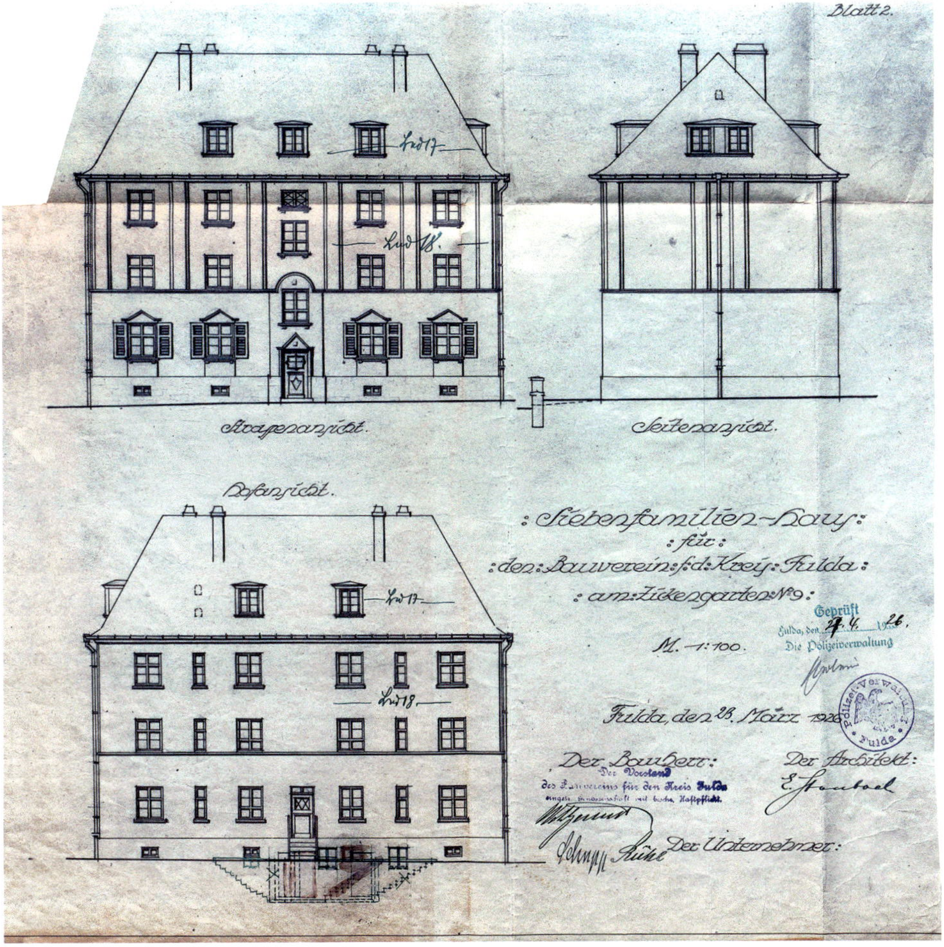

67 | Dientzenhoferstraße 9; 1926, Bauplan Ansicht (StadtAFd, Bauakten).

- Am Waldschlösschen 79, 81 und 83: 1 ½ Achtfamilienhäuser (1932–1933). Gesamtkosten: 76.000 RM. Förderung durch die Hauszinssteuerhypothek: 36.000 RM. Löschung der Sicherungshypotheken 1964[197] und 1974[198].
- Baugulfstraße 2: Fünffamilienhaus (1928). Kosten (zusammen mit Ratgarstraße 1): 135.000 RM. Förderung durch die Hauszinssteuerhypothek: 44.000 RM. Löschung 1974[199].
- Bosestraße 5: Dreifamilienhaus (1927). Baukosten: 52.500 RM. Förderung durch die Hauszinssteuerhypothek: 13.000 RM. Löschung der Sicherungshypothek 1964[200].
- Bosestraße 7–9: Sechsfamilienhaus (1926–1927). Baukosten: 101.000 RM. Förderung durch die Hauszinssteuer 30.000 RM. Löschung der Hypothek 1974[201].
- Bosestraße 10: Zwölffamilienhaus (1930). Gesamtkosten: 146.000 RM. Förderung durch die Hauszinssteuer: 44.000 RM. Löschung der Hypothek 1975[202].
- Petersberger Straße 73 und 75: Fünffamilienwohnhaus (1926–1927). Baukosten: ca.

68 | Petersberger Straße 77; um 1980, Foto (StadtAFd, BA-12361).

60.000 RM. Förderung durch die Hauszinssteuerhypothek: 25.000 RM. Löschung der Schuld im Jahr 1974[203].

- **Petersberger Straße** (Abb. 68 und 69) 77, 79, 81 und 83: 16-Familienhaus (1928–1929). Gesamtkosten: 185.300 RM. Förderung durch die Hauszinssteuer: 80.000 RM. Löschung der Hypothek 1974[204].
- Petersberger Straße 85 und 87: Sechsfamilienhaus (1927). Reine Baukosten: 67.000 RM. Förderung durch die Hauszinssteuerhypothek:24.000 RM. Löschung der Sicherungshypothek 1974[205].
- Ratgarstraße 1: Sechsfamilienhaus (1928). Kosten (zusammen mit Baugulfstraße 2): 135.000 RM. Förderung durch die Hauszinssteuerhypothek: 44.000 RM. Löschung 1974[206].
- Ratgarstraße 2: Sechsfamilienhaus (1929). Förderung durch die Hauszinssteuer 20.000 RM. Löschung der Sicherungshypothek 1974[207].

Aufgrund dieser Aufstellung wurden allein durch die beiden Vorgängereinrichtungen der heutigen Wohnungsbaugenossenschaft, den Bauverein für den Kreis Fulda und die Erbbaugenossenschaft, ca. 200 Wohnungen in dem Jahrzehnt zwischen ca. 1925 und 1935 über die Förderung durch die Hauszinssteuer erstellt. Damit fanden etwa 1.000 Personen in diesen Jahren eine neue, gemessen an den damaligen Verhältnissen fortschrittliche Unterkunft.

69 | Petersberger Straße 77; 1931, Foto von H. Grothe (StadtAFd, BA-12360).

Notunterkünfte

Von 1919 bis 1933 hatte sich die Steigerung der Einwohnerzahl im Vergleich zu den vorhergehenden Jahrzehnten erheblich abgeschwächt. Sie entwickelte sich zwischen den genannten Eckjahren nur noch von 25.074 (1919) auf 28.293 (Ende 1933). Der Druck auf dem Wohnungsmarkt ließ daher von der demographischen Seite nach. Doch bestand immer noch ein Mangel an bezahlbarem Wohnraum für jene Gruppen, die nicht an der positiven wirtschaftlichen Entwicklung nach der Bewältigung der Inflation seit 1924 teilhaben konnten. Die Lage verschlechterte sich für breitere Bevölkerungsschichten nach der Weltwirtschaftskrise Ende der 1920er Jahre, die zu einer Massenarbeitslosigkeit auch in Fulda führte[208].

Bereits im Mai 1921 verwies der Zimmermeister Joseph Fritz (1865–1951) in einem Schreiben[209] an den für den Wohnungsbau zuständigen Stadtrat Karl Laux (1875–1944) auf den Mangel an einfachen Wohnungen für solche Familien, denen rechtskräftig gekündigt worden sei und die keine neue Wohnung in Aussicht hätten. Fritz empfahl nach dem Vorbild von Frankfurt am Main und Würzburg ein Barackenbauprojekt mit drei Wohnungstypen in der Größe von 40 qm bis 82 qm. Dabei ging er davon aus, dass in den drei Stuben des Erdgeschosses, die zwischen 13 und 15 Quadratmetern umfassten, jeweils drei Betten aufgestellt werden konnten. Mit einer

KÖLNER HOLZBAU-WERKE

G. M. B. H.

ABTEILUNG HOLZHAUSBAU

Größte und älteste Spezialfabrik West- und Süddeutschlands
Fabriken und Büros in Kalscheuren bei Köln

Familien-Wohnhäuser

Notbauten / Unterkunftsgebäude

Kurze Lieferzeit, sofort beziehbar
Luftige, trockene und gesunde Räume,
zerleg-, versetz- und umstellbar

Die nebenstehenden Abbildungen (Grundrisse siehe umseitig) zeigen einzelne und in Kolonien ausgeführte Familienwohnhäuser aus Holz, wie wir sie schon seit Jahren, hauptsächlich für Stadt- und Landgemeinden, großindustrielle Werke zur größten Zufriedenheit ausgeführt haben.

Die nach unserem Bausystem (K. H. W.) aufgestellten Holzhäuser sind wohnlich eingerichtet, gegen äußere Einflüsse ganz besonders widerstandsfähig, besitzen die denkbar besten Licht- und Luftverhältnisse und haben gegenüber anderen Bauten den Vorteil, daß sie schnell zu beschaffen und sofort beziehbar sind. Durch die zur Verwendung kommenden doppelten Wand- und Deckenkonstruktionen (System K. H. W.) die im Innern durch imprägnierte Pappeinlagen zwei vollkommen abgesperrte isolierende Luftschichten erhalten, **sind unsere Gebäude im Sommer kühl und im Winter stets leicht zu beheizen.**

Außerdem kommen unsere Holzbauten aus nur gutem Material angefertigt (wir verwenden u. a. für Schalungen, Decken und Fußböden nordisches Nadelholz) zur Ablieferung und sind daher

absolute Dauerbauten

den Massivbauten ebenbürtig und gleichgestellt. (Auch in bezug auf Hypotheken).

*

Durch langjährige Erfahrung ist unsere Bauweise so ausgebildet, daß wir alle Wünsche bezüglich Größe, Raumeinteilung und äußerer Ausstattung berücksichtigen können.

70 | Kölner Holzbau-Werke; um 1924, Werbeblatt in Akte (StadtAFd, Bestand 22, Nr. 510).

Wohnküche von etwa 14 Quadratmetern ergab sich eine Wohnungsgröße von knapp 60 Quadratmetern, auf der bis zu neun Personen leben sollten. Die Bauart der in Fachwerkbau ausgeführten Baracken sei, so Fritz, durchaus solide. Diese könnten bei ordnungsgemäßer Unterhaltung 80 Jahre genutzt werden. Unter Berücksichtigung, dass jeder Wohnung noch eine Gartenfläche von 300 Quadratmetern zugeteilt werden müsse und eine städtische Wasserleitung nicht allzu weit entfernt sein dürfte, schlug Fritz folgende Orte für eine Barackensiedlung vor: Rechts und links der Ronsbachstraße gleich hinter der Feldstraße, Kleegarten, Niesigerstraße, Maberzeller Straße, beim Antoniusheim und in der Bosestraße. Nach intensiver Beratung in den städtischen Gremien musste der Barackenplan 1922 angesichts der städtischen Geldknappheit und der stark ansteigenden Preise für Baumaterialien zurückgestellt werden. Erst nach der Überwindung der Inflation ging die Stadtverwaltung 1924 daran, sich bei auswärtigen Herstellern von fertigen Holzbaracken nach geeigneten Unterkünften umzuschauen[210]. Es handelte sich dabei um Holzhäuser-Typenbauten, denen ein auf den Außenwänden angebrachter Putz das Aussehen eines Steinhauses verlieh. Engen Kontakt gab es mit den »**Kölner Holzbau-Werken**«, die sich nach dem Ende des Ersten Weltkriegs auf die Errichtung von Wohnbaracken spezialisiert hatten. (Abb. 70)

— Die Sandhohle (Abb. 71)

Trotz zahlreicher Kontakte mit auswärtigen Firmen zur Lieferung von vormontierten Fertigbaracken und Notunterkünften, entschied man sich in Fulda doch für eine andere Lösung. Nachdem in der Stadtverordnetenversammlung im Juli 1925 nach hitziger Debatte die Errichtung von Barackenwohnungen in Fulda verworfen worden war[211], ging man unmittelbar danach doch daran, in der Sandhohle neben der Haimbacher Straße gegen den heftigen Widerstand der Anlieger in Neuenberg und dem Münsterfeld[212] Baracken für jene Menschen zu errichten, die wegen hoher Mietrückstände oder aus anderen Gründen ihre Wohnungen verlassen mussten oder aber als Obdachlose erst gar keine Unterkunft fanden. „Von den ersten, im Jahre 1925 fertiggestellten Barackenwohnungen waren vier mit drei und drei mit zwei Zimmern und Küche ausgestattet. Von den anschließend bereitgestellten siebzehn Barackenwohnungen waren die meisten auf ein Zimmer mit Küche beschränkt, vier sogar auf einen einzigen Raum“[213].

Ab 1926 wurden dort zudem Eisenbahnwaggons aufgestellt, die als Wohnungen dienten[214]. Die ungewöhnliche Maßnahme brachte dem Gebiet im Volksmund den Namen „Westbahnhof“ ein[215]. Die Gegend und ihre Bewohner standen wegen kleinerer Straftaten, Prügeleien und Alkoholdelikten in den späten 1920er Jahren immer wieder im Blickpunkt des öffentlichen Interesses. Die Sandhohle wurde in Fulda zum Inbegriff einer verrufenen Siedlung. Ausgegrenzt und stigmatisiert waren die dort lebenden Personen auch dadurch, dass bereits zu Anfang viele Sinti dort wohnten, gegen die immer wieder in der öffentlichen Diskussion polemisiert wurde. Die Anfeindungen gegen die als „Zigeuner“ gebrandmarkten Menschen endeten in der Deportation aller etwa 130 in Fulda lebenden Sinti im März 1943 nach Auschwitz, von denen nur etwa ein Drittel überlebten[216]. In der Diskussion um die Unterbringung von Obdachlosen in der Spätphase der Weimarer Republik galt die Sandhohle als „Notwendiges Übel“, wie die »Fuldaer Zeitung« 1929 titelte. „Die Polizei hat aufgrund gesetzlicher Bestimmungen die Pflicht, Obdachlose, darunter viele Leute, die von auswärts hergekommen sind, auch Ausländer, unterzubrin-

71 | Die Sandhohle an der Haimbacher Straße; 1953, Foto (StadtAFd, BA-8534).

gen. Der Bedarf an solchen Unterbringungsmöglichkeiten ist dauernd sehr stark. Die Unterbringung in den Not-Wohnungen, für die keinerlei Zahlung geleistet wird, ist im Interesse der größten Zahl der Mieter und auch der Hausbesitzer notwendig"[217]. Gegen die oft hinter vorgehaltener Hand geäußerte Kritik in der Bevölkerung an den Kosten der Unterstützungsmaßnahmen für die Bewohner der Sandhohle, die angeblich wegen der überdurchschnittlich guten städtischen Fürsorgeleistungen eigens nach Fulda zugezogen seien, führte die »Fuldaer Zeitung« ins Feld, dass all jene, die kritisch von der Sandhohle sprächen, auch die 1563 Wohnungen erwähnen sollten, die seit Kriegsende in Fulda gebaut worden seien[218].

Die betroffenen Bewohner der Sandhohle begannen sich schon bald gegen ihre Ausgrenzung zu wehren und bildeten 1927 eine Interessengemeinschaft, die gegenüber der Stadtverordnetenfraktion der SPD ihre Beschwerden gegen unzumutbare Lebensumstände vorbrachten. So forderten sie frisches Trinkwasser, Straßenlicht auf den Zufahrtswegen, wirksamen Brandschutz, Verteilung des umliegenden Brachlandes für den Gemüseanbau und eine „menschliche Behandlung von Seiten städtischer Angestellten", von denen man sich diskriminiert fühlte. Das Beschwerdeschreiben endete in der Feststellung: „Nein meine Herren, wir haben auch menschliches Denken und menschliches Fühlen, wir sind keine Ausgestoßenen, wir sind deutsche Reichsangehörige und wollen als solche behandelt werden. Wir appellieren an das Menschlichkeitsgefühl und Rechtlichkeitsgefühl des Stadtverordneten-Kollegiums, helfen Sie uns zu unserem Rechte [...]"[219].

72 | Die Sandhohle an der Haimbacher Straße; 1953, Foto (StadtAFd, BA-8541).

Eine Statistik von 1927 weist aus, dass in diesem Jahr mit städtischen Mitteln 124 Wohnungen für 301.231 Mark geschaffen wurden. Im Einzelnen waren dies 19 Wohnungen in der Sandhohle für 40.755 Mark, 5 Wohnungen an der Wiesenmühlenstraße für 23.206 Mark, 16 Wohnungen in Eisenbahnwaggons für 40.414 Mark und 84 Wohnungen im Kohlhäuserfeld für 196.885 Mark[220].

Nach 1933 wurden unter nationalsozialistischen Vorzeichen die Bewohner der Sandhohle weiter ausgegrenzt. Die »Fuldaer Zeitung« sprach 1936 von einer „Assozialen-Kolonie", die noch aus der Zeit des tiefsten wirtschaftlichen Elends stamme und die man dringend auflösen müsse[221]. Zu dieser Zeit wohnten dort 18 Familien in den Eisenbahnwaggons und 30 Familien in den Baracken, insgesamt etwa 250 Personen. Bis kurz nach dem Zweiten Weltkrieg blieb die Sandhohle ein Ghetto für die Obdachlosen und an den **Rand Gedrängten.** (Abb. 72) Im Zuge eines sogenannten „Schandfleckbeseitigungsprogramms" wurden die Baracken ab 1943 abgerissen.

Das Sonderprogramm des Reichs zum Kleinwohnungsbau (1930)

Im Juli 1930 legte das Reich ein Sonderprogramm auf, das gleich zwei Probleme auf einen Schlag lösen sollte, nämlich die Wohnungsnot und die nach der Weltwirtschaftskrise 1929 stark angestiegene Arbeitslosigkeit[222]. Mithilfe einer großangelegten Arbeitsbeschaffungsmaßnahme sollte möglichst vielen Menschen ein bezahlbares Dach über dem Kopf geschaffen werden. Angemessene Baukosten, tragbare Mieten und eine bestmögliche Plangestaltung waren die

Schlagworte, unter denen das Programm unter Federführung des Reichsarbeitsministeriums erfolgreich sein sollte.

Den Weg dorthin wollte man mit standardisierten Typenhäusern erreichen, für die deutschlandweit eine »Reichsforschungsgesellschaft für Wirtschaftlichkeit im Bau- und Wohnungswesen« die Grundlage für die Rationalisierung im Wohnungsbau erarbeiten sollte. Die als Verein geführte Gesellschaft, der renommierte Architekten wie Walter Gropius (1883–1969) und Ernst May (1886–1970) angehörten, konnte in der kurzen Zeit ihres Bestehens von 1927 bis 1931 keine große Wirkung entfalten. Immerhin sorgte sie dafür, dass einheitliche Plangrundlagen wie die von ihr vertriebene Publikation »Kleinstwohnungs-Grundrisse« eine große Verbreitung fanden[223]. Kurz danach erschien die Veröffentlichung »Die Wohnung für das Existenzminimum«[224], auf die das Wohnungsprogramm des Jahres 1930 explizit verwies.

Das Programm legte als Grundsatz fest, dass ausschließlich Kleinwohnungen einfachster Art für Familien mit Kindern zur Miete geschaffen werden sollten. Hierbei sei die Wohnfläche auf 32 bis 45 Quadratmeter zu beschränken. Bei kinderreichen Familien waren bis zu 60 Quadratmeter erlaubt. Auf die Einrichtung von Bädern sollte verzichtet werden, während Duschanlagen erlaubt waren. Die Miethöhe sollte bei den normalen Wohnungen zwischen 20 und 40 Mark monatlich liegen, die größeren Wohnungen zu 60 Quadratmeter durften nicht mehr als 50 Mark monatlich kosten. Zum Vergleich: Das durchschnittliche monatliche Bruttoeinkommen lag 1930 bei 173 Mark[225].

Das Bauprogramm setzte darauf, dass die Gemeinden den potentiellen Bauherren mit dem Verkauf günstiger Grundstücke und bei der Erschließung durch die Anlage von Wohnstraßen entgegenkamen. Ziel war es, die Kosten für Bauplatz und Erschließung nicht über 10% der Gesamtbaukosten steigen zu lassen. Gefördert wurden Bauvorhaben mit einer Größe von nicht weniger als 20 Wohnungen. Der Zinssatz für die Reichsdarlehen lag mit 4% mehr als die Hälfte unter dem regulären Satz von ca. 9,5% Mitte des Jahres 1930[226].

Für Fulda sollte das Reichsprogramm über die Hessische Heimstätte GmbH in Kassel[227] als staatlicher Treuhandstelle abgewickelt werden. Diese hatte 1929 in Fulda eine eigene Zweigstelle mit Sitz in der Friedrichstraße 8 erhalten[228]. Zur Vorbereitung von möglichen Fördermaßnahmen erstellte das Fuldaer Wohnungsamt eine Statistik, um den vorhandenen Bedarf zu ermitteln[229]. Bei 27.607 Einwohnern Mitte des Jahres 1930 wurde dabei die Zahl der fehlenden Wohnungen mit 619 angegeben. Es mangelte vor allem an Wohnungen mit zwei Zimmern (315) und drei Zimmern (205). Einzimmerwohnungen (45) und Vier- bis Fünfzimmerwohnungen (54) wurden dagegen weniger dringend benötigt.

Parallel hierzu gab das Arbeitsamt Fulda im August 1930 einen Bericht über die Arbeitsmarktlage in der Stadt und der Region Fulda heraus[230]. Die darin geschilderte extreme wirtschaftliche Notlage mit einer hohen Zahl an Arbeitslosen und Kurzarbeitern sowie einem mangels Aufträgen zum Stillstand gekommenen Baugewerbe sollte den Geldgebern auf Reichs- und Landesebene die Dringlichkeit einer Berücksichtigung Fuldas bei der Verteilung der Fördergelder vor Augen führen.

Neben der Stadt Fulda bewarb sich auch Anfang August 1930 der Bauverein um Reichsdarlehen aus dem Fördertopf für zusätzlichen Wohnungsbau. Unter Hinweis darauf, dass man im laufenden Jahr bereits in eine Baugruppe an der Dientzenhoferstraße 24 investiert habe, erbat man zur Fertigstellung dieses Projekts sowie zur Erstellung von 10 weiteren Kleinwohnungen am Kleegarten um Mittel in Höhe von 90.000 Reichsmark aus dem Bauprogramm. Als angestrebte Miethöhe wurden vom Bauverein für Dreizimmerwohnungen monatlich 37 Reichsmark genannt, für Zweizimmerwohnungen knapp 28 Reichsmark. In dem Antrag an den Regierungspräsidenten in Kassel gab der Bauverein als Referenz an, dass dieser in der Nachkriegszeit, also zwischen 1918 und 1930, 135 Wohnungen mit zwei und drei Zimmern erstellt habe und die Freigabe der beantragten Mittel die Sicherstellung des Baus von weiteren 20 Wohnungen bedeute.

Der Fuldaer Magistrat befürwortete den Antrag „mit Rücksicht auf die zur Zeit herrschende große Arbeitslosigkeit und die Notwendigkeit zur Errichtung weiterer Wohnungsbauten". Parallel beantragte auch die Erbbaugenossenschaft Fulda Fördermittel über 66.000 Reichsmark für den Bau von weiteren 20 Wohnungen am Waldschlösschen. Den noch vorhandenen Akten nach zu urteilen, bekam nur die Erbbaugenossenschaft Gelder aus dem Fördertopf. Diese sah sich allerdings mit erheblichen Nachfragen von Seiten der Hessischen Heimat konfrontiert, da diese bemängelte, dass zum Bau der Anlage am Waldschlösschen nicht zusätzliche heimische Arbeitslose eingestellt worden seien und damit der eigentliche Zweck des Bauprogramms, nämlich die Reduzierung der hohen Arbeitslosigkeit, verfehlt worden sei.

Die Anfänge der Bausparkassen in Fulda

Im Februar 1930 lud der »Ring der Bauwirte« mit Sitz in Bremen über eine **Zeitungsanzeige** (Abb. 73 und 74) zu einer Informationsveranstaltung in die Gaststätte „Ballhaus" in der Fuldaer Marktstraße ein[231]. Unter der Überschrift „Ohne Hass, ohne Gewalttat befreien die Bauwirte das deutsche Volk aus Wohnungs- und Wirtschaftsnot durch gegenseitige Hilfe" wurde ein öffentlicher Vortrag mit Lichtbildern angekündigt.

Die ausführliche Berichterstattung über die Veranstaltung[232] hob hervor, dass „trotz der starken Propaganda der verschiedenen privaten und öffentlichen Bausparkassen" eine größere Anzahl von Männern und Frauen zusammengekommen sei, die gerne bauen möchten, aber nicht über das notwendige Geld verfügten. Der Bauring versprach seinen Mitgliedern im Gegensatz zu den „normalen" Bausparkassen auf der Grundlage gegenseitiger Hilfe zinsfreies Baugeld sowie auch Kapital für nicht zweckgebundene Ausgaben. Das System beruhte auf den monatlichen Beiträgen seiner jeweils örtlich organisierten Mitglieder, an die auf Antrag zinsfreie Kredite ausbezahlt werden sollten. Entscheidend für die Zuteilung des Darlehens war die Höhe der selbst eingezahlten Beträge und die Dauer der Mitgliedschaft. Um eine Bevorzugung jener Einzahler zu vermeiden, die hohe Einlagen zahlen konnten, sollten 25% der Kredite an Minderbemittelte vergeben werden.

Der Bauring propagierte als ein Ziel, die Zinswirtschaft zu brechen. An besonderen Konditionen hatte er noch die Regel, dass die Unternehmer, die Bauaufträge erhielten, selbst Mitglied des Baurings sein sollten. Zudem wurden die Kreditbeträge nicht an den An-

73 | Fuldaer Zeitung vom 7. Februar 1930.

tragsteller, sondern direkt an die Handwerker nach Abschluss der Leistungen ausgezahlt. Um die Verwaltungskosten zu finanzieren, mussten jene Mitglieder, die ein zinsloses Darlehen erhalten hatten, im Laufe von 30 Jahren 10% des Kreditbetrags an den Bauring als Vergütung für den Verwaltungsaufwand überweisen. Der Berichterstatter der »Fuldaer Zeitung« war sich am Ende selbst nicht sicher, ob das Projekt funktionieren kann. Sein Resümee lautete: „Nach einer kurzen Aussprache konnte der Abend geschlossen werden, der Einblick in das interessante Experiment gab, einen Ring von Menschen zu bilden, unter denen Zinsen weder gegeben noch genommen werden. Ob die Mitglieder aber in jeder Hinsicht geschützt und gesichert sind, können wir aufgrund der Informationen eines Abends nicht entscheiden. Ein Vorteil ist es jedenfalls, dass die Bauwirte durch die Gründung örtlicher Gemeinschaften eine dezentralisierte Verwaltung anstreben, da so jedes Mitglied leichter die Kontrolle hat"[233].

Von diesem Konzept ließen sich recht schnell viele Bau- und Kaufwillige überzeugen. Bereits in der Jahresmitte 1930 hatte der Bauring, der formell als »Bau- und Wirtschaftsgemeinschaft eGmbH Fulda« firmierte, 170 Mitglieder und die Auszahlung der ersten Baukredite wurde in Aussicht gestellt[234]. Bei einer Versammlung Ende Juli desselben Jahres verkündete der Kaufmann Johann Schöpf (1868–1952) als örtlicher Vorsitzender des Baurings, dass die Fuldaer Ortsgruppe 130 Bausparverträge an die Bauwirtring Bremen AG weitergeleitet habe, die offenbar doch zentral die Verteilung der Kredite vornehmen sollte. Einen zusätzlichen Schub erhoffte man sich von dem neu aufgelegten Wohnungsbauprogramm des Reiches, das auch Mittel für die Bausparer in Aussicht stellte. Schöpf schloss die Versammlung mit dem Hinweis darauf, dass es eine unbestreitbare Tatsache sei, „dass durch die hohen Zinsen der Hochfinanz unser Volk verarmt sei. Nur durch die Selbsthilfe, wie sie der Ring der Bauwirte anstrebt, könne dem Einzelnen geholfen werden"[235].

Noch im Herbst 1930 konnte der Bauring eine eigene Geschäftsstelle in der Rabanusstraße 25 einrichten. Ende Oktober hatte man bereits 330 Mitglieder[236]. Im April 1931, als der Verein schon fast 500 Mitglieder zählte,

RING DER BAUWIRTE

Baue Dir ein Eigenheim!
Tilge die Hypotheken mit zinslosem Geld!

Dies erreichst Du durch Anschluß an die Bau- und Wirtschaftsgemeinschaft, e. G. m. b. H., genannt Ring der Bauwirte.

Monats-Versammlung

für die dem Bezirk Fulda angeschlossenen Mitglieder
Freitag, den 23. Mai, abends 8½ Uhr im kathol. Gesellenhaus.
Einzahlungen werden entgegengenommen.
Nichtmitglieder, die sich für die Sache interessieren, willkommen und freundlichst eingeladen.

74 | Fuldaer Zeitung vom 23. Mai 1930.

konnte der Vorsitzende Schöpf stolz bekanntgeben, dass bis Ende März 1931 der Ortsgruppe Fulda sechs Baudarlehen und eine Hypothekenablösung zugeteilt worden seien. Die Begünstigten wurden namentlich in der Zeitung genannt, darunter etwa der Schneidermeister Quast in Fulda oder der Dentist Schwarz in Großenlüder[237].

Bald schon musste sich der Bauring gegen die öffentliche Diskussion um sein Geschäftsmodell wehren, die dessen Seriosität anzweifelten. Als über die »Bau- und Wirtschaftsgemeinschaft Bremen« 1932 das Konkursverfahren eröffnet wurde, wies die Fuldaer Ortsgruppe mit Nachdruck darauf hin, dass es sich dabei nur um eine von etwa 60 lokalen Genossenschaften in Deutschland handele, die mit Fulda geschäftlich in keiner Verbindung stehe und die nicht mit der »Bremer Bauwirtring AG«, in der alle lokalen Bauring-Genossenschaften vereinigt seien, identisch sei[238].

Immerhin konnte man im April 1932 verkünden, dass trotz stagnierender Mitgliederzahl von etwas mehr als 500 Personen seit Bestehen des Fuldaer Baurings vor zwei Jahren 15 Baudarlehen und 10 Hypothekenablösungen im Wert von knapp 290.000 RM aus eigenen Mitteln ausgegeben werden konnten[239].

Aufgrund strengerer reichsgesetzlicher Vorschriften zur Kreditvergabe bei den Bausparkassen und der Konzentration des Geschäfts auf wenige Anbieter, waren die lokalen Modelle nicht mehr länger zu halten. Im November 1933 löste sich daher die »Bau- und Wirtschaftsgemeinschaft Fulda eGmbH (Ring der Bauwirte)« auf. Die Mitglieder mussten die von Ihnen bisher geleisteten Beträge in Bausparverträge einbringen, die künftig von der »Bauwirtring AG« mit Sitz in Bremen verwaltet wurden[240].

Insgesamt trug diese frühe Episode des Bausparwesens in Fulda nicht zu einer Lösung des Wohnungsproblems bei. Gemessen an der allgemeinen Wohnungsnot am Ende der Weimarer Republik, waren die wenigen ausgegebenen Kredite in Fulda nur ein Tropfen auf den heißen Stein.

So konstatierte 1931 der städtische Verwaltungsbericht eine recht dramatische Lage: „Die Wohnungsfrage wird durch den Verlust der vielen Altwohnungen immer schlechter, weil viele Wohnungssuchende bei ihrem geringen Einkommen gar nicht in der Lage sind, die hohen Mieten für Neubauwohnungen zu zahlen; auch in die von den Baugenossenschaften gebauten Wohnungen können deshalb nur wenige Arbeiter, Angestellte oder Beamte ziehen. Für Neubauwohnungen, die eine Miete von 50 Mark übersteigen, sind infolge der schlechten wirtschaftlichen Lage kaum noch Mieter vorhanden. Die Unterbringung kinderreicher Familien und auch solcher Wohnungssuchender, die erwerbslos sind, ist nur unter den größten Schwierigkeiten möglich, in vielen Fällen gelingt deren Unterbringung nur durch den Abschluss von Zwangsmietverträgen“[241].

75 | Oberbürgermeister Dr. Franz Danzebrink; um 1940, Foto (StadtAFd, BA-201).

Neue Firmierung und Wechsel im Aufsichtsrat

Oberbürgermeister Dr. Georg Antoni (*20. Februar 1862), der von Beginn an die treibende Kraft des Fuldaer Bauvereins war, ging zum 31. März 1930 in den Ruhestand, da er aufgrund des geltenden Altersgesetzes mit 68 Jahren sein Amt aufgeben musste. Auch aus heutiger Sicht sind die Leistungen Antonis, der in der größten Umbruchsphase Fuldas der Verwaltung voranstand und die dynamische Stadtentwicklung mit zahlreichen Maßnahmen auf wirtschaftlichem, baulichen, sozialen und kulturellem Gebiet begleitete, von überragender Bedeutung. Seine unzähligen Initiativen, nicht zuletzt auch die Gründung des Bauvereins Fulda, waren im besten Sinne „nachhaltig“. Die politischen Nachrufe, wie die in der »Fuldaer Zeitung«, die dem ausscheidenden Politiker den höchsten Respekt zollten, waren alles andere als eine rhetorische Pflichtübung. Insbesondere sein Pflichtbewusstsein und seine nimmermüde Einsatzbereitschaft wurden gelobt: „Wie viel Sorge für den Leiter der Verwaltung freilich mit dem, was er in mitreißendem Schwung in der Öffentlichkeit vertrat und zum Wohle der Stadt durchsetzte, in den Stunden der Vorbereitung erwachsen ist, wissen nur wenige. Sie sind sich darüber einig, dass diese Last zu tragen nur ein Mann imstande war, der über Fleiß, Willenskraft, Zähigkeit und geistige Regsamkeit in ungewöhnlichem Ausmaß verfügte“.[242]

Insofern war es nur berechtigt, dass Dr. Antoni unmittelbar nach seiner Pensionierung zum Ehrenbürger der Stadt ernannt wurde. Eine Georg-Antoni-Straße gibt es dagegen erst seit 1950, als die bisherige, 1902/1903 so benannte Georgstraße in Georg-Antoni-Straße umbenannt wurde[243].

Die mit Spannung erwartete Wahl seines Nachfolgers fiel auf den Juristen **Dr. Franz Danzebrink** (1899–1960)[244]. (Abb. 75) Dieser war bereits seit 1926 im Rang eines Magistratsassessors als Beamter in den städtischen Dienst übernommen worden. Zu seinem Zuständigkeitsbereich gehörte in dieser Zeit das Rechts- und Ordnungswesen sowie die soziale Fürsorge. Am 21. März 1930 wurde Dr. Danzebrink mit den Stimmen der Zentrumspartei zum Nachfolger Georg Antonis gewählt. Da Antoni nach seinem Ausscheiden aus dem Dienst nach Essen verzog, musste auch im Bauverein eine Neubesetzung vorgenommen werden. Auch hier folgte Dr. Danzebrink nach, der in einer Generalversammlung am 18. Juni 1930 einstimmig in den Aufsichtsrat gewählt wurde[245] und auch unmittelbar dessen Vorsitz übernahm.

In der gleichen Sitzung wurde beschlossen, den Namen der Genossenschaft in »Bauverein für den Stadtkreis Fulda eGmbH« abzuändern. „Der Bauverein hatte seit 1919 nur im Stadtgebiet Fulda gebaut, so dass der Landkreis die Konsequenzen zog und 1930 seine Mitgliedschaft kündigte".[246]

5

ARCHITEKTONISCHE EINORDNUNG DER FULDAER GENOSSENSCHAFTSBAUTEN DER WEIMARER REPUBLIK

zwischen Späthistorismus, Heimatschutzstil und Neuem Bauen

Bei der »Deutschen Tagung für das Wohnungswesen«, die im Juni 1930 in Frankfurt stattfand, plädierte der Münchner Stadtbaudirektor und Leiter des Wohnungsamtes Dr. Albert Gut (1883–1947) angesichts der „Krise im Wohnungsbau" für die Schaffung günstiger Neubauten. Unter Zugrundelegung einer Miete in der Höhe eines Wochenlohns „forderte der Redner die Herstellung von drei Sorten Wohnungen: Mietpreise zwischen 40–45 RM, von 32–35 RM und von 25–27 RM. Derartige Wohnungen könnten indes nur in der Form von sogenannten Einfachwohnungen hergestellt werden. Aus umfangreicher Erhebung ginge hervor, daß die dreiräumige Wohnung (zwei Zimmer und Küche) die Volkswohnung sei"[247]. Dr. Gut, der zwei Jahre zuvor mit einem im Auftrag des Deutschen Städtetags herausgegebenen Standardwerk zum Wohnungsbau in Deutschland nach 1918 in Fachkreisen bekannt wurde[248], war damals wie nur wenige mit dem Thema vertraut. Er stand wie viele seiner damaligen Kollegen in den Bau-, Planungs- und Wohnungsämtern der deutschen Groß- und Mittelstädte für einen Pragmatismus, der den Wohnungsbau weniger als Spielfeld für ästhetische Diskussionen, sondern als maßgeblichen Faktor der Sozialpolitik im Dienste der Erziehung zu einer staatsbejahenden Einstellung unter den ärmeren Schichten interpretierte. Programmatisch wird dies im Vorwort zu dem genannten Standardwerk deutlich, in dem es heißt: „Unter dem Druck der Wohnungsnot ist in Deutschland ein neues Wohnen entstanden. Das Buch zeigt, dass Ansätze genug vorhanden sind, die, weiter ausgebaut und planmäßig gepflegt und gefördert, zu der beglückenden Hoffnung Veranlassung geben können, dass es vielleicht gelingt, dem Deutschen zugleich mit der neuen Heimstätte eine neue Heimat zu bereiten. Der Begriff „heimatlos", der vor dem Kriege – namentlich in der Großstadt, vielfach aber auch auf dem Lande – vielen Tausenden in dumpfen Mietskasernen unausrottbar ins Herz gegraben worden ist, sie verbittert und staatsfeindlich gemacht hat, wird den Bewohnern dieser Wohnungen fremd sein und bleiben. Den Mietern und Be-

76 | Ernst May; 1961, Foto: Ernst-May-Gesellschaft (Creative Commons).

sitzern dieser neuen Heimstätten muss, ob gewollt oder ungewollt, ein neues Vaterland entstehen, das zur Staatsbejahung führt“[249].

Neues Bauen

Bei den Praktikern vor Ort standen Themen wie Bündelung der knappen Ressourcen, Schaffung von neuen Finanzierungsmöglichkeiten für den Wohnungsbau sowie die Standardisierung des Grundrisses und des Raumprogramms von Klein- und Kleinstwohnungen im Vordergrund. Gerade in der zweiten Phase der Weimarer Republik (1924–1933), als zwar mit Hilfe der Fördermittel aus der Hauszinssteuer insbesondere durch die Baugenossenschaften viele Mietshäuser errichtet wurden, zeigte sich, dass dies in den Großstädten doch nicht ausreichte, um die große Nachfrage nach Wohnraum zu befriedigen. Die Verkleinerung der Grundflächen bei neu gebauten Wohnungen standen in diesen Jahren ebenso zur Diskussion wie die Massenherstellung mit vorgefertigten Bauteilen. Am bekanntesten wurde in diesem Zusammenhang die Tätigkeit von **Ernst May** (1886–1970), (Abb. 76) der als Frankfurter Siedlungsdezernent (1925–1930) maßgeblich für das Wohnungsbauprogramm „Neues Frankfurt“ verantwortlich zeigte und bei der Schaffung von bezahlbarem Wohnraum neue Wege beschritt[250].

Doch neben dem in den Kommunen entwickelten pragmatischen Umgang bei der Suche nach praktikablen Lösungen für die Wohnungsfrage, drängten in den 1920er Jahren zunehmend auch die Fragen des Baustils und der Ästhetik in den Vordergrund. Auch Dr. Gut hatte dafür durchaus einen Blick, wenn er darauf verweist, dass der Wohnungsbau nach dem Ersten Weltkrieg erhebliche Fortschritte gegenüber der Zeit zuvor erzielt habe, „nicht nur in Bezug auf die Art der Aufschließung des Baugeländes, der Bildung der Baublöcke und der Bebauung der Grundstücke, nicht nur in Bezug auf die Hausform und die bessere und gesündere Grundrissgestaltung, sondern auch in Bezug auf die Gestaltung der äußeren Erscheinung. Auch den einfachsten Wohnungsbauten [...] ist in der Regel eine ge-

77 | Artilleriekaserne in der Marquardstraße; um 1905, Foto (StadtAFd, BA-73464).

fällige Form in der Gesamterscheinung, eine trotz aller Schlichtheit im einzelnen eindrucksvolle Gesamtwirkung eigen. Man kann sagen: der deutsche Staatsbürger der Nachkriegszeit wohnt, soweit er an den Errungenschaften des Wohnungsneubaus teil hat, nicht nur gesünder, sondern auch schöner“[251].
Unter dem Oberbegriff »Neues Bauen« gab es schon vor dem Ersten Weltkrieg eine Entwicklung, die sich von dem noch um die Jahrhundertwende vorherrschenden Geist des Historismus abwendete und in einer einfachen wie schnörkellosen Architektursprache den Übergang zur Moderne einleitete[252]. Am bekanntesten und einflussreichsten wurde die Bauhaus-Schule, die als Gesamtkonzept im Zusammenwirken von Kunst und Handwerk, Architektur, Gestaltung und Design miteinander verband.
Daneben gab es aber auf der lokalen Ebene eine Vielzahl von Adaptionen oder eigenen Lösungsvorschlägen, die sich an anderen Konzeptionen orientierten. Hier ist insbesondere der Heimatschutzstil zu nennen[253], der seit Beginn des 20. Jahrhunderts unter Bezug auf die regionale Bautradition eine Abwendung vom Historismus betrieb, dem man die Kopie fremder Stile ohne lokalen Bezug vorwarf.

78 | Städtisches Gaswerk, Frankfurter Straße 7; um 1902, Postkarte (StadtAFd, BA-7989).

Der Einfluss des Kasernenbaus auf Fuldas Architektur

Einen großen Einfluss auf die architektonische Entwicklung Fuldas übte zu Beginn des 20. Jahrhunderts der Kasernenbau aus. Die unter dem Berliner Architekten des Späthistorismus August Menken (1856–1903)[254] und seinem örtlichen Mitarbeiter Fritz Adam (1873–1943)[255] an der Leipziger Straße und Marquardstraße zwischen 1899 und 1901 errichtete **Kaserne** (Abb. 77) für das 47. Feldartillerieregiment trat, so Werner Kirchhoff, im Typus bürgerlicher Mietshäuser auf. „Die von Menken für die Kasernenanlage eingesetzte Formensprache ist mit ihrem dekorativen Wechsel von Ziegelstein- und Putzoberfläche eine historische Umformung von Vorbildern norddeutscher Backsteingotik, die es sogar erlaubte, durch den Wechsel von Schmuckformen jedes Gebäude unterschiedlich zu gestalten. Sie steht in stilistischem Zusammenhang mit der damals aktuellen, vor allem durch Conrad Wilhelm Hase geprägten sogenannten Hannover´schen Bauschule"[256]. Wie Kirchhoff zeigen konnte, ermöglichten die reichen Variationsmöglichkeiten dieser Formensprache in kürzester Zeit eine Adaption durch heimische Architekten und Bauherren beim Bau des Verwaltungsgebäudes der **Gasanstalt** (Abb. 78) an der Frankfurter Straße 7 (1902), beim **Kolpinghaus** (Abb. 79) an der

79 | Katholischer Gesellenverein (Kolpinghaus), Florengasse; um 1910, Postkarte (StadtAFd, BA-7846).

Florengasse (1902/03), der Wachswarenfabrik **Eickenscheidt** (Abb. 80) an Vierzehnheiligen 25 (1902/03) und dem ältesten Abschnitt des **Antoniusheims** (1903–1907). (Abb. 81)
Es ist bemerkenswert, dass auch die frühesten drei Doppelhäuser des Bauvereins für den Kreis Fulda in der **Georgstraße** (Abb. 82) (heute: Georg-Antoni-Straße) 5/7, 8/10 und 12/14 einen vergleichbaren Baustil wie die bereits genannten Gebäude aufweisen. Es handelt sich laut der Denkmaltopographie der Stadt Fulda um „wohlproportionierte Bauten aus rotem Backsteinmaterial, die eine ästhetisch befriedigende, ornamentale Fassadengestaltung durch hell abgesetzte Putzflächen aufweisen. [...] Bei der Erstellung wurde darauf geachtet, daß die Grundstücke groß genug waren, um vor und hinter den Häusern Gärten anlegen zu können: eine Hinterhofatmosphäre sollte vermieden werden. Die Straße wurde mit Bäumen bepflanzt"[257].
Weiter konstatiert die Denkmaltopographie, dass es sich bei den drei Doppelhäusern um eines der seltenen Beispiele intakter Siedlungsarchitektur aus dem Anfang des 20. Jahrhunderts handele. Neben ihrer baukünstlerischen und geschichtlichen Bedeutung seien sie wesentlich für die Geschichte des Fuldaer Siedlungsbaues, der eng verknüpft mit dem Namen des Fuldaer Reichstagsabgeordneten Richard Müller sei[258].
Leider ist der Architekt dieser Häuser nicht bekannt. Den Bauantrag wie die Pläne unterschrieben der Vorstandsvorsitzende des Bau-

80 | Wachswerke Eickenscheidt, An Vierzehnheiligen; um 1920, Foto von M. Zöphel (StadtAFd, BA-6202).

81 | Antoniusheim, An St. Kathrin; um 1910, Postkarte: Kunstdruckerei Metz & Lautz Darmstadt (StadtAFd, BA-6169).

82 | Georg-Antoni-Straße 15; 1914, Foto (BA-8336).

vereins Karl Kramer und andere Mitglieder des Vorstands. Auch die weiteren, vor dem Ersten Weltkrieg erstellten Gebäude des Bauvereins weisen in den Bauplänen keinen Architekten aus. In den Vorstandsprotokollen findet sich der Hinweis, dass die Pläne für die ersten Häuser an der Georgstraße durch den Bauunternehmer Wendelin Rommel und den Tonwarenfabrikanten Karl Kramer, den Vorstandsvorsitzenden des Bauvereins, ausgeführt wurden[259]. Rommel (1846–1904), der an der Leipziger Straße 11 ein Baugeschäft sowie eine Ziegelstein- und Kalkbrennerei betrieb[260], hatte auch die heute als Einzeldenkmäler eingetragenen historistischen Gebäude in der Adalbertstraße 19 (1897) sowie der

83 | Moselstraße; 1970, Foto: Julius Cäsar (StadtAFd, BA-40466).

Brauhausstraße 16 (1894/95) als Architekt errichtet[261]. Der Stadtälteste Karl Kramer (1852–1941) betrieb an der Petersberger Straße 42 eine Tonwarenfabrik, Baumaterialienhandlung und Ofentöpferei[262], konnte bisher aber nicht als Architekt eines Gebäudes in Fulda identifiziert werden.

Der erste in den Bauplänen auch als Architekt ausgewiesene Auftragnehmer des Bauvereins war der früh verstorbene August Urner (1877–1920), der unmittelbar nach dem Ersten Weltkrieg für die Gebäude Georgstraße 32, 34 und 36 sowie am Kleegarten für die Nummern 2 bis 4 sowie 26 bis 72 verantwortlich zeichnete. Die Pläne Urners entstanden 1920, einige Jahre vor denen der Stadtverwaltung im Zusammenhang mit dem sozialen Wohnungsbau im Kohlhäuserfeld. Während Urner für die Anlage am Kleegarten noch am Typus des Wohnhauses mit Gärtchen festhielt und sich einer am Heimatschutzstil angelehnte Formensprache (Fensterläden, Schleppgauben) bediente, näherten sich die städtischen Häuser im Kohlhäuserfeld in ihrer funktionalen Bauweise und dem einfachen Grundriss dem sich anbahnenden Neuen Bauen an. Die Denkmaltopographie der Stadt Fulda erkennt bei letzteren „Anklänge an expressionistische Architektur", obwohl es sich eher um „konventionelle Bauten" handele. „Der weiträumige Binnenhof wurde als Grünfläche mit Garten, Bleichwiese und Kinderspielplatz konzipiert, typisch für den Siedlungsbau der zwanziger Jahre, der die Enge der Altstädte durch lichtdurchflutete, naturnahe Freiräume ersetzen wollte". Den Bauten im **Kohlhäuser Feld** misst die Denkmaltopographie aufgrund der großflächige(n) Sachgesamtheit von siedlungs- und sozialgeschichtlicher, städtebaulicher und auch baukünstlerischer Bedeutung" einen Charakter als Baudenkmal zu[263]. (Abb. 83)

6

DIE ZEIT DES NATIONALSOZIALISMUS

Die Jahre der nationalsozialistischen Schreckensherrschaft hatten auch tiefgreifende Auswirkungen auf die Wohnungsbaupolitik und damit auf die Tätigkeit des Bauvereins Fulda. Zu Beginn der revolutionären Umwandlung des demokratischen Systems in eine verbrecherische Diktatur, der nach außen hin der Schein der legitimen Machtübernahme im Rahmen der Weimarer Reichsverfassung verliehen wurde, konnte Fulda für sich beanspruchen, sich dem Wechsel mit der Mehrheit der Bevölkerung entgegengestemmt zu haben[264].

Die kleine, 1925 begründete Ortsgruppe der NSDAP hatte unter ihren beiden Protagonisten, dem Schlosser und späteren Bürgermeister **Karl Ehser** (1893–1980)[265] (Abb. 84) und dem aus Großenlüder stammenden Lehrer Rudolf Jordan (1902–1988)[266], der als Gauleiter von Halle-Merseburg noch in höchste NS-Funktionen aufstieg, zunächst keinen Einfluss auf die Politik in der Stadt und im Landkreis Fulda. Im katholisch geprägten Umfeld war die neue Partei zunächst auf energischen Widerstand gestoßen. Obwohl die örtliche NSDAP immer wieder versuchte, mit Vorträgen überregional bekannter Nationalsozialisten wie Gregor Strasser und Robert Ley öffentliche Aufmerksamkeit zu erzielen, blieb die Resonanz bis zum Ende der Weimarer Republik gering. Zur Kommunalwahl 1929 erzielte sie gerade einmal 2,8% der Wählerstimmen. Die Partei erreichte in Fulda offenbar nur jene Teile der Arbeiter- und Handwerkerschaft, die bisher nicht organisiert waren und meist auch keine familiären Wurzeln in der Stadt und im Fuldaer Land hatten.

Die starke Verankerung weiter Teile der Bevölkerung in christlichen Gewerkschaftsorganisationen sowie der energische Widerstand der Zentrumspartei, die in der »Fuldaer Zeitung« ihre publizistische Stimme hatte, verhinderten in der Spätphase der Weimarer Republik trotz der Weltwirtschaftskrise und im Gegensatz zum reichsweiten Trend eine Ausbreitung der Nationalsozialisten im Fuldaer Land. Die überwiegend katholische Bevölkerung (1933 zählte Fulda etwa 74,1 Prozent Katholiken, 21,5 Prozent Protestanten, 3,6 Prozent Juden und 0,8 Prozent Personen mit anderer bzw. keiner Konfession[267]) sah in der Zentrumspartei ihre politische Heimat und blieb dieser bis zu deren zwangsweisen Auflösung im Juli 1933 weitgehend treu.

Bei den beiden Reichstagswahlen 1932 erreichte das Zentrum mit jeweils 53 Prozent der Stimmen in Fulda die absolute Mehrheit, im Landkreis kam die Partei gar auf fast 73 Prozent. Bei der Reichspräsidentenwahl 1932 erhielt Adolf Hitler in der Stadt Fulda gerade einmal ein Fünftel der Stimmen, etwas mehr als die Hälfte des Durchschnitts im gesamten

Reich[268]. Immerhin erschien seit 1929 in Fulda eine von Rudolf Jordan herausgegebene nationalsozialistische Wochenzeitung unter dem Namen »Fuldaer Beobachter«. Das Blatt bestand bis zum Januar 1933.

Machtübernahme und Stabilisierung der Herrschaft (1933/1934)

Bei der nicht mehr freien Reichstagswahl am 5. März 1933 erreichte die NSDAP reichsweit 43,9 Prozent der Stimmen, in Fulda aber nur 26,9 Prozent. Das Zentrum hatte hier mit 51,9 Prozent nach wie vor die absolute Mehrheit. Als am 7. März 1933 Angehörige der SA und der SS verlangten, die Hakenkreuzfahne auf dem Stadtschloss zu hissen, verweigerte OB Dr. Franz Danzebrink dies zunächst, gab aber dann doch dem Druck von SA-Leuten, die sich Zutritt zum Schlossturm verschafft hatten, nach. Auch die Fuldaer Kommunalwahl vom 12. März 1933 brachte mit 55,7% der Stimmen einen deutlichen Sieg der Zentrumspartei, die 19 von 32 Sitzen in der Stadtverordnetenversammlung erhielt, während die NSDAP mit 23,5% über acht Sitze verfügte.

Trotz dieser klaren Machtverhältnisse suchte das Fuldaer Zentrum die Annäherung zur NSDAP[269]. Nach dem „Tag von Potsdam" fand am 22. März 1933 ein Fackelzug durch Fulda statt, unter Teilnahme aller Vereine und Organisationen, ohne Unterschied der Konfessionen und der Parteizugehörigkeit, so heißt es zumindest im Bericht der »Fuldaer Zeitung« vom nächsten Tag. Das Einvernehmen zwischen Zentrum und NSDAP zeigte sich nach außen hin auch bei der ersten Sitzung der neuen Stadtverordnetenversammlung am 30. März 1933, auf der man den bisherigen Vorsteher Richard Schultheiß (Zentrum) ebenso wie den neuen Stellvertreter Wilhelm Witte (NSDAP) einstimmig wählte, während die SPD und die KPD ihre Mandate nicht mehr wahrnehmen konnten. Gewählt wurden auch die unbesoldeten Beigeordneten Franz Enders (Zentrum) und Karl Ehser (NSDAP). Der seit 1930 amtierende Oberbürgermeister Dr. Danzebrink freute sich, dass nunmehr eine weitgehende Front der gemeinsamen Arbeit und der Zusammenfassung der willigen Kräfte gefunden worden sei.

84 | Karl Ehser; 1934, Foto (StadtAFd, BA-30795).

Einstimmigkeit herrschte auch bei der Stadtverordnetensitzung vom 12. April 1933, in der auf Antrag der NSDAP „in Anbetracht der großen Verdienste" dem Reichspräsidenten von Hindenburg und dem Reichskanzler Hitler die Ehrenbürgerwürde verliehen wurde.

Zudem wurde die Bahnhofstraße in Hindenburgstraße und der Friedrichsmarkt (heute: Unterm Heilig Kreuz) in Adolf-Hitler-Platz umbenannt. Die Taufrede zur Einweihung des Adolf-Hitler-Platzes hielt am 1. Mai 1933 OB Dr. Danzebrink, der das „bedeutungsvolle Werk, das Adolf Hitler so hoffnungsfreudig begonnen habe" lobte.

Nach der Auflösung der Zentrumspartei ordnete Danzebrink im Benehmen mit Ehser die Besetzung der Vertretungsorgane neu. Fortan besetzte die NSDAP mit Ehser und Fritz Odenwald beide Beigeordnetenposten. Zudem wurde Karl Ehser zum Polizeidezernenten ernannt, eine Funktion, die ihm bei der Durchsetzung der nationalsozialistischen Herrschaft in Fulda weitreichende Befugnisse verlieh.

Auch im Magistrat wurden für ausscheidende Zentrumspolitiker NSDAP-Leute eingesetzt. Stadtverordnetenvorsteher Schultheiß musste seinen Platz für den bisherigen Stellvertreter Witte räumen. Die **Stadtverordnetensitzung** (Abb. 85) vom 21. Juli 1933 wurde im Beisein des Gauleiters Rudolf Jordan, des Landrats Dr. Hans Burkhardt (1891–1948)[270] und des Kreisleiters Heinrich Gernand zu einer Machtdemonstration der NSDAP. Oberbürgermeister Dr. Danzebrink konstatierte in dieser Sitzung, dass mit einer atemberaubenden Schnelligkeit das „Dritte Reich" Adolf Hitlers entstanden sei. Der stürmische Elan der Bewegung sei das Fundament, auf dem sich dieses Reich aufbaue. Wo früher viele hineingeredet hätten, seien heute der Wille und die Tatkraft des „Führers" maßgebend.

Nach der Ausschaltung der Stadtverordnetenversammlung durch das Preußische Gemeindeverfassungsgesetz vom 15. Dezember 1933, das keine gewählten Gemeinderäte, sondern ernannte Stadträte kannte, die gegenüber dem Oberbürgermeister nur noch ein Beratungsrecht hatten, wurden in Fulda 14 Ratsherren auf Vorschlag der Gauleitung von der Aufsichtsbehörde in Kassel bestellt. Die dauernde und enge Zusammenarbeit zwischen der Gemeindeverwaltung und der örtlichen Leitung der NSDAP wurde dadurch gewährleistet, dass der Stadtkreisleiter der NSDAP Ehser als gesetzlicher Stellvertreter des Oberbürgermeisters an der Leitung der städtischen Verwaltung maßgeblich beteiligt wurde. Mit der Ernennung von Ehser zum Bürgermeister und Kämmerer Ende April 1934 war die sukzessive Übernahme der städtischen Körperschaften und der Verwaltungsspitze durch die NSDAP ein Jahr nach den Märzwahlen 1933 abgeschlossen. Ehser leistete seinen Eid nicht mehr auf die Verfassung, sondern auf Adolf Hitler.

Rahmenbedingungen des Wohnungsbaus ab 1933

Mit der sogenannten Machtergreifung verstummte in Fulda die Kritik an den Zuständen auf dem Wohnungsmarkt zunächst nicht. Das Anfang Februar 1933 zusammengekommene »Kartell der christlichen Gewerkschaften für Fulda« warnte eindringlich vor einer Aufhebung des Wohnungsmangelgesetzes, das Maßnahmen zur Eindämmung der Wohnungsnot sowie der Versorgung der Geringverdiener mit bezahlbaren Unterkünften vorsah. Inzwischen sei ein für die ärmeren Schichten der Bevölkerung unerträglicher Zustand eingetreten, gegen den sich die politisch Verantwortlichen wenden müssten[271].

Und auch auf der Generalversammlung der Ortsgruppe Fulda im »Reichsbund Deutscher Mieter« Anfang März 1933 wurde heftige Kritik an Einschränkungen im sozialen Woh-

85 | Besuch des Oberpräsidenten Philipp von Hessen in Fulda. Gruppenaufnahme mit den städtischen Vertretern im Kaisersaal; 1933, Foto: Otto Diel (StadtAFd, Bildarchiv, Q 214).

nungsbau geübt. Auf der Versammlung wurde die Frage gestellt, wer denn die hohen Mieten für die Wohnungen, die in den Anzeigen der »Fuldaer Zeitung« angeboten würden, noch bezahlen könne. „Für den Arbeiter und kleinen Angestellten kommen diese nicht in Frage. Was soll erst mit den Erwerbslosen, Kleinrentnern usw. werden? Haben diese kein Recht mehr auf eine Wohnung?“[272]
Auf der Versammlung wurde gar die Forderung aufgestellt, den Zuzug von außen einzuschränken, da angeblich Auswärtige bei der Wohnungsvergabe bevorzugt würden.
Es sollte allerdings nicht mehr lange dauern, bis die NS-Herrschaft auch auf kommunaler Ebene so weit organisiert war, dass seit Mitte des Jahres 1933 eine offene Kritik an Missständen gleich welcher Art kaum noch möglich war. Mit der reichsweiten Ausschaltung der Zentrumspartei im Juli 1933, die auch in der Fuldaer Stadtverordnetenversammlung dazu führte, dass nur noch der NSDAP ge-

nehme Kandidaten verblieben, war in der Darstellung der Propaganda nun der „Parteienstaat" zugunsten eines einheitlichen Volkswillens unter Führung der NSDAP überwunden.

In einem Leitartikel in der »Fuldaer Zeitung« vom 18. Juli wurde unter dem Titel „Dem Volke" die Kernsätze der neuen politischen Zeit verkündet: „Die freie Entfaltung der Volkskräfte für das Programm der Reichsregierung lässt es nicht mehr zu, dass irgendwelche parteipolitischen Bindungen hemmend einwirken. Darum wird nach der Beseitigung des Parteienstaats jede Neubildung von Parteien unter Strafe gestellt. Der neue Staat will ein Volksstaat sein, die Heimat für alle Deutschen, die ihre Dienstverpflichtung für sie erkennen und erfüllen.

Wohnlich und lebenswert wird aber das deutsche Volkshaus erst mit der Sicherung der Arbeit, mit dem gerechten Verdienst für seine Tätigkeit, mit der Freude am gesunden Heim, in dem sich erst ein christliches Familienleben entfalten kann. Diesen Zielen gelten die neuverkündeten Maßnahmen der Reichsregierung über den Wohnungsbau, der Indienststellung von Menschen statt von Maschinen, über die Umformungen von Wirtschaftsorganisationen, über die Preisüberwachung, den Schutz des Mittelstandes, schließlich über die Entlastungen durch Steuererleichterungen.

Weil wir an der Rationalisierung und an einer vom liberalistischen Geist erfüllten Industrialisierung zugrunde gingen, heißt heute die Staats- und Volkslosung: Zurück aufs Land! Bauernhöfe werden geschaffen, die Siedlung wird zum deutschen Pflichtgebot. [...] Und das Entscheidende in allem und für alles bleibt die Erkenntnis, dass die Regierung allein führt und bestimmt, dass förderhin Interessenpolitik unmöglich ist, dass Ruhe, Sicherheit und Recht für alle Volksgruppen, zumal in der Wirtschaft, nunmehr gewährleistet sind"[273].

Unter solchen Vorzeichen waren eigenständige Initiativen, wie etwa auch die der Wohnungsgenossenschaften, nur dann möglich, wenn sie sich in das nationalsozialistische System einfügten oder von diesem nicht als Konkurrenz angesehen wurden. Das genossenschaftliche Modell im Wohnungswesen wurde von der nationalsozialistischen Siedlungspolitik nicht grundsätzlich in Frage gestellt, allerdings unterlagen die gemeinnützigen Bauträger ebenso wie alle übrigen Bereiche des öffentlichen Lebens der „Gleichschaltung".

Dass die Wohnungsnot auch unter einer Diktatur mit dirigistischen Zwangsmaßnahmen nicht so einfach bekämpft werden konnte, musste selbst das NS-Regime erfahren. Umgekehrt führten die von den letzten Regierungen der Weimarer Zeit ergriffenen wirtschaftsliberalen Maßnahmen, die von den Nationalsozialisten zunächst fortgeführt wurden, ebenso nicht zum erhofften Erfolg. So wurden die 1930 eingeführten Lockerungen beim Mieterschutz durch das Reichsmietgesetz von 1936 wieder rückgängig gemacht[274]. Dieses setzte auch den seit 1931 betriebenen Abbau der Mietpreisbindung wieder außer Kraft. Im November 1936 wurde gar eine Verordnung erlassen, die für alle Güter und Leistungen, darunter auch die Mieten, eine Erhöhung der Preise verbot[275]. Die „Preisstoppverordnung" galt bis in den Zweiten Weltkrieg hinein und sollte zusammen mit der Wohnraumbewirtschaftung die Geringverdiener vom Druck der hohen Mieten entlasten.

Von weitreichender Bedeutung war das 1940 verkündete Gesetz über die Wohnungsgemeinnützigkeit[276], das erstmals die bisher unterschiedlich auf Länderebene geregelte steuerliche Begünstigung der gemeinnützigen Wohnungsunternehmen in einem Reichsgesetz festschrieb und dabei deren Rolle hervorhob. So heißt es in der Präambel des Gesetzes: „Die gemeinnützigen Wohnungsunternehmen fördern durch den Bau gesunder und preiswerter Wohnungen für deutsche Volksgenossen, durch ihre Verbindung mit dem Heimatboden, durch die Errichtung von Gemeinschaftsanlagen und durch die Pflege der Hausgemeinschaft das nationalsozialistische Siedlungswerk der Reichsregierung. Ihre Arbeit ist Dienst an der Volksgemeinschaft". Dieses Gesetz bestand im Wesentlichen bis zum Ende des Jahres 1989, als zum 1.1.1990 die Wohnungsgemeinnützigkeit abgeschafft wurde.

Städtische Wohnungsbaupolitik ab 1933

Mitten in der ersten Phase der Stabilisierung der NS-Herrschaft in Fulda fand am 24. Mai 1933 eine denkwürdige Sitzung der Stadtverordnetenversammlung statt. Ein von den Nationalsozialisten im April 1933 initiierter Untersuchungsausschuss, der die Tätigkeit der Fuldaer Stadtverwaltung während der Weimarer Republik untersuchen sollte, hatte hier seinen Abschlussbericht vorgelegt und war zu dem Ergebnis gekommen, dass es nichts zu beanstanden gab. Die ursprüngliche Absicht der NSDAP, die kommunalpolitische Arbeit der Jahre von 1919 bis 1933 zu diskreditieren, war offenbar am Widerstand der noch in ihrem Amt befindlichen Mandatsträger des Zentrums gescheitert. Diese zahlten dafür aber einen hohen politischen Preis, indem sie sich den neuen Machthabern als verlässliche Koalitionspartner andienten. Die »Fuldaer Zeitung« zeigte sich zufrieden über den Bericht der Kommission, der den Beweis erbracht habe, „dass die Stadtverwaltung in Ordnung ist. Damit ist klargestellt, dass es in Fulda, dessen Stadtparlament stets eine Zentrumsmehrheit besessen hat, eine marxistische Misswirtschaft niemals gab. Hoffentlich wird auch in Zukunft auf dem Fuldaer Rathause so gearbeitet und gehandelt, wie in den vergangenen Jahren"[277].

Oberbürgermeister Dr. Franz Danzebrink nahm die Gelegenheit wahr, bei dieser Sitzung auf die bisherigen Erfolge der Stadtverwaltung in der Wohnungsbaupolitik hinzuweisen. „Wohnungsnot habe es für die minderbemittelten Kreise teilweise auch schon in der Vorkriegszeit [vor dem Ersten Weltkrieg] gegeben. Katastrophal seien die Verhältnisse in der Nachkriegszeit geworden. Die Stadt Fulda habe sich bemüht, billige Wohnungen gerade für die Kreise zu schaffen, die in der Lage seien, monatlich mehr als 20 bis höchstens 30 RM für Miete auszugeben. Von den 4,6 Millionen Schulden, die auf der Stadt lasten [...], entfallen etwa 1,5 Millionen auf Darlehen, die für Wohnungsbauzwecke aufgenommen wurden. Mit diesen Geldern ist der Komplex auf dem Kohlhäuser Feld gebaut worden"[278].

— Edelzeller Siedlung (Abb. 86)

Noch in der Weimarer Republik startete die Stadtverwaltung Fulda ein Wohnungsbauprojekt, für das die Nationalsozialisten nach der Fertigstellung Ende 1933 die Lorbeeren für sich beanspruchten. Es handelt sich um die Edelzeller Siedlung an der heutigen Milseburg- und Biebersteinstraße im Süden Fuldas. Im Rahmen eines reichsweiten Förder-

86 | Kleinsiedlung an der Edelzeller Straße; 1938, Foto (StadtAFd, BA-7623).

programms für vorstädtische Kleinsiedlungen und die damit verbundene Bereitstellung von Kleingärten zugunsten von Arbeitslosen, prüfte die Stadt Fulda bereits 1932 die Optionen einer Beteiligung. Das Programm hatte es sich zum Ziel gesetzt, dass die Arbeitslosen vom Ertrag auf den zur Verfügung gestellten Grundstücken zumindest einen wichtigen Teil ihres Lebensunterhaltes bestreiten konnten, „so daß in absehbarer Zeit die öffentlichen Fürsorgelasten für die Erwerbslosen und ihre Angehörigen gesenkt werden können“[279]. Hierfür wurde festgelegt, dass die Siedlerstellen eine Größe zwischen 600 und 5.000 Quadratmeter haben sollten. Voraussetzung für die Zuteilung eines Grundstücks war die Erwerbslosigkeit und die Bereitschaft, bei der Erschließung des Areals oder dem Bau eines Haues selbst Hand anzulegen. Langzeitarbeitslose und kinderreiche Familien sollten bevorzugt werden. Im Mai 1932 bekundete die Stadt Fulda gegenüber dem Regierungspräsidium in Kassel ihr großes Interesse, sich an dem Projekt zu beteiligen und hierfür ein städtisches Grundstück von 4,5 Hektar am Edelzellerweg zur Verfügung zu stellen. Mit der technischen Durchführung sollte die Hessische Heimstätte GmbH in Kassel beauftragt werden[280].

Da die Fördermittel des Reichs 1932 bereits ausgeschöpft waren, kam der Antrag Fuldas erst 1933 zum Zug. Im Mai dieses Jahres wurden 45.000 RM vom Reich zur Verfügung gestellt. Damit sollten zunächst 20 Siedlerstellen mit jeweils etwa 1.000 Quadratmetern Fläche unter der Bauleitung des renommierten Architekten Hermann Mahr[281] geschaffen werden. Die von der Stadtverwaltung erstellte Liste mit den Bewerbern um die Siedlerstellen war recht lang. 30 Personen, alle

Handwerker und Familienvorstände, kamen in die engere Wahl. Sie waren alle erwerbslos oder waren in Kurzarbeit beschäftigt. 19 unter ihnen hatten am Ersten Weltkrieg teilgenommen. Die durchschnittliche Kinderzahl der Bewerber lag bei drei bis vier.

Innerhalb kürzester Zeit zwischen Juli und November 1933 wurde die Kleinsiedlung für die ersten 20 Siedlerfamilien fertiggestellt. Angesichts der nach wie vor hohen Mietpreise lobten im Mai 1933 die Stadtverordneten einhellig das Modell, das zu billigsten Preisen (auf elektrisches Licht wurde zunächst verzichtet) auch Arbeitslosen einen Hauskauf ermöglichte. Die Kosten eines Hauses, das einen Wohn- und einen Kochraum sowie einen Elternschlafraum und ein Zimmer für alle Kinder umfasste, beliefen sich auf 3.000 RM, wovon die Erwerber nach Abzug der staatlichen Förderung nur 750 RM bezahlten. Die Belastung eines Siedlers für Zins, Tilgung sowie die Neben- und Erschließungskosten betrugen im ersten Jahr 11,25 RM monatlich, ab dem 3. Jahr 14,70 RM. Damit konnte man auf dem Wohnungsmarkt keine Immobilie in vergleichbarer Größe mieten.

In der oben genannten Sitzung der Stadtverordnetenversammlung vom 24. Mai 1933, in der auch über die Kleinsiedlung am Edelzellerweg diskutiert wurde, gab es zwar Bedenken, dass die Häuser für kinderreiche Familien zu klein seien und die Kinder einen sehr weiten Weg zur Schule hätten, doch wogen diese Argumente im Vergleich zu den Vorteilen eher gering. So verwies Oberbürgermeister Dr. Danzebrink darauf, dass dieses Projekt den Versuch darstelle, mit geringstmöglichen Mitteln etwas Brauchbares zu schaffen. Der Vertreter der Zentrumspartei und Domkapitular Professor Dr. Viktor Thielemann (1867–1944)[282] bemängelte, dass es kinderreiche Familien in Fulda besonders schwer hätten. Diese Gesinnung vieler Wohnungsvermieter müsse öffentlich auch benannt werden. Direkt nach der Fertigstellung der ersten 30 Siedlungshäuser im November 1933[283] kamen mit einem weiteren Kredit noch acht Stellen hinzu. Für die technische Ausführung wurde der Architekt Johannes Walter (1876–1961) verpflichtet[284].

Die neue Siedlung am Edelzellerweg galt den Verantwortlichen auf kommunaler und staatlicher Ebene als Vorzeigebeispiel nationalsozialistischer Wohnungspolitik. Unter dem Titel „Das Siedlungs-Programm für 1936 in und um Fulda“ zeichnete die Fuldaer Zeitung Ende 1935[285] ein überaus optimistisches Bild der geplanten Projekte im Bereich der Kleinsiedlungen und des Baus von Volkswohnungen. Im Zusammenwirken der »Hessischen Heimstätte GmbH« und dem »Heimstättenamt der NSDAP« und der »Deutschen Arbeitsfront« (DAF) sollten zwei neue Baugebiete ausgewiesen werden, das eine in Fortsetzung des bisherigen Projekts am Edelzellerwegs Richtung Bachrain, das andere in Neuenberg. Insgesamt gab es hierfür, so der Pressebericht, mehr als 160 Interessenten.

Daneben sollten noch 40 Volkswohnungen in die Edelzeller Siedlung eingegliedert werden. „Diese Volkswohnungen können als Vorstufe zu den echten Siedlerhäusern gelten. Sie sind in ihrem Raumprogramm etwas beschränkter, haben eine wesentlich kleinere Gartenzulage und bilden kein Eigentum der Bewohner. Sie werden denjenigen Familien seitens der Stadt im Mietverhältnis zugeteilt werden, die wirtschaftlich besonders schwach sind, aus volkswirtschaftlichen und moralischen Gründen aber trotzdem eine Förderung verdienen“[286].

— Weitere Baugebiete

Die nationalsozialistische Propaganda feierte die zaghaften Fortschritte in der städtischen und staatlichen Wohnungsbaupolitik in der Mitte der 1930er Jahre. Unter dem Titel „Fulda, die wachsende Stadt" wurde in der »Fuldaer Zeitung« im April 1936 ein Überblick über die Bautätigkeit Fuldas in den Außenbezirken veröffentlicht[287]. Der aufmerksame Betrachter der städtischen Entwicklung stelle fest, „dass Fulda im Wachsen begriffen ist, dass es sich an allen Enden dehnt und dass Lücken, die zwischen den vorgelagerten Außenbezirken und der Stadt hie und da vorhanden waren, sich langsam, aber sicher zu schließen beginnen". Verwiesen wurde in dem Artikel auf folgende Baumaßnahmen:

- In der Nähe der Sturmiuskirche am Wallweg
- Am Neuen Friedhof an der Künzeller Straße, wo sich auf der Künzeller Höhe jenseits der Ortsgrenze ein „Neu-Künzell" gebildet habe
- An der Petersberger Straße im Bereich von Rinnweg, Baugulf- und Ratgarstraße
- Am Galgengraben in der Verlängerung der Scharnhorststraße um die Tannenbergstraße und Graf-Spee-Straße
- Am Elsässergarten zwischen Horaserweg und Elisabethstraße. Dies sei das schönste Wohngebiet der Stadt mit prächtigem Blick auf das Fuldatal. Es werde allerdings wenig gefragt, wegen der hohen Kosten für die Fundamentierung.
- An der Vinzenstraße
- An der Frankfurter Straße im Bereich zwischen der Wollweberstraße (heute Weserstraße) und der Werrastraße.

Tatsächlich gab es an verschiedenen Stellen der Stadt Baumaßnahmen, die im Gesamtvolumen der erstellten Wohnungen zwischen 1933 und 1939 allerdings nicht über die Bilanz in einem vergleichbaren Zeitraum vor 1933 hinausreichten. Der Verwaltungsbericht der Stadt Fulda[288] listete 1939 auf, dass seit 1933 insgesamt 714 neue Wohnungen erstellt worden seien, davon 12 durch die Stadt Fulda, 117 mit Hilfe öffentlicher Mittel und 584 von Privatpersonen ohne Förderung.

Setzt man diese Zahlen in Vergleich mit den Neubauten der Jahre 1919–1933 (insgesamt 1.360 Wohnungen, davon 260 erbaut durch die Stadt, 752 mit Hilfe öffentlicher Mittel und 348 durch Privatpersonen ohne Förderung), so gibt es in der Gesamtzahl der jährlich erstellten Wohnungen (1919–1933: 90; 1933–1939: 102) zwar eine höhere Bautätigkeit während der Zeit des Nationalsozialismus, doch ist das vom NS-Regime herausgestellte Engagement von Staat und Kommunen bei der Förderung des Wohnungsbaus statistisch nicht haltbar. Während der Weimarer Zeit entstanden im Schnitt pro Jahr mehr als 67 öffentlich geförderte Neubauwohnungen, während der Friedensjahre der NS-Zeit hingegen nur 17.

Demungeachtet versuchte die Propaganda den Blick auf die Großprojekte zu lenken, von denen die Edelzellerstraße tatsächlich die wichtigste Maßnahme war. Der großangekündigte neue Stadtteil auf dem Münsterfeld im Umfeld der neu errichteten Kaserne kam dagegen nicht mehr zum Tragen[289].

Zum Ende des Jahres 1938 kündigte Oberbürgermeister Dr. Danzebrink in einem ganzseitigen Interview der »Fuldaer Zeitung«[290] zahlreiche Maßnahmen an, die zu einem „Groß-Fulda" führen sollten. Der wichtigste Baustein hierzu war die Eingemeindung von Horas (428 Hektar) und Neuenberg (290 Hektar) und einem kleinen Teil von Künzell.(36 Hektar), Maberzell (17 Hektar) und Edelzell (1,3 Hektar)[291]. Als Begründung für die Gebietserweiterung gab der Oberbürgermeister an, dass neben dem Raumbedarf der sich ständig erweiternden Industrie auch die Wohnungsfrage nach wie vor eine große Rolle spiele. Die Einwohnerzahl sei durch den außergewöhnlich hohen Zuzug von Wehrmachtsangehörigen nach Fulda weiterhin stark gestiegen und habe einen zusätzlichen Druck bei der Wohnungsnachfrage verursacht.

Zur Planung und Durchführung von Neubausiedlungen seien der Stadt bisher enge Gemeindegrenzen gesetzt. „Zum Schaden planvoller Siedlungsgestaltung haben die Vororte ihre eigene Bebauung bis an die Stadtgrenze herangetragen. So steht häufig sorgsam entwickelter Siedlung auf städtischem Gebiet eine willkürliche Parzellierung des angrenzenden Vorortes gegenüber. Eine erfolgreiche Siedlungspolitik im Raume der mit der Stadt besonders stark verwachsenen Vororte kann nur von einer einzelnen Stelle aus betrieben werden, um ein Gegeneinander der Maßnahmen zu vermeiden."

Die Analyse von Dr. Danzebrink mündete in die für die eingemeindeten Orte wenig schmeichelhafte Feststellung: „Es ist nicht zu rechtfertigen, dass eine Stadt von so hoher Baukultur wie Fulda von Vororten umgeben ist, deren äußeres Bild sich wenig harmonisch in das ganze einfügt"[292]. Neben den baulichen und stadtplanerischen Argumenten verwies der Oberbürgermeister zudem darauf, dass die Eingemeindungen im Interesse des allgemeinen Wohles seien: „Die Bevölkerung dieser Gebiete sieht in Fulda den Mittelpunkt ihres Lebens- und Wirtschaftskreises, so dass die Eingemeindung bestätigen würde, was die natürliche Entwicklung bereits geschaffen hat"[293]. Der Landkreis erhielt für seine Gebiets- und damit Einnahmeverluste von der Stadt Fulda eine einmalige Abstandszahlung von 400.000 RM.

Bei der Wohnungspolitik war die Ankündigung des Oberbürgermeisters eher enttäuschend. Außer der Fortsetzung eines bereits begonnenen Wohnungsprojekts in den **Straußwiesen** (Abb. 87) mit der Schaffung von weiteren 12 Volkswohnungen durch die Stadt nannte er keine konkreten Ziele. Stattdessen erschöpfte er sich im Allgemeinen. „Bei dem städtischen Wohnungsbau wird Wert darauf gelegt, ausreichend große und gesunde Wohnungen zu schaffen, um die Voraussetzungen für eine gesunde bevölkerungspolitische Entwicklung zu bieten"[294]. Insbesondere von den Baugenossenschaften erwartete sich Dr. Danzebrink zusätzliche Anstrengungen zur Lösung des Problems. Vielleicht sei es möglich, so der Oberbürgermeister, dass Industriebetriebe, die keine eigenen Arbeiterwohnungen bauten, sich kapitalmäßig bei den Genossenschaften engagierten, um dadurch den Wohnungsbau schneller voranzubringen.

Angesprochen auf die wenige Woche zuvor in der Pogromnacht durch Brandstiftung zerstörte Synagoge am Stockhaus und den zur selben Zeit verwüsteten alten jüdischen Friedhof in der Rabanusstraße skizzierte Dr. Danzebrink die Pläne, das Synagogenareal für Parkplätze zu nutzen. Es sei auf die Dauer ein untragbarer Zustand, dass die Marktstraße und die Friedrichstraße auf beiden Seiten mit parkenden Autos besetzt seien. In einem Zuge mit dem Abriss der noch stehenden Mauerteile der Synagoge müsse auch die Umgestaltung des jüdischen Friedhofs zu einer Grünanlage erfolgen. Dabei sollten aus ästhetischen Gründen die hässlichen Rück-

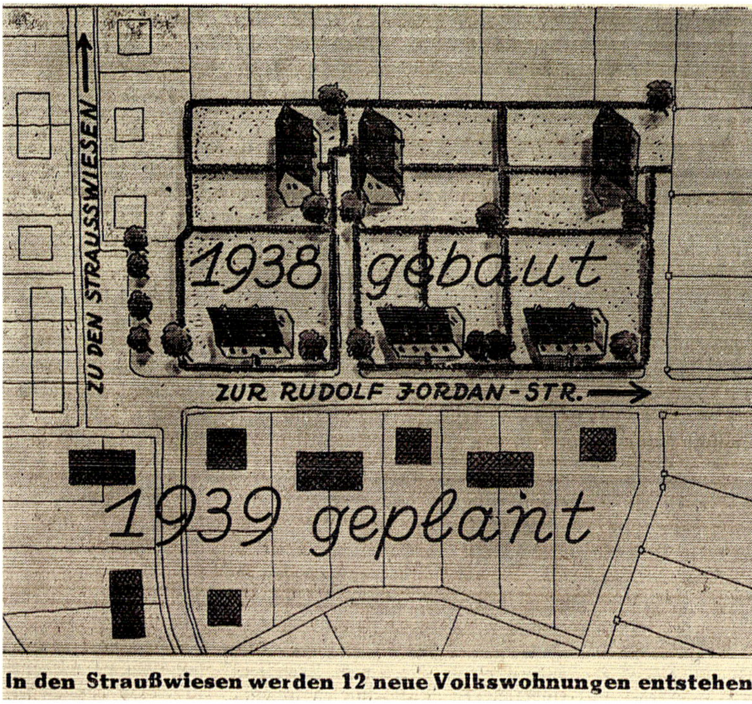

87 | Fuldaer Zeitung vom 31. Dezember 1938.

fronten der Gebäude an der Hindenburgstraße (heute: Bahnhofstraße) durch geschmackvolle repräsentative Bauten verdeckt werden. Mit der Bebauung der Südseite des alten Friedhofs wäre zwar eklatant gegen den jüdischen Bestattungsritus, der eine Profanierung von Friedhöfen ausschließt, verstoßen worden. In der damaligen Zeit fand sich aber in Fulda niemand mehr, der es gewagt hätte, dagegen zu protestieren.

Bereits zu Beginn des Jahres 1938 fasste der Fuldaer Stadtbaurat Emil Kunkel (1894–1954), der als einer der Hauptbrandstifter der Fuldaer Synagoge am Ende des Jahres noch unrühmlich in Erscheinung trat, die Planungen zur Umgestaltung Fuldas in einem großen Zeitungsbeitrag zusammen[295]. Nach einem bei Bonifatius beginnenden Überblick zur Stadtgeschichte brachte es laut seiner Interpretation Fulda im Zeitalter des Barock zu höchster Blüte. Mit dem Ablauf des 18. Jahrhunderts sei die Zeit des schöpferischen Gestaltens vorbei gewesen. „Fast mutet es an wie ein letztes Aufflammen von Kunstsinn und Kunstverständnis, wie ein letztes symphonisches Aufklingen künstlerischen Wollens, bevor alles unterging im Blutrausch der französischen Revolution [....]“[296].

Die durch das NS-Regime heftig kritisierte Architektur des 19. und frühen 20. Jahrhunderts, vor allem die der Gründerzeit und des Bauhauses, ist auch bei Kunkel Hauptbestandteil einer Generalabrechnung mit der Baupolitik vor 1933 in Fulda. Zwar habe Fulda mit dem Anschluss an die Bahn eine dynamische wirtschaftliche Entwicklung genommen und sich von der Zunft- zur Fabrikstadt entwickelt, doch die in dieser Zeit errichteten Stra-

88 | Landesbibliothek, Heinrich-von-Bibra-Platz; Anfang 1930er Jahre, Postkarte (StadtAFd, BA-32458).

ßen, Wohnhäuser und Schulen hielten keinem höheren Anspruch stand. „Sie alle [...] zeigen das leere Drum und Dran und die erschreckende Geistlosigkeit der sogenannten Gründerjahre, vereinigen ohne jeden Zusammenhang Stilelemente vergangener Epochen, kurz stellen Bauwerke dar, denen jeglicher künstlerische Vorwurf fehlt [...] Leider sind die Reichs- und Staatsbehörden diesen Auswüchsen nicht nur nicht entgegengetreten, sie haben im Gegenteil durch schlechte Beispiele das Niveau der Baugestaltung noch mehr herabgedrückt. Schon was um die Jahrhundertwende durch die öffentliche Hand an Gebäuden erstellt wurde, lässt nicht nur Kunstverständnis, sondern auch das Wollen zur Verbesserung und erst recht zur beispielgebenden Tat vermissen. Was aber in den Nachkriegsjahren von dieser Seite in Fulda erstellt wurde, ist so wesensfremd, dass man nur dankbar sein kann, dass es bei der Erstellung eines **Bauwerks** (Abb. 88) geblieben ist[297] und dass die Bevölkerung auf diesem Wege nicht folgte“[298].

Mit dem Fuldaer Wohnungsbau in der Zeit nach der großen Inflation war Kunkel ebenfalls nicht zufrieden, doch zeigte er sich angesichts der großen Leistung von mehr als 1.300 errichteten Wohnungen von 1924 bis 1933 in seinem Urteil nicht ganz so apodiktisch wie zuvor. Die Neubauten dieser Jahre seien zum größten Teil besser als in anderen Städten „und tragen nicht so ausgesprochen den Charakter der Nur-Mietskasernen, wenn sie auch meist bis in den letzten Winkel für Wohnzwecke ausgenutzt worden sind.“ Die Leistungen der Wohnungsgenossenschaften in der Zeit nach dem Ersten Weltkrieg, insbesondere die

89 | Finanzamt, Heinrich-von-Bibra-Platz; um 1937, Foto (BA-8677).

des Bauvereins, werden von Kunkel mit keinem Wort erwähnt. Folgt man seinen Ausführungen gingen die Initiativen allein vom Staat und der Kommune aus.

In seinem Bemühen, die Leistungen seiner Vorgänger und die Weimarer Republik insgesamt herabzusetzen, schilderte Kunkel die Fuldaer Wohnungsbaupolitik von 1930 bis 1933 in dunkelsten Farben. Die finanzielle Notlage nach der Weltwirtschaftskrise habe dazu geführt, dass die Bautätigkeit zum Erliegen gekommen und dadurch die Wohnungsnot wieder gestiegen sei. „Am Rande der Stadt entstanden Elendsquartiere in Eisenbahnwagen und Baracken und wilde Siedlungen taten sich auf. In Kellerlöchern und in elenden Dachzimmern hausten kinderreiche Familien. Auf den Straßen und Plätzen lungerte ein Heer von Arbeitslosen, [die] die Verzweiflung ins kommunistische Lager trieb. – Auf der anderen Seite feierte das Reklameunwesen Orgien und machte sich in einem Maße breit, das alles Erträgliche überstieg und vor nichts halt machte“[299].

Kunkels Lamento über die von den Nationalsozialisten übernommene bauliche Hinterlassenschaft gipfelte in dem Ausruf: „Das war der Nachlass der schwarz-rot-goldenen Politik, das wenig erfreuliche Erbe, das die neugebildete Stadtverwaltung bei der Machtübernahme anzutreten hatte“[300].

Kunkels Hochmut gegenüber der Weimarer Republik war alles andere als berechtigt angesichts des Umstands, dass die nationalsozialistische Wohnungsbilanz in Fulda hinter derjenigen in der Zeit vor 1933 zurückblieb

90 | Maberzell-Trätzhof; 1938, Foto (StadtAFd, BA-33504).

und auch an öffentlichen Bauten nur das nach den Plänen des Regierungsbaurats Kurt Simon 1936–1937 errichtete **Finanzamt** (Abb. 89) am Heinrich-von-Bibra-Platz 3 hervorbrachte. Dieses setzte sich stilistisch demonstrativ von der gegenüberliegenden neuen Landesbibliothek, die sich am Neuen Bauen orientierte, ab und fiel „in eine traditionell-konservative Formensprache zurück"[301].

Verständlich wird die Anbiederung an den Zeitgeist vor dem Hintergrund, dass nur eine Woche vor Kunkels großem Rundumschlag in der »Fuldaer Zeitung« eine große Architekturausstellung im Münchener Haus der Kunst durch Adolf Hitler eröffnet worden war. Die Schau feierte die „Architektur als Königin der Künste"[302] und widmete sich der „neuen baulichen Gestaltung im Dritten Reich". Dabei standen die Monumentalbauten in den Zentren Berlin und München im Vordergrund. Ganz offensichtlich wollte der geltungsbedürftige Stadtbaurat etwas vom Glanz der Münchner Ausstellung auch auf seine Arbeit umleiten.

Doch in Fulda hatte man andere Probleme, die vor allem die durch den Reichsfiskus der Stadt Fulda aufgenötigte Bereitstellung von Grundstücken für den Kasernenbau im Münsterfeld und am Gallasiniring betrafen. Zum anderen musste innerhalb kürzester Zeit für die aus dem Raum Dalherda zum Bau des Truppenübungsplatzes Wildflecken abgesiedelten Bewohner[303] ein neues Zuhause gefunden werden. Die dafür zuständige Reichsumsiedlungsgesellschaft in Berlin ließ am **Trätzhof** (Abb. 90) auf der Gemarkung des

91 | Haderwaldsiedlung; 1953, Foto: Julius Cäsar (StadtAFd, BA-37167).

Dorfes Maberzell sowie in Haimbach / Neuenberg Siedlungen errichteten. Am Trätzhof entstanden nach dem Vorbild eines Angerdorfs Hofanlagen für 31 Siedlerstellen[304]. Das Gelände der aufgelösten Domäne in Neuenberg und Haimbach wurde dem Bischöflichen Stuhl enteignet und auf Haimbacher Gemarkung für 18 Neubauten auf der „Neuenberger Röd", an der „Langen Hecke", auf der „Hühnerkuppe" sowie an den Straßen nach Sickels und Rodges herangezogen[305]. Auf Neuenberger Gemarkung errichtete man 19 Siedlerstellen, die über die neu gebaute Haderwaldstraße erschlossen wurde. Die Gebäude waren wie diejenigen am Trätzhof Mitte Mai 1938 bezugsfertig. Bei einer Abschiedsfeier der Dalherdaer Bevölkerung an ihrer alten Wohnstätte am 22. Mai 1938 hatte der Fuldaer Kreisleiter Karl Ehser deren Opferbereitschaft hervorgehoben und versprach, dass die neue Siedlung in Haimbach / Neuenberg künftig den Namen „Neu-Dalherda" tragen solle[306]. Hierzu ist es allerdings nie gekommen (**Haderwaldsiedlung** (Abb. 91)

Der Bauverein in der Zeit des Nationalsozialismus

— Organisation und Personal

Im Januar 1933 setzte sich der Vorstand des Bauvereins aus den folgenden Personen zusammen: dem Stadtrechnungsdirektor i.R. Joseph Wohlgemuth, dem Kutscher August(in) Jahn, dem Werkmeister Wilhelm Schupp, dem Schreiner Heinrich Rühl und dem Architekten Emil Staubach.

Der städtische Sparkassendirektor Joseph Wohlgemuth (1860–1940) war bereits 1903 als geschäftsführendes Vorstandsmitglied ernannt worden. In dieser Funktion sollte er als Kassier des Bauvereins tätig werden und die Korrespondenz des Vorstandes sowie des Aufsichtsrats besorgen[307]. In den folgenden drei Jahrzehnten trug er die maßgebliche Last des operativen Geschäfts des Bauvereins und vertrat diesen auch nach außen. Auch nach seiner ehrenvollen Verabschiedung aus städtischen Diensten in den Ruhestand im Juli 1928[308] nahm er seine Dienstgeschäfte beim Bauverein weiterhin wahr und wurde zudem im selben Jahr auch mit der Geschäftsführung der St. Antoniusheim GmbH betraut[309]. Im Mai 1933 bat Wohlgemuth aus „Gesundheitsrücksichten" um Entbindung von seinen Aufgaben als geschäftsführendes Vorstandsmitglied. In der Sitzung des Aufsichtsrats am 29. Mai 1933 dankte Oberbürgermeister Dr. Danzebrink „Herrn Wohlgemuth für seine 30jährige Tätigkeit im Interesse des Bauvereins, bat ihn auch weiterhin als bewährte Kraft dem Bauverein zur Verfügung zu stehen. Herr Wohlgemuth erklärte sich bereit, weiterhin im Aufsichtsrat mitarbeiten zu wollen"[310]. Dazu ist es aber offenbar nicht mehr gekommen. Immerhin wurde ihm auf dieser Sitzung die Ehrenmitgliedschaft verliehen[311].

1906 waren August Jahn (1874–1944) und Heinrich (Justus) Rühl (1867–1938)[312] als Nachfolger für den Heizer Karl Reith und den Maurerpolier Wilhelm Helker in den Vorstand berufen worden[313]. Jahn (Georgstraße 8) und Rühl (Georgstraße 11) bewohnten zu dieser Zeit Häuser, die gerade durch den Bauverein fertiggestellt worden waren. Beide übten ihre Vorstandsposten bis Mai 1933 aus. Es ist nicht bekannt, dass sie ihre Ämter wie Wohlgemuth offiziell zur Verfügung stellten. Bei der Neubenennung des Vorstands Ende Mai 1933 wurden sie nicht mehr berücksichtigt. Wilhelm Schupp (1876–1957) war 1915 als Nachfolger von Hermann Oswald in den Vorstand gewählt worden[314]. Er schied im September 1933 aus dem Vorstand aus[315]. Auch von ihm findet sich in den Akten kein Rücktrittsgesuch. Emil Staubach (1891–1942) legte dagegen durch ein am 30. Januar 1933 in der gemeinsamen Sitzung von Vorstand und Aufsichtsrat verlesenes Schreiben sein Vorstandsamt nieder[316]. Staubach war seit 1924 Mitglied des Vorstandes. Er war damals für den ausgeschiedenen Karl Kramer nachgerückt, der seit 1899 den Vorsitz im Vorstand eingenommen hatte. Staubach wurde durch den Tiefbautechniker Wilhelm Kaufhold ersetzt[317].

Innerhalb von nur wenigen Monaten war somit der gesamte Vorstand, der über eine langjährige Erfahrung verfügte, zurückgetreten. Über die Hintergründe des Wechsels lässt sich nur spekulieren. Ob am 30. Januar 1933, dem Tag als Adolf Hitler zum Reichskanzler ernannt wurde, der politische Druck auf die bisherigen Mitglieder des Aufsichtsrats und Vorstands schon so groß war, ist nach den oben genannten Schwierigkeiten der NSDAP, direkt nach der Machtübernahme in Fulda Fuß zu fassen, eher unwahrscheinlich[318].

Ganz anders stellt sich die Situation im Mai 1933 dar, als in der Stadtpolitik die letzten bewährten Mandatsträger des Zentrums (SPD und KPD waren schon verboten) aus ihren Ämtern gedrängt wurden. Ganz offensichtlich ging es nun in dieser Zeit darum, auch die Baugenossenschaften „gleichzuschalten". Dies geschah vor dem Hintergrund, dass deutschlandweit das Genossenschaftswesen einen schweren Stand hatte, zumal sein demokratischer und selbstverwaltender Wesenskern dem nationalsozialistischen Führerprinzip diametral entgegenstand. Insofern ist in der vollständigen Auswechslung der Vorstandsmitglieder der Versuch zu sehen, die Entscheidungen des Bauvereins den Interessen des Staates und der Partei unterzuordnen. Ernannt wurden stattdessen durch den Aufsichtsrat folgende neuen Vorstandsmitglieder: der Sparkassenangestellte Karl Seifert (1888–1971) als Vorsitzender, der Tiefbautechniker Willi Kaufhold (1898–1944), der Schlosser Adam Gutberlet (1893–1958), der Tischler Richard Krenzer (1890–1974) und der Obersteuersekretär Karl Lämmer (1880–1961)[319]. Die Genannten galten offenbar politisch als zuverlässig, auch wenn keiner von ihnen in einer besonderen politischen Funktion in der Folge hervorgetreten ist. In den Spruchkammerverfahren des Jahres 1947 wurden sie als „Mitläufer" (Seifert und Lämmer) oder als „unbelastet" (Krenzer) eingestuft.

Auch der für die Grundsatzentscheidungen wichtigere Aufsichtsrat konstituierte sich Anfang des Jahres 1933 neu. Der Bankdirektor Otto Göbel, der dem Aufsichtsrat seit 1905 angehörte, legte in der oben bereits genannten Sitzung am 30. Januar 1933 aus Altersgründen sein Amt nieder[320]. Gleiches galt für den Aufsichtsrat Hermann Atzert aus Horas (1878–1962), der seit 1910 in den Protokollen des Bauvereins in dieser Funktion nachzuweisen ist[321].

Bei der Hauptversammlung des Bauvereins am 29. Mai 1933 wurden in den Aufsichtsrat gewählt[322]: Oberbürgermeister Dr. Franz Danzebrink, der städtische Angestellte Karl Laux (1875–1944)[323], der Buchhalter Josef Kircher (1897–1968)[324], der Reichsbahnobersekretär Karl Herchenhan (1876–1936), der Kreissparkassenbeamte und spätere städtische Angestellte Heinrich Halling (1898–1964)[325], der Arbeiter Karl Keitz (1901–1953)[326] und der Obersteuersekretär Karl Becker (1897–1981)[327]. Ein Jahr später rückten für die ausgeschiedenen Aufsichtsräte Herchenhan und Halling der Vorarbeiter Gustav Eggeling (1896–1944) und der Arbeiter Josef Baier (1901–1954) nach.

Dass seit Mitte des Jahres 1933 bei der Auswahl der Funktionsträger die politische Grundeinstellung eine wichtige Rolle spielte, beweist der „Fall" des in den Aufsichtsrat gewählten Arbeiters Karl Keitz, dem zwei Wochen nach seiner Wahl durch den Vorsitzenden Dr. Danzebrink mitgeteilt wurde, dass er wegen seiner aktiven Beteiligung in der Kommunistischen Partei sein Amt nicht antreten könne[328].

— Bautätigkeit und Finanzen

Zu Beginn des Jahres 1933 befand sich der Bauverein wegen der Auswirkungen der großen Weltwirtschaftskrise im Gefolge des Börsencrashs von 1929 in einer Krise. Konnten durch die Hauszinssteuerhypotheken der Stadt Fulda in den Jahren 1929 und 1930 noch 36 Wohnungen errichtet werden, so kamen die Aktivitäten der Genossenschaft ab 1931 weitgehend zum Erliegen[329].

Im Jahr 1932 war durch die Genossenschaft keine einzige Wohnung gebaut worden[330]. Es gab lediglich Erneuerungs- und Instandsetzungsarbeiten. Der 204 Einheiten umfassende Gebäudebestand zu Beginn der NS-Zeit setzte sich zusammen aus 36 Einfamilienhäusern mit je drei Zimmern, 96 Zweizimmerwohnungen, 68 Dreizimmerwohnungen und vier Vierzimmerwohnungen. Durch die Erhöhung des Geschäftsanteils und damit auch der Haftungssumme von 100 RM auf 300 RM sank die Zahl der Mitglieder von 506 (1931) auf 447 (1932). Der Buchwert der im Eigentum des Bauvereins befindlichen Immo-

bilien belief sich auf etwas mehr als 600.000 RM, das Vermögen der Genossenschaft lag bei knapp 150.000 RM.
Am investiven Stillstand änderte sich auch 1933 nichts. „Neubauten wurden im verflossenen Geschäftsjahre [1933] nicht ausgeführt, weil die Erstellung von den am meisten gesuchten billigen Kleinwohnungen aus finanztechnischen Gründen nicht durchführbar war"[331]. Diese Feststellung änderte nichts an dem Umstand, dass die Rechnungsprüfer dem Bauverein eine solide Finanzlage bescheinigten, die nicht zuletzt auf der Vorsicht bei Neuinvestitionen beruhte.
Ersatzweise konzentrierte man sich in dieser Zeit auf Schönheitsreparaturen, deren Notwendigkeit als erste Maßnahme des neuen Vorstandes festgestellt worden war. Dieser hatte Anfang Juni 1933 beschlossen, eine Gebäude- und Grundstücksbesichtigung vorzunehmen, um „einmal die Gebäude und Grundstücke des Bauvereins kennen zu lernen, zum andern, die äußere Verfassung der Gebäude, Gärten, Einfriedungen und Anderes in Augenschein zu nehmen. [...] Dass es für den Vorstand unbedingt nötig ist, von Zeit zu Zeit eine solche Nachschau vorzunehmen, hat dieser Gang durch das Eigentum des Bauvereins deutlich bewiesen. Es wirkt wohl auf die Genossen erzieherisch, wenn Beanstandungen und Abstellungen an Ort und Stelle durch den Vorstand vorgenommen werden [...]. Im Übrigen war das Ergebnis der Besichtigung für den Vorstand nicht sehr erfreulich. Die Einfriedungen der Gärten, hauptsächlich hinter der Georgstraße, sind in einer sehr schlechten Verfassung. Die meisten Zäune sind verfault und umgerissen. Alle Eisenteile, welche dem Wetter ausgesetzt sind (wie Waschküchengeländer pp.), bedürfen unbedingt eines frischen Anstrichs"[332].
Ab 1934 ging man wieder daran, eine Neuplanung für ein Dreifamilienhaus (**Dientzenhoferstraße 24a**) (Abb. 92) vorzunehmen, das 1935 fertiggestellt werden konnte. Aufsichtsratsvorsitzender Dr. Danzebrink kommentierte dies in der Hauptversammlung des Jahres 1935 folgendermaßen: „Wenn es auch schwer sein wird, Neubauten zu errichten, obwohl ein sehr großer Mangel an Wohnungen besteht, so haben wir doch die soziale Aufgabe, soweit wir hierzu in der Lage sind, dazu beizutragen, dass jedem deutschen Volksgenossen eine gesunde Wohnung beschafft wird. In diesem Sinne wird auch das neue Wohnhaus der Genossenschaft errichtet. Unter der Führung unseres Reichskanzlers Adolf Hitler wird es möglich sein, den dringenden Bedarf zu befriedigen und bitte ich sie alle hieran mitzuarbeiten"[333].
Der nach außen hin sichtbaren Anpassung an das NS-System diente auch die im August bzw. Oktober 1933 für 15 RM beschlossene Anschaffung von je zwei Bildern des Reichskanzlers und des Reichspräsidenten für das Vorstandszimmer und den Kassenraum[334] sowie die im Dezember 1934 verfügte Beschaffung einer „Hackenkreuzfahne" (!) samt einem Flaggenmast, der vor dem Anwesen Dientzenhoferstraße 3 aufgestellt werden sollte[335]. Man beauftragte im März 1936 den Bauvereinsangestellten Römmelt „mit der peinlichen Durchführung" der von parteiamtlicher Seite angeordneten Beflaggung bei nationalen Feiertagen und sonstigen feierlichen Anlässen und Kundgebungen[336].
An Baumaßnahmen war bis zum Kriegsausbruch nur noch ein Neubau (Dientzenhoferstraße 18) mit fünf Wohnungen zu vermelden.
Zum 40jährigen Jubiläum seines Bestehens besaß der Bauverein im Jahr 1939 nur noch

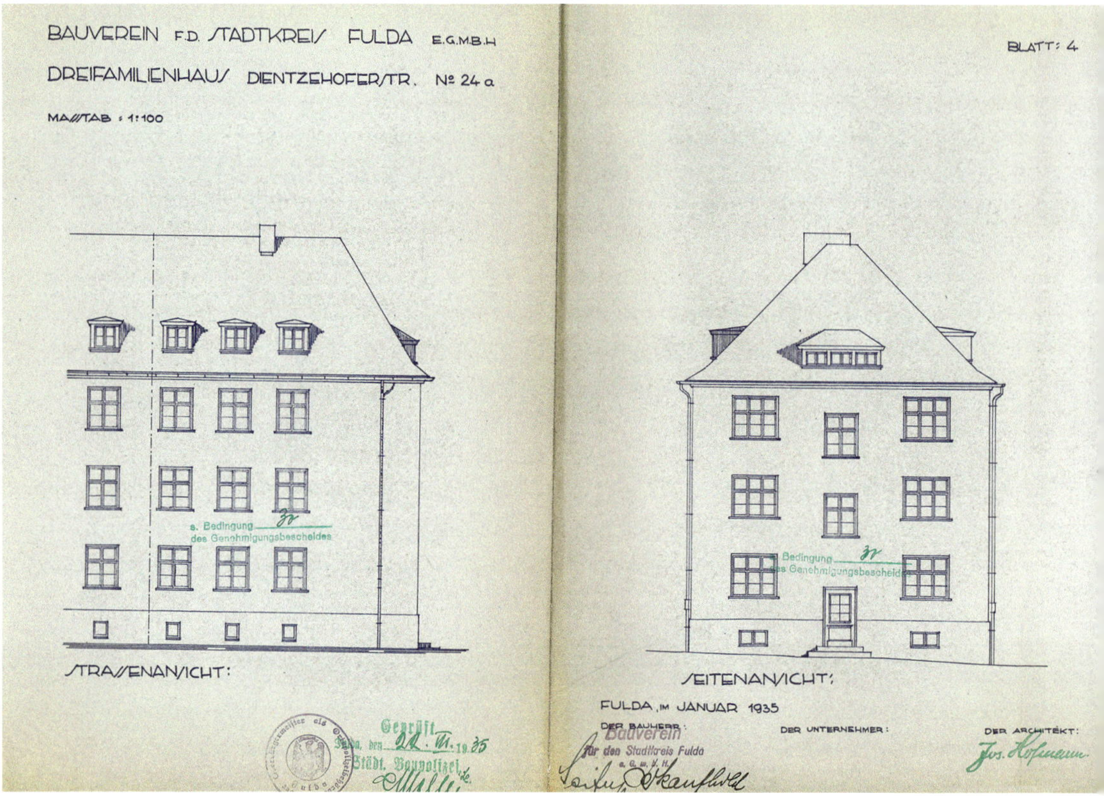

92 | Dientzenhoferstraße 24a; 1935, Bauakte Ansicht (StadtAFd, Bauakten).

351 Mitglieder mit 384 Geschäftsanteilen[337]. Seit der „Gleichschaltung" der Baugenossenschaften im Jahre 1933 waren beim Fuldaer Bauverein bis 1939 für die Instandhaltung der Gebäude ca. 63.000 RM ausgegeben worden, für Neubauten ca. 59.000 RM. Dies war alles andere als ein überragendes Ergebnis. Ganz offenkundig spielte in diesen Jahren das bauliche Genossenschaftswesen eher eine untergeordnete Rolle. Der Staat wollte die Zügel selbst in der Hand behalten, indem er die Fördermaßnahmen direkt über die Länder und die Kommunen durchführen ließ, um die möglichen Erfolge für sich selbst reklamieren zu können.

— Verschmelzung von Bauverein und Erbbaugenossenschaft

Nicht zuletzt aufgrund des geringen Bauvolumens der drei großen Fuldaer Baugenossenschaften (Bauverein für den Stadtkreis Fulda, Erbbaugenossenschaft sowie Spar- und Bauverein) schlug der Verband der Südwestdeutschen Wohnungsunternehmen mit Sitz in Frankfurt am Main die Verschmelzung der genannten Institutionen vor. In seiner Sitzung am 8. Oktober 1940 befasste sich der Aufsichtsrat und der Vorstand des Bauvereins in einer gemeinsamen Sitzung eingehend mit diesem Thema[338]. Es wurde dabei die Forderung erhoben, dass ein Verschmelzungs-

Bauverein für den Stadtkreis Fulda
e. G. m. b. H.
Einladung
zur
außerordentl. Generalversammlung
am Sonnabend, dem 9. August 1941, 19.30 Uhr im Evang. Vereinshaus Fulda.

Tagesordnung:
1. Verschmelzungsvertrag
2. Satzungsänderung
3. Erhöhung der Zahl der Aufsichtsratsmitglieder
4. Neuwahl des Aufsichtsrates.

Fulda, den 29. Juli 1941.
Der Vorsitzende des Aufsichtsrates: Dr. Danzebrink.

Erbbaugenossenschaft e.G.m.b.H. Fulda.
Einladung
zu einer
außerordentlichen
Mitgliederhauptversammlung
am Samstag, dem 9. August 1941, 20.30 Uhr im Evangel. Gemeindehaus.
Einziger Punkt der Tagesordnung:
Verschmelzung der Erbbaugenossenschaft mit dem Bauverein für den Stadtkreis Fulda zu der gemeinnützigen Wohnungsgenossenschaft Fulda.
Fulda, den 29. Juli 1941.
Der Vorsitzende des Aufsichtsrats: Barthel.

93 | Fuldaer Zeitung vom 29. Juli 1941.

vertrag zwei Bedingungen erfüllen müsse. Zum ersten dürften die Nutzungsgebühren (Mieten) der Genossenschaftsmitglieder nicht verschlechtert werden. Zum zweiten sollten die bestehenden Rücklagen der Genossenschaft nur für die Instandsetzung des eigenen Bestandes an Häusern verwendet werden.

In der **»Fuldaer Zeitung« vom 29. Juli 1941** (Abb. 93) luden sowohl der Bauverein als auch die Erbbaugenossenschaft ihre jeweiligen Mitglieder zu einer außerordentlichen Sitzung für den darauffolgenden 9. August in das Evangelische Vereinshaus am Heinrich-von-Bibra-Platz ein. Um 19.30 Uhr begann die Versammlung des Bauvereins, zeitversetzt um eine Stunde traf sich um 20.30 Uhr die Erbbaugenossenschaft. Beide Institutionen sprachen sich einstimmig für die Verschmelzung aus. Wie die »Fuldaer Zeitung« berichtete, sei mit dieser Vereinigung der schon lange gehegte Wunsch in Erfüllung gegangen, „die gemeinnützige Bauwirtschaft in Fulda auf eine gesündere und finanziell leistungsfähigere Grundlage zu stellen, um so bei Freigabe des Baumarktes nach dem Kriege, im Sinne des großen Wohnungsprogramms auch dem letzten Volksgenossen in der Stadt Fulda eine gesunde und finanziell tragbare Wohnung zu schaffen“[339].

Die bisherigen Rechte und Pflichten der beiden Einzelgenossenschaften würden durch

das Zusammengehen nicht berührt. Aus der Fusion würden den Mitgliedern keine finanziellen Nachteile und zusätzliche Kosten entstehen.
Während die Protokolle von Vorstand, Aufsichtsrat und Mitgliederversammlung des Bauvereins zum Vereinigungsprozess wenig aussagekräftig sind, hält die Niederschrift der Erbbaugenossenschaft anlässlich der außerordentlichen Mitgliederversammlung am 9. August 1941 folgendes fest: „Gemäß Verschmelzungsvertrag vom 8. August 1941 und der außerordentlichen Mitgliederversammlung des Bauvereins für den Stadtkreis Fulda eGmH von heute wird die Erbbaugenossenschaft Fulda eGmH mit dem Bauverein für den Stadtkreis Fulda eGmH nach Maßgabe der Paragraphen 93a ff. Genossenschaftsgesetzes in der Weise verschmolzen, dass der Bauverein für den Stadtkreis Fulda die Erbbaugenossenschaft Fulda als Ganzes in sich aufnimmt und dass die bisherige Firmenbezeichnung in »Gemeinnützige Wohnungsgenossenschaft Fulda eGmH« abgeändert wird“[340].
Tatsächlich war der Bauverein die größere der beiden Organisationen. Während die Erbbaugenossenschaft über 248 Mitglieder verfügte und 40 Häuser sowie 145 Wohnungen unterhielt, waren dies beim Bauverein bei 351 Genossen 77 Wohnhäuser mit 212 Wohnungen[341]. Die Finanzsituation war bei beiden Genossenschaften vergleichbar[342]. Die verschmolzene Genossenschaft erhielt auch eine geänderte Satzung, die neben der Änderung des Namens auch die Feststellung mit sich brachte, dass Juden keine Mitgliedschaft erwerben konnten[343].
Betrieben wurde die Zusammenlegung offenbar vor allem von dem Fuldaer Bürgermeister und Kreisleiter der NSDAP Karl Ehser[344]. Dieser wirkte in dieser Funktion keinesfalls „ausgleichend und versöhnlich“, wie das noch in der Festschrift zum 75jährigen Bestehen der Gemeinnützigen Wohnungsgenossenschaft behauptet wird[345]. Als NSDAP-Mitglied der ersten Stunde war er derjenige, der das nationalsozialistische Unrechtsregime in Fulda am entschiedensten umsetzte und dafür auch nach dem Krieg für die damaligen Verhältnisse recht hart bestraft wurde. Im Rahmen der Spruchkammerverfahren wurde Ehser, der die Niederbrennung der Fuldaer Synagoge organisiert hatte, 1947 in die Gruppe I der Hauptschuldigen eingestuft. Unabhängig davon verurteilte ihn im Mai 1948 das Landgericht Kassel wegen schwerer Brandstiftung zu vier Jahren Zuchthaus und vier Jahren Ehrverlust, „weil er in ehrloser Weise seine Pflichten, die er als Bürgermeister den Bewohnern der Stadt gegenüber hatte, außer Acht ließ und die Allgemeinheit gefährdete, um als Parteigenosse Zwecken der NSDAP dienen zu können“[346].
Es kann daher nicht verwundern, dass Ehser die nötigen Macht- und Druckmittel besaß, um ohne Widerstände die Verschmelzung von Bauverein und Erbbaugenossenschaft zu betreiben. Dass er hierbei auch die Festigung seiner eigenen Stellung im Blick hatte, zeigt der Umstand, dass nach der Fusion Ehser neuer Vorsitzender des gemeinsamen Aufsichtsrats wurde und damit den langjährigen Vorsitzenden im Aufsichtsrat des Bauvereins Dr. Danzebrink verdrängte[347].
In den neuen Gremien waren die beiden Genossenschaften nahezu paritätisch vertreten. Erstaunlich ist, dass alle bisherigen Mitglieder des Aufsichtsrats für den Bauverein ihr Amt verloren. Neben Ehser rückten noch die seitherigen Vorstände Karl Seifert und Karl Lämmer in den neuen Aufsichtsrat nach. Die-

sem gehörten von Seiten der Erbbaugenossenschaft noch deren bisheriger Aufsichtsratsvorsitzende Steueroberinspektor Wilhelm Barthel (1892–1955), der Telegraphenbauhandwerker Martin Altstadt (1900-?) und der Vermessungsinspektor Friedrich Sangmeister (1876-?) an. Der neue Vorstand, der nur noch aus drei Personen bestand, rekrutierte sich ausschließlich aus bisherigen Funktionsträgern der Erbbaugenossenschaft: dem Oberpostinspektor Erhard Steinicke (1889–1945), dem Postinspektor Georg Kaufhold (1875–1959) und dem Stadtbauoberinspektor Fritz Mellin (1888–1954)[348]. Somit waren ausschließlich staatliche oder kommunale Beamte und Angestellte im neu zusammengesetzten Gremium vertreten. Zum Geschäftsführer wurde der „Parteigenosse“ Georg Römmelt (1894–1984) bestellt[349].

Eine große Wirkung konnte die neue Wohnungsgenossenschaft während der Kriegsjahre naturgemäß nicht mehr entfalten. Auch zu einer geplanten Verschmelzung mit dem Spar- und Bauverein Fulda kam es nicht mehr[350].

Der Luftkrieg über Fulda

Während die Zivilbevölkerung Fuldas während des Ersten Weltkriegs die Schrecken des Krieges spätestens seit 1917 in Form von schlimmen Hungersnöten am eigenen Leib erfuhr, steigerte der von Nazi-Deutschland entfachte Bombenkrieg das Leid der Menschen in den Städten um ungeahnte Ausmaße. Seit 1940 war auch Fulda von Bombenabwürfen der Alliierten betroffen. Bei fast 60 Angriffen auf die Stadt und ihre nähere Umgebung, bei denen eine Bombenlast von 2.400 Tonnen abgeworfen wurde, kamen etwa 1.600 Menschen ums Leben[351]. Hauptziel der Angriffe waren die Bahnanlagen und die Gummiwerke. Am 27. Dezember 1944 fanden 707 Menschen im Krätzbachtunnel, der vor allem für die Arbeitskräfte und die Zwangsarbeiter der Firma Mehler als „Bunker“ genutzt wurde, den Tod. Beide Eingänge zum Tunnel waren durch Luftangriffe verschüttet worden, so dass der Schutzraum zur tödlichen Falle wurde. In der Geschichte des Luftkriegs über Deutschland nimmt die Katastrophe vom Krätzbachtunnel eine Sonderstellung ein. In keiner anderen Luftschutzeinrichtung gab es an einem einzigen Tag so viele Opfer[352]. Insgesamt hatte Fulda in Relation zur Einwohnerzahl so viele Kriegstote durch Bombenangriffe zu beklagen wie kaum eine andere deutsche Stadt[353].

— Zerstörung von Gebäuden der Wohnungsgenossenschaft

Bereits vor dem Ausbruch des Zweiten Weltkriegs war man sich auch in Fulda der Gefahr durch Fliegerangriffe durchaus bewusst. So wurden für die Organisation des Luftschutzes von der NSDAP angebotene Haustafeln, auf denen für den Notfall die Namen der zuständigen Block- und Hauswarte vermerkt waren, auf allen Häusern mit mehr als vier Wohnungen angebracht. Für die in Frage kommenden 16 Häuser des Bauvereins sind am 15. Mai 1939 entsprechende Tafeln beschafft worden[354]. Weitere Luftschutzmaßnahmen für die Genossenschaftshäuser wurden unmittelbar nach Kriegsausbruch verfügt[355]. Im August 1940 beschaffte man zudem Luftschutzhandspritzen[356], die als einfache Form des Feuerlöschers zur Brandbekämpfung in Wohngebäuden dienten.

Größere bauliche Luftschutzmaßnahmen wurden im April 1941 getroffen. Auf Kosten

94 | Am Kleegarten 64–70; um 1935, Foto (StadtAFd, BA-5808).

der Wohnungsgenossenschaft sollten die Luftschutzkeller gekalkt und die Decken verstärkt werden. Zudem wurden Lichtsteckdosen angebracht, Ofenrohranschlüsse vorbereitet und die Lattentüren gegen Gittertüren ausgewechselt. Auf Kosten der Wohnungsinhaber musste ein Splitterschutz vor den Kellerfenstern angebracht und die Notaborte mit Gasschutztüren versehen werden[357].

Die genannten Maßnahmen waren angesichts der Wucht der alliierten Angriffe weitgehend wirkungslos. Ein Teil der überwiegend in der Nähe des Bahnhofs und des Schienennetzes gelegenen Immobilien der Wohnungsgenossenschaft wurde kurz vor Kriegsende vor allem durch die Angriffe vom 11. September, 3. Januar, 19. März und 25. März 1945 stark beschädigt oder gar völlig zerstört. Bei den genannten Bombardierungen waren insgesamt mindestens 478 Menschen ums Leben gekommen[358].

Nach einer von der GWG offenbar Mitte 1945 vorgenommenen Aufstellung[359] über die Gebäudeschäden waren folgende Anwesen betroffen:

- **Am Kleegarten** 26, 28, 50, 52, 54, 56, 58, 60, 62, 64, 66, 68, 70 und 72 (total zerstört) (Abb. 94)
- Am Waldschlösschen 59, 61 und 63 (total zerstört, ausgebrannt)
- Am Waldschlösschen 67 (total zerstört)
- Am Waldschlösschen 79 (zwei Wohnungen total zerstört)
- Am Waldschlösschen 83 (zwei Wohnungen total zerstört)
- Artilleriestraße (heute: Marquardstraße) 40 (total zerstört)
- Bosestraße 7 (schwer beschädigt)
- **Dientzenhoferstraße** 11, 13, 18, 20b, 24a, 24b (total zerstört) (Abb. 95)
- Dientzenhoferstraße 21 / Am Jagdstein 1 (schwer beschädigt)

95 | Dientzenhoferstraße; um 1946, Foto (StadtAFd, BA-7002).

- **Georgstraße** 15, 17, 19, 21, 28, 30 (total zerstört) (Abb. 96)
- Georgstraße 25, 27, 33 (schwer beschädigt)

Nach den Angaben im Fuldaer Adressbuch befanden sich 1950 folgende, (teil)zerstörte Anwesen der Wohnungsgenossenschaft im

96 | Georg-Antoni-Straße; 1944, Foto (BA-26847).

Wiederaufbau: Am Kleegarten 26, 28, 52, 54, 56 und 58; Am Waldschlösschen 67a; Bosestraße 7 sowie Dientzenhoferstraße 11 und 13. Als völlig zerstört wurden bezeichnet: Am Kleegarten 60, 62, 64, 66, 68, 70 und 72; Dientzenhoferstraße 18, 20b, 24a und 24b; Georgstraße (Georg-Antoni-Straße) 15, 17, 19, 21, 28 und 30, Marquardstraße 40 sowie Am Waldschlösschen 59, 61 und 63.
Insgesamt wurden laut der Festschrift zum 75jährigen Bestehen der Wohnungsgenossenschaft Fulda von den durch Bauverein sowie Erbbaugenossenschaft bis 1939 in 117 Häusern errichteten 357 Wohneinheiten 34 Häuser mit 93 Wohneinheiten zerstört. Wieder neu aufgebaut wurden 22 Häuser mit 89 Wohneinheiten. Durch eine völlige Neuplanung entstanden 8 Häuser mit 48 Wohneinheiten[360].

— Die Opfer

Unter den in den Gebäuden der Wohnungsgenossenschaft gemeldeten Personen kamen bei den Bombardierungen 33 Menschen ums Leben, darunter die meisten wohl in den Gebäuden selbst, nur ein kleinerer Teil dürfte an einem anderen Ort (etwa im Krätzbachtunnel) den Tod gefunden haben[361]. Beim Angriff am 11. September starben Am Jagdstein 1 Maria Zeier (*1899); Am Kleegarten 5 Rochus Mahr (*1878); Am Kleegarten 56 Anna Katharina Schwan (*1890); Am Kleegarten 58 Katharina Müller (*1886) und Elisabeth Müller (*1917); Am Kleegarten 62 Margarete Schneider (*1907); in der Dientzenhoferstraße 13 Anna Bub (*1883), Reinhold Neusel (*1861), Regina Zopf (*1872), Hermann Zopf (*1868), Berta Maul (*1897), Elisabeth Maul (*1922), Wilhelmine Maul (*1934) und Rosa Stumm (*1888); in der Dientzenhoferstraße 21 Elisabeth Dillenburger (*1896); in der Dientzenhoferstraße 22 Maria Kress (*1916); in der Dientzenhoferstraße 24b Maria Wittstadt (*1881) und Klara Wittstadt (*1909); in der Georgstraße 15 Aloys Dörr (*1879), Auguste Geissel (*1898), Heinrich Gutberlet (*1882), Irmgard Gutberlet (*1936) und Hildegard Gutberlet (*1936); in der Georgstraße 17 Isabella Wagner (*1886) und Eva Baier (*1867); in der Georgstraße 19 Katharina Traut (*1892); in der Georgstraße 21 Sophie Gölz (*1891); in der Georgstraße 23 Wilhelm Bölk (*1882); in der Georgstraße 24 Hermann Keil (*1882).
Beim Angriff am 27. Dezember starben Maria Krenzer (*1924, Am Kleegarten 42), Eugen Kress (*1920, Am Kleegarten 54), Anna Held (*1921, Dientzenhoferstraße 5) und Wilhelm Kaiser (*1902, Georgstraße 33).

WIEDERAUFBAUJAHRE
(1945–ca. 1950)

Kriegsende in Fulda an Ostern 1945[362]

Am Karsamstag, dem 31. März des Jahres 1945 standen Truppenverbände der 3. US-Armee bei ihrem raschen Vorstoß nach Osten vor den Toren der Stadt Fulda. Von Horas und am Frauenberg vorbei über die Buttlarstraße rückten amerikanische Einheiten ohne nennenswerten Widerstand am Tag darauf gegen die Innenstadt vor. Während sie am Ostersonntag noch in der Höhe des Paulustores verharrten und aus der Entfernung das Geschehen in der Stadt verfolgten, kamen am Montagmorgen gegen 10 Uhr die ersten **Soldaten** (Abb. 97) vor das Stadtschloss und die Hauptwache, in der Generalmajor Hoffmann, der für die Verteidigung Fuldas zuständige Kommandant, seinen Befehlsstand hatte. Hoffmann übergab

97 | Amerikaner am Lichtweg; 1945, Repro: Juius Cäsar (StadtAFd, BA-35347).

die Stadt ohne Blutvergießen, aus Einsicht in die Sinnlosigkeit einer militärischen Gegenaktion, so zumindest nach der Darstellung des Oberstleutnants und Brigadekommandeurs Gustav Lochmann (1905–1995), der allerdings erst im September 1945 aus der Kriegsgefangenschaft nach Fulda kam und nicht Augenzeuge der Geschehnisse war[363]. Nach anderen Quellen gebührt dem Oberbürgermeister Dr. Franz Danzebrink das Verdienst, die letzten zum Kampf bereiten Truppenteile im Süden Fuldas zur Aufgabe gebracht und damit die Stadt vor der Zerstörung durch die amerikanische Artillerie bewahrt zu haben[364].

Am Nachmittag des 2. April wehte die weiße Fahne auf dem Stadtschloss und die Stadt war fünf Wochen vor dem offiziellen Kriegsende vom Nationalsozialismus befreit.

Die Besatzungsmacht und die Neuordnung der Verwaltung[365]

Als die amerikanischen Streitkräfte im März des Jahres 1945 deutschen Boden betraten, erließ General Dwight D. Eisenhower, der oberste Befehlshaber der alliierten Streitkräfte, die Proklamation Nr. 1 an das deutsche Volk[366]. „Wir kommen als ein siegreiches Heer: jedoch nicht als Unterdrücker" war die zentrale Botschaft an die Zivilbevölkerung. Ziel der Alliierten sei es, den Nationalsozialismus und den deutschen Militarismus zu vernichten. Den Führern der Wehrmacht und der NSDAP wie der Gestapo, daneben aber allen Personen, die Verbrechen und Grausamkeiten begangen haben, kündigte Eisenhower einen gerichtlichen Prozess und eine „gerechte Bestrafung" an. Zugleich unterstellte er seiner Person in ihrer Funktion als Militärgouverneur alle gesetzgebende, rechtsprechende und vollziehende Gewalt. Allen Befehlen der von ihm geleiteten Militärregierung sei in den besetzten Gebieten unverzüglich und widerspruchslos zu folgen. Alle deutschen Gerichte sowie Erziehungsanstalten seien bis auf weiteres zu schließen. Daneben sollten alle Beschäftigten des Staates und der Gemeinden sowie öffentlicher und gemeinwirtschaftlicher Betriebe vom Beamten bis zum Arbeiter einstweilen auf ihren Posten verbleiben und allen Anordnungen der Militärregierung Folge leisten.

Damit waren die ersten Ziele der amerikanischen Besatzungstruppen für die Nachkriegsordnung klar bestimmt: die Übernahme aller staatlichen Gewalt, insbesondere aber die Aufsicht über die Justiz und das Unterrichtswesen; vollständige Beseitigung des Nationalsozialismus und Militarismus; harte Bestrafung aller Beteiligten des alten Systems; Aufrechterhaltung der öffentlichen Sicherheit und Ordnung durch die vorübergehende Weiterbeschäftigung aller öffentlich Bediensteten.

Der Blick auf Fulda zeigt die Umsetzung des Programms auf örtlicher Ebene. Am 3. April, einen Tag nach der Besetzung der Stadt, erging eine Bekanntmachung an die Zivilbevölkerung[367]. Unter Androhung harter Strafen im Falle der Zuwiderhandlung wurde angeordnet, dass die Befehle der Militärregierung auf das Genaueste befolgt werden müssten. Festgesetzt wurden ein Ausgehverbot von 18 Uhr bis 7 Uhr, eine Totalverdunkelung von 30 Minuten nach Sonnenuntergang bis 30 Minuten vor Sonnenaufgang sowie eine Einschränkung der Bewegungsfreiheit, die nur eine Entfernung bis zu sechs Kilometern vom Wohnort zuließ. Fahrzeuge durften nicht benutzt werden, Ansammlungen von mehr als fünf Personen mit Ausnahme der Abhaltung von Gottesdiensten waren verboten, Sendeapparate, Schusswaffen und Kriegsmaterialien mussten bei der Militärbehörde abgegeben werden. Zudem untersagte man den Gebrauch von Fotoapparaten. Jeglicher Nachrichtenverkehr war einzuschränken, unzensierte Zeitungen und sonstige Publikationen durften weder gedruckt noch verteilt werden. Das Absingen „patriotischer Lieder" war ebenso untersagt wie das Zeigen deutscher Fahnen und sonstiger Hoheitszeichen oder das Tragen von Uniformen. Den Angehörigen der Wehrmacht, der Waffen-SS sowie dem Volkssturm wurde bis zum 16. April Zeit zur Meldung bei den amerikanischen Behörden gegeben. Auf Plünderung und Diebstahl wurden ebenso drakonische Maßnahmen angedroht wie auf die Beseitigung von Akten der Verwaltung.

Die in Fulda errichtete Militärregierung hatte seit Juni 1945 in Major Charles Russe einen resoluten Leiter, der von Anfang an mit energischer Hand die Geschäfte führte. Die Zivilverwaltung leitete Captain Edwin J. Dikeman (gest. 1989). Besonderes Augenmerk richtete die neue Regierung auf eine möglichst reibungslose Fortführung der städtischen Verwaltungstätigkeit. Am 4. April 1945 musste Oberbürgermeister Dr. Danzebrink seine Dienststellen anweisen, die Büros für den Publikumsverkehr von 7 Uhr bis 17.30 Uhr offen zu halten. Zudem sollten die Amtsleiter jene Bediensteten auflisten, die nicht zur Arbeit erschienen waren. Am 8. April verfügte die Militärregierung zur „einheitlichen Lenkung der zivilen Verwaltung im Stadt- und Landkreis Fulda" die Unterstellung des Landratsamts, des Arbeitsamts, des Gesundheitsamts, der ÜWAG, des Forstamts und des Staatshochbauamts unter die Aufsicht des Oberbürgermeisters[368].

In der Folge wurden die Entscheidungen der Militärbehörden meist von Major Russe an den Oberbürgermeister weitergeleitet, der für eine rasche Umsetzung der Anordnungen in allen Verwaltungsbereichen der Stadt und des Landkreises zu sorgen hatte. Die Verfügung vom 8. April rief zudem die Beamten und sonstigen Beschäftigten der genannten Dienststellen zur unverzüglichen Rückkehr an ihren Arbeitsplatz auf. Die Linie der Weiterbeschäftigung des alten Personals wich schon bald, nachdem die Verwaltungsgeschäfte einigermaßen liefen, einer Politik der Entlassung jener Beschäftigten, die das alte System unterstützt hatten.

Nach einer Mitte des Jahres 1945 erstellten Statistik für die Militärbehörden[369] waren bei den öffentlichen Dienststellen in Fulda am 1. Januar 1945 4.211 Personen beschäftigt, am 28. Juni desselben Jahres waren es nur noch 3.008. Entlassen bzw. ausgeschieden waren in diesem Zeitraum über 1.200 Personen, wobei der größte Anteil auf die Reichsbahn entfiel, die 1.064 Arbeitskräfte verlor.

Die im Juni 1945 einsetzende „Säuberungswelle" führte bis Ende September zur Entlassung von 113 Beschäftigten bei der Stadt Fulda (Beamte, Angestellte, Arbeiter), darunter allein von 32 Lehrern. Im gesamten Bereich der Stadt Fulda einschließlich der Industrie, des Handels und des Handwerks wurden 1945 770 Kündigungen ausgesprochen[370].

Dr. Danzebrink verliert sein Amt

Prominentestes „Opfer" der Entnazifizierung war der langjährige Vorsitzende des Aufsichtsrats im Bauverein Dr. Franz Danzebrink, der am 25. Juni verhaftet und seines Postens als Oberbürgermeister enthoben wurde[371]. Nach einem langwierigen Entnazifizierungs-

98 | Oberbürgermeister Erich Schmidt; 1945, Repro (StadtAFd, BA-1464).

verfahren, in dem es vor allem um die von ihm angeordnete Entfernung von Kruzifixen in Schulräumen sowie um den Kauf des Herz-Jesu-Krankenhauses durch die Stadt Fulda ging, wurde Danzebrink 1948 in die Kategorie V der Entlasteten eingereiht[372].

Zu seinem Nachfolger ernannte die Militärregierung am 26. Juni den Bankdirektor **Erich Schmidt** (1882–1965)[373], (Abb. 98) der seit 1923 die Fuldaer Filiale der Dresdner Bank leitete. Der aus Ratibor gebürtige Wirtschaftsfachmann Schmidt, der zuvor auch schon 20 Jahre lang dem Aufsichtsrat der Filzfabrik AG angehört hatte, besaß zwar keine Verwaltungserfahrung im Kommunalbereich, genoss aber dennoch oder vielleicht gerade deshalb das Vertrauen der Amerikaner. Erst auf Drängen Major Russes und Captain Dikemans hatte Schmidt das Amt übernommen, nachdem er zuvor noch mit der Begründung abgelehnt hatte, kein Verwaltungsfachmann zu sein. Dennoch war die Militärregierung nach eingehender Prüfung der Lebensumstände und der geistigen Haltung Schmidts während der NS-Zeit zu dem Ergebnis gekommen, in ihm eine geeignete Person für die Position gefunden zu haben.

Wohl gerade weil Schmidt kein politischer Insider war und in der Lösung von Schwierigkeiten stets pragmatisch vorging, war er prädestiniert, der Stadt diesen Dienst zu leisten. Seiner Haltung entsprach auch der Wunsch, nicht mit „Herr Oberbürgermeister" angesprochen zu werden, sondern als „Herr Schmidt". Er stand dem Gemeinwesen ein gutes Jahr vor und hat sich während dieser Zeit als Übergangsbürgermeister gesehen.

Wiederaufbau der Gebäude

Fulda hatte im Gegensatz zu vielen größeren Städten durch die Bombenangriffe keinen Totalverlust seines Gebäudebestandes und seiner Infrastruktur zu beklagen. Dennoch waren die Probleme der ersten Wiederaufbauphase enorm. Etwa 200.000 Kubikmeter Trümmer und Schutt mussten beiseite geräumt werden[374], eine Aufgabe, die 1946 erst zu zwei Dritteln abgeschlossen war. Dies lag unter anderem daran, dass die Bevölkerung zum überwiegenden Teil aus Frauen, Kindern und alten Personen bestand. Die arbeitsfähigen Männer waren entweder im Krieg gefallen oder befanden sich noch in Gefangenschaft; diejenigen, die zurückkehrten, waren körperlich meist nicht in guter Verfassung. Dennoch wurde jeder heimkehrende Soldat gezwungen, vier Wochen bei der Schuttbeseitigung mitzuhelfen. Noch 1947 wurden Schüler der Berufsschule verpflichtet, zur

Vorbereitung des Ausbaus ihrer Schule, Trümmer zu räumen[375].
Von den 3.248 Häusern der Stadt waren nur etwas mehr als 53% unbeschädigt geblieben. Die folgende **Aufstellung**, (Abb. 99) die auf den Erhebungen des städtischen Tiefbauamts beruht[376], zeigt den Zerstörungsgrad des Bestandes an privaten und öffentlichen Gebäuden.

Unbeschädigte Häuser	1.743	53,7%
Gering beschädigt bis 5%	569	17,5%
Leicht beschädigt 5–15%	279	8,6%
Mittel beschädigt 15–50%	182	5,6%
Schwer beschädigt 50–75%	189	5,8%
Total beschädigt 75–100%	286	8,8%

Unter den städtischen Gebäuden waren insbesondere das Stadtschloss und das Landkrankenhaus stark betroffen. Hier wurden gleich nach Kriegsende die Dächer renoviert, um der Verwaltung wie den Ärzten eine Weiterführung ihrer Arbeit zu gewährleisten. Das Tiefbauamt musste zahlreiche Bombenschäden auf den städtischen Straßen beheben. Die für den Verkehrsfluss wichtige Langebrücke konnte zunächst nur als Behelfsbrücke genutzt werden. Bei derart vielfältigen Schwierigkeiten waren Lösungen auf pragmatischem Weg zu finden.
Die Aufräumarbeiten galten schon früh auch dem Dom und der Michaelskirche. Regierungsbaumeister Josef Schalkenbach (1881–1945) verteidigte in der »Fuldaer Volkszeitung« unter der Frage „Warum bevorzugte Instandsetzung der Kirchen?“ diese Maßnahme[377]. Er sprach von der Schönheit und dem Kunstwert dieser Kirchen, die von Weltgeltung seien. Zudem müsse gewährleistet sein, dass im Winter an einigermaßen geschützter Stelle Gottesdienst gefeiert werden könne.

Wiederherstellung der Infrastruktur

Probleme bereitete vor allem das Kanalrohrnetz, das durch die Fliegerangriffe an über 200 Stellen beschädigt oder zerstört war. Die Instandsetzung wurde dabei immer wieder durch den Materialmangel verzögert. Bis zum Ende des Jahres 1946 waren immerhin etwa 6 Kilometer Anschlussleitungen repariert worden.
Die Versorgung mit Gas, Wasser und Strom war in den ersten Nachkriegsjahren wenig befriedigend. Waren 1944 vom städtischen Gaswerk noch über 3,8 Millionen Kubikmeter (cbm) Gas abgegeben worden, so fiel die Liefermenge 1946 um mehr als die Hälfte auf etwa 1,6 Millionen cbm. Der Gasverbrauch pro Kopf sank von 112 cbm (1944) auf 81 cbm (1946). Erst Ende Januar 1946 konnte die Gasversorgung wiederaufgenommen werden.
Auch bei Strom und Wasser gab es bis 1948 immer wieder Engpässe, die zu entsprechenden Sparappellen in der »Fuldaer Volkszeitung« führten. Gerade im strengen Winter 1946/47 hing das Überleben der Bevölkerung an einer möglichst reibungslosen Versorgung mit Brennholz und Briketts, für die das städtische Kohleamt zuständig war.
Im Laufe des Jahres 1945 wurde nach und nach die Verkehrsinfrastruktur wieder in Gang gesetzt. Am 11. Juni 1945 nahm die Bahn wieder ihren Betrieb auf[378], zunächst für den

Kalvarienberg
Frauenberg
Langebrückenstraße
Bardostraße
Dalbergstraße
Petersberger Straße
Künzeller Straße
Frankfurter Straße
Berliner Straße
Leipziger Straße
Schildeckstraße
Rangstraße
Mainstraße
< 5% keine bzw. geringe Schä
5 - 15% leichte Schäden
15 - 50% mittlere Schäden
50 - 75% schwere Schäden
> 75% total zerstört
© Stadtvermessungsamt Fulda

Güterverkehr auf der Strecke Frankfurt-Bebra und für den Personenverkehr zwischen Fulda und Wüstensachsen. Die Post beförderte seit Ende Juli wieder offene Postkarten, allerdings nur innerhalb des Kreisgebiets[379]. Einen erwähnenswerten Straßenverkehr gab es 1945 noch nicht. Fahrzeuge durften ohne besondere Erlaubnis der Militärregierung nicht benutzt werden[380].

Wohnraumbeschaffung

Das drängendste Problem von Beginn an war die Wohnraumbeschaffung. Unter der dramatischen Überschrift 3.000 Wohnungen weniger in Fulda, aber 10.000 Personen mehr als 1939 wies die »Fuldaer Volkszeitung« am 1. August 1945 auf einen Missstand hin, den viele Zeitzeugen bis heute in lebhafter Erinnerung behalten haben. Auf der Angebotsseite hatte sich der Wohnraum durch Kriegszerstörungen und eine rigide Beschlagnahmepolitik der Besatzungsmacht verknappt, auf der anderen Seite strömten Flüchtlinge, Evakuierte und Durchreisende, die auf eine Notunterkunft hofften, in die Stadt und verschärften damit die Situation zusätzlich. Am 22. August 1945 wurde der Zuzug nach Fulda verboten, da die Stadt keine Unterbringungsmöglichkeiten mehr hatte. Nicht zuletzt durch die Misere auf dem Wohnungsmarkt sah sich Oberbürgermeister Erich Schmidt zu einem verzweifelten Spendenaufruf veranlasst, der am 3. Oktober 1945 in der FVZ erschien. **„Alles für Fulda!"** (Abb. 100) war das wieder aufgenommene Motto seiner Antrittsbotschaft, unter dem er um Spenden für den Wiederaufbau warb.

In acht Tagen kamen immerhin 86.000 Reichsmark zusammen. Ende des Jahres waren es etwa eine Viertel Million Reichsmark[381], die allerdings angesichts der unbeschreiblichen Notlage das Problem nicht lösen konnten, zumal im Laufe des Jahres 1946 durch den einsetzenden Zuzug der Vertriebenen und Flüchtlinge der Wohnraummangel bis zur Unerträglichkeit gesteigert wurde. Am 16. September 1946 rechnete die Stadtverwaltung der Militärregierung vor[382], dass in Fulda nunmehr 44.631 Personen lebten. Zu der regulären Einwohnerzahl von 34.840 kämen 4.260 Flüchtlinge aus drei Transporten, 2.700 Angehörige der Besatzungsmacht, 1.338 in Kasernen untergebrachte Polen, 1.343 Letten, Esten und Litauer, die im Kohlhäuser Feld untergebracht seien und schließlich noch 150 Juden, die von der UNRRA (United Nations Relief and Rehabilitation Administration) betreut würden. Auf jeden in der Stadt vorhandenen noch so kleinen Wohnraum kamen nach Berechnungen der Stadt 1,93 Personen.

In dieser angespannten Situation ist es nicht verwunderlich, dass kritische Stimmen aufkamen, die sich vor allem gegen die Einquartierungspolitik der Militärregierung richteten. Besonderen Ärger gab es um die im November 1945 vorgenommene Beschlagnahmung zahlreicher Gebäude im Kohlhäuser Feld, die vor allem von Arbeitern bewohnt wurden. Nach langen Verhandlungen und unter Einschaltung der Ministerien in Wiesbaden wurden die Wohnungen schließlich im Juni 1947 geräumt.

Die Lösung der Wohnungsfrage zog sich mindestens über ein Jahrzehnt hin. Das wichtigste Steuerungselement war hierbei die zentrale und dezentrale Wohnungsbauförderung

99 | Zerstörte Straßen in Fulda; nach der Kartenvorlage des Stadtplanungsamts erstellt von F.Ihle-Wirth, 2007.

Amtliches Mitte

für Stadt- und Landkr

ERSCHEINT UNTER DER KONTROLLE DER MILI

Nr. 20

Demokratische Parteien

Es ist an der Zeit, daß das deutsche Volk sich Gedanken über den Wiederaufbau Deutschlands macht, sowohl in wirtschaftlicher als auch in politischer Hinsicht. Damit ein Land sich selbst richtig regieren kann, müssen der Wille und die Gedanken des Volkes in der Regierung vertreten sein und zwar durch Kandidaten, die in öffentlicher Wahl von der Bevölkerung und den Parteien auserwählt worden sind.

Nach kürzlich erlassenen Richtlinien ist die Bildung von Parteien nur örtlich im Rahmen der Stadt- und Landkreise zulässig. Auf dieser Grundlage können Parteien gebildet werden. Zuerst einmal können zuverlässige Bürger von anerkannt einwandfreier Gesinnung „Bürgen" werden. Diese Bürgen können dann eine Grundlage und ein Programm ausarbeiten, in denen dargestellt ist, wie die Partei den Aufbau der Verwaltung und der Wirtschaft wünscht. An nächster Stelle werden dann diese Bürgen diese erwähnte Grundlage und das Programm zusammen mit ihrem persönlichen Fragebogen der Militärregierung zur Genehmigung einreichen. Zum Dritten wird dann die Militärregierung mit den Bürgen verhandeln und endgültig die Genehmigung oder die Ablehnung aussprechen. Wenn die Genehmigung erteilt wird, wird ein Zeitpunkt festgesetzt, an dem eine Zusammenkunft all der Personen, die an dieser Partei interessiert sind, stattfinden soll. Bei dieser Zusammenkunft werden auch Mitgliedschaft und Beiträge festgesetzt. Auf einer späteren Zusammenkunft müssen sich dann die Bürgen einer öffentlichen Wahl innerhalb der Partei für die Uebernahme der Vorstandsämter unterziehen. Die Kandidatur ist dabei für jeden offen.

Zu einem späteren Zeitpunkt, wahrscheinlich im nächsten Jahre, werden öffentliche Wahlen für die Gemeinderäte, den Kreisrat und die Stadtverordneten durchgeführt werden. Daher muß die deutsche Bevölkerung dieser Kreise ernsthaft, aber nicht übereilt, diese Probleme einmal überdenken. Die Bürgen sind sorgfältig auszuwählen und das Parteiprogramm muß auf einer demokratischen Grundlage errichtet werden. Weiter darf das Programm keine Benachteiligungen auf Grund der Rasse oder Religion o. ä. vorsehen, noch darf es die Nazi-Ideologie fortführen durch Zugrundelegung früherer Nazi-Prinzipien.

Ausgeschlossen ist auch die Zulassung früherer aktiver Nazis sowohl als Bürgen wie auch als Wahlkandidaten. **Die Militärregierung.**

Bekanntmachung

Unerlaubter Einkauf von bewirtschafteten Waren.

Die Verwaltungsverfügung Nr. 9 des

„Alles für Fulc

Aufruf des Oberbürgermeisters an die Fuldo

Meine lieben Mitbürger und Mitbürgerinnen!

Wenn Ihr Sorge und Wünsche habt, so kommt Ihr zu mir, und ich suche daß ich jetzt, da ich selbst Sorgen habe, zu Euch komme, mit der Bitte, mir

Die Stadt braucht Geld!

Ihr werdet festgestellt haben, daß in den letzten Monaten viel gearbeitet w bentrichter, verschwunden so mancher Schutthaufen, aber verschwunden ist a

Es sind aber noch große Aufgaben zu

Einer unserer Mitbürger hat aus dem täglichen Anschauungsunterricht in sequenz gezogen und der Stadt einen Betrag von RM. 1000.— für den

Ich bitte nun Euch alle, diesem Beispiel

Es müssen ja nicht gleich RM 1000.— sein. In den meisten Fällen wird e nach seiner Decke strecken. Aber ich hoffe, daß es in vielen Fällen auch me

Es ist in den letzten Jahren von jedem einzelnen unendlich viel Geld du worden und es wurde viel von dem einzelnen gezahlt, obgleich es sich in de Gaben gehandelt hat.

Ich aber bitte Euch, freiwillig zu geben un

Ich weiß, daß Ihr Verständnis für diese Form meiner Bitte habt; denn me sein, denn wir sind eine Notgemeinschaft geworden.

Ich bitte um Überweisung oder Einzahlung Eurer Beiträge zum Wiedera Städtischen Sparkasse mit dem Vermerk:

„Für den Wiederaufbau!"

Falls jemand größere Beträge aus irgendwelchen zurückgelegten Geldern behandelt zu wissen wünscht, so bin ich gern bereit, diese in meinem Amt erwarte gern recht zahlreiche Besuche.

Der herzlichste Dank der Stadtverwaltung ist allen Gebern gewiß. Abe den großen Wert auf den Dank legt, sondern daß Euch Eure Heimatstadt F und auch Euch nur der eine Gedanke leitet:

„Alles für Fulda!"

Fulda, den 28. September 1945.

. . . und noch eine B

Ich habe noch eine Bitte, meine lieben Fuldaer und Fuldaerinnen!

Groß ist die Not bei den vielen Flüchtlingen und insbesondere bei den heimkehrenden und durchziehenden Soldaten. Die Soldaten dürfen gemäß einer Verfügung der Militärregierung ihre Uniformen nur dann auftragen, wenn diese umgefärbt werden. Wer nach dem 1. Dezember noch in Uniform angetroffen wird, hat mit seiner Festnahme zu rechnen.

Nun verfügen viele Soldaten, namentlich diejenigen, die Heim und Heimat verloren haben, über keinerlei Zivilanzüge. Sie müssen aber in der Zeit des Umfärbens der Uniform bekleidet werden. Die Flüchtlinge kommen oft in total verbrauchten Kleidern hier an. Wir müssen helfen! Die Pflicht gegenüber unseren Nächsten ist uns dringendes Gebot! Die Belieferung mit Kleidungsstücken, Wäsche und Schuhwer ist infolge des bestehenden großen Ma gels fast zur Unmöglichkeit geworde

Ich bitte Euch deshalb alle, hel uns bei der Beschaffung von Mä teln, Anzügen, Wäsche und Schu werk für Männer, Frauen und Ki der.

In der Zeit vom 8. bis 15. Oktobe veranstalten wir eine große Sa melaktion. Sammelstellen sind:

Oberschule für Mädchen (Leipzigerstraße 2),
Domschule (Am Kronhof 5),
Stadtwerke (Frankfurterstr. 7
Stadtschule (Universitätsstr. 6

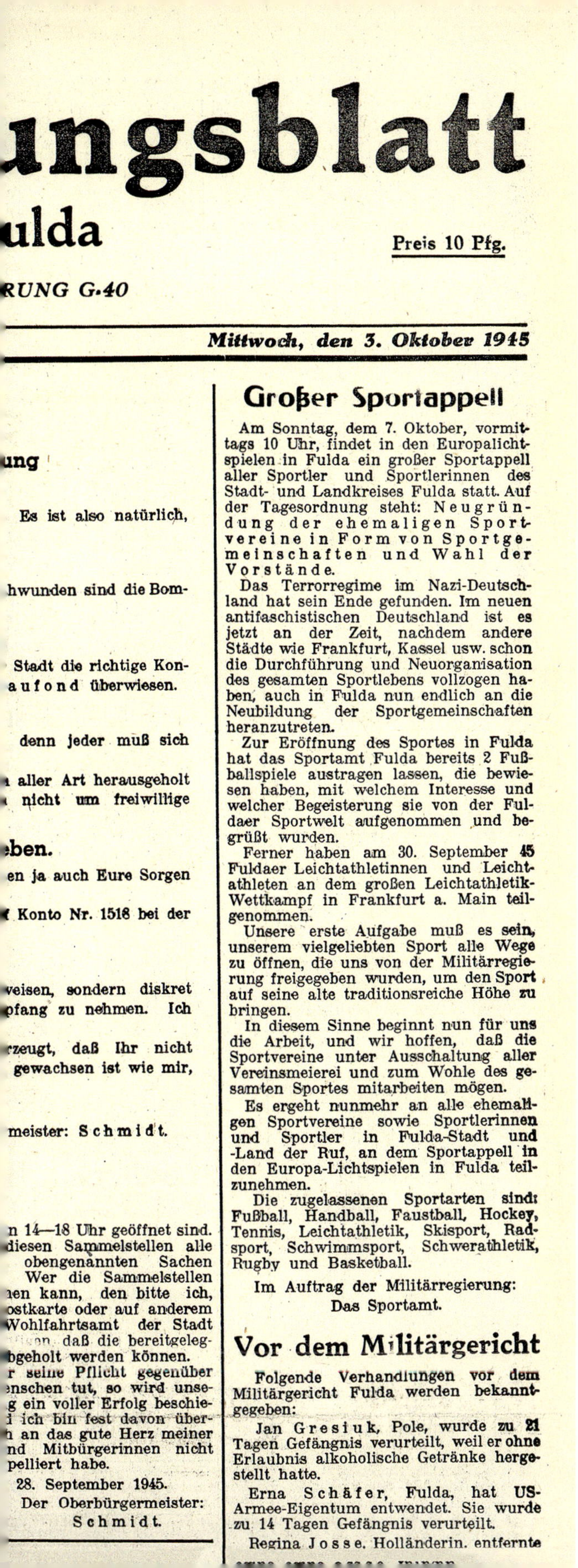

ungsblatt

ulda

Preis 10 Pfg.

RUNG G.40

Mittwoch, den 3. Oktober 1945

ung

Es ist also natürlich,

hwunden sind die Bom-

Stadt die richtige Kon-
a u f o n d überwiesen.

denn jeder muß sich

aller Art herausgeholt
nicht um freiwillige

eben.

en ja auch Eure Sorgen

Konto Nr. 1518 bei der

weisen, sondern diskret
pfang zu nehmen. Ich

rzeugt, daß Ihr nicht
gewachsen ist wie mir,

meister: S c h m i d t.

n 14—18 Uhr geöffnet sind.
diesen Sammelstellen alle
obengenannten Sachen
Wer die Sammelstellen
en kann, den bitte ich,
ostkarte oder auf anderem
Wohlfahrtsamt der Stadt
...en, daß die bereitgeleg-
bgeholt werden können.
r seine Pflicht gegenüber
enschen tut, so wird unse-
g ein voller Erfolg beschie-
d ich bin fest davon über-
h an das gute Herz meiner
nd Mitbürgerinnen nicht
pelliert habe.

28. September 1945.

Der Oberbürgermeister:
S c h m i d t.

Großer Sportappell

Am Sonntag, dem 7. Oktober, vormittags 10 Uhr, findet in den Europalichtspielen in Fulda ein großer Sportappell aller Sportler und Sportlerinnen des Stadt- und Landkreises Fulda statt. Auf der Tagesordnung steht: N e u g r ü n d u n g d e r e h e m a l i g e n S p o r t v e r e i n e i n F o r m v o n S p o r t g e m e i n s c h a f t e n u n d W a h l d e r V o r s t ä n d e.

Das Terrorregime im Nazi-Deutschland hat sein Ende gefunden. Im neuen antifaschistischen Deutschland ist es jetzt an der Zeit, nachdem andere Städte wie Frankfurt, Kassel usw. schon die Durchführung und Neuorganisation des gesamten Sportlebens vollzogen haben, auch in Fulda nun endlich an die Neubildung der Sportgemeinschaften heranzutreten.

Zur Eröffnung des Sportes in Fulda hat das Sportamt Fulda bereits 2 Fußballspiele austragen lassen, die bewiesen haben, mit welchem Interesse und welcher Begeisterung sie von der Fuldaer Sportwelt aufgenommen und begrüßt wurden.

Ferner haben am 30. September 45 Fuldaer Leichtathletinnen und Leichtathleten an dem großen Leichtathletik-Wettkampf in Frankfurt a. Main teilgenommen.

Unsere erste Aufgabe muß es sein, unserem vielgeliebten Sport alle Wege zu öffnen, die uns von der Militärregierung freigegeben wurden, um den Sport auf seine alte traditionsreiche Höhe zu bringen.

In diesem Sinne beginnt nun für uns die Arbeit, und wir hoffen, daß die Sportvereine unter Ausschaltung aller Vereinsmeierei und zum Wohle des gesamten Sportes mitarbeiten mögen.

Es ergeht nunmehr an alle ehemaligen Sportvereine sowie Sportlerinnen und Sportler in Fulda-Stadt und -Land der Ruf, an dem Sportappell in den Europa-Lichtspielen in Fulda teilzunehmen.

Die zugelassenen Sportarten sind: Fußball, Handball, Faustball, Hockey, Tennis, Leichtathletik, Skisport, Radsport, Schwimmsport, Schwerathletik, Rugby und Basketball.

Im Auftrag der Militärregierung:
Das Sportamt.

Vor dem Militärgericht

Folgende Verhandlungen vor dem Militärgericht Fulda werden bekanntgegeben:

Jan G r e s i u k, Pole, wurde zu 21 Tagen Gefängnis verurteilt, weil er ohne Erlaubnis alkoholische Getränke hergestellt hatte.

Erna S c h ä f e r, Fulda, hat US-Armee-Eigentum entwendet. Sie wurde zu 14 Tagen Gefängnis verurteilt.

Regina J o s s e. Holländerin. entfernte

100 | Amtliches Mitteilungsblatt vom 3. Oktober 1945.

durch öffentliche Mittel. Erstere wurde vom Land bewilligt und zugunsten von bestimmten Personenkreisen (Heimatvertriebene, Schlüsselkräfte der Wirtschaft) verwendet. Die Bauortgemeinde war an diesem Verfahren nicht beteiligt. Die Kommunen erhielten stattdessen Mittel zur dezentralen Förderung, die sie selbst einsetzen konnten und damit in der Regel private Bauherren unterstützten, während das staatliche Programm die Bauvorhaben meist über große Gesellschaften abwickeln ließ.

Der Bestand an Wohnungen konnte zehn Jahre nach Kriegsende von 6.684 (1945) um 64% auf 10.953 gesteigert werden. Die Zahl der Wohnräume stieg im selben Zeitraum um 74% von 17.390 auf 30.270. Am Ende seiner Amtszeit konnte OB **Dr. Cuno Raabe** (1888–1971, reg. 1946–1956)[383] (Abb. 101) stolz darauf verweisen, dass es trotz einer Bevölkerungszunahme um 45% gegenüber der Vorkriegszeit gelungen war, die zerstörte Infrastruktur wiederherzustellen und dabei insbesondere den Wohnungsbau zu fördern. Die erste Phase des Wiederaufbaus war damit abgeschlossen. Der gleichzeitig betriebene Wiederaufbau von Dom und Michaelskirche, der Orangerie und Teilen des Schlosses sowie die Ansiedlung neuer Verwaltungen (Magdeburger Feuerversicherung, 1952) und überregionaler Einrichtungen (Präsidialbüro des Deutschen Evangelischen Kirchentages, 1953) zeigt das nicht „nur" auf den Wohnungsbau beschränkte Engagement schon wenige Jahre nach Kriegsende.

Die erste Nachkriegswahl im Mai 1946

Der demokratische Neuaufbau Deutschlands vollzog sich nach dem Willen der Besatzungsbehörden von unten nach oben. Insofern stand der Aufbau einer politischen Willensbildung auf Gemeindeebene im Vordergrund der Überlegungen.

In Fulda wurde als erstes, allerdings noch nicht gewähltes Mitwirkungsgremium am 12. September 1945 ein Bürgerausschuss ins Leben gerufen[384]. Dieser bestand aus den verschiedenen Schichten der Bevölkerung und sollte bei der Militärregierung die Wünsche und Nöte der Bevölkerung zu Gehör bringen. Eine eigentliche Mitwirkung an der Verwaltung war dem Ausschuss untersagt. Dieser hatte nur eine beratende Funktion und tagte alle 14 Tage im Beisein eines amerikanischen Regierungsvertreters. Dem Gremium gehörten unter anderen der Rektor Franz Heurich (1881–1958), der Ingenieur Karl Schmitt (1905–1987), der Domkapitular Prof. Dr. Karl Scheller (1888–1962), der Kaufmann Otto Büttner (1887–1961) und die Hausfrau Berta Rauscher (1908–1984) an.

Am 15. November 1945 wurde der Ausschuss wieder aufgelöst. An seine Stelle trat ein ebenfalls von der Militärregierung delegierter Bürgerrat, dem 16 Bewohner der Stadt angehörten, so etwa der Angestellte Karl Sorg (1896–1966), der Kaufmann Anton Schmitt (1896–1965)[385], der Beamte Edmund Rühl (1874–1955), der Direktor der Hutstoffwerke Dr. Hermann Muth (1895–1971), der Rektor Karl Schick (1884–1965), der Leiter der Wiedergutmachungsstelle Max Gerson (1898–1958)[386] und die Hausfrau Sigrid Büttner (1893–1973)[387]. Auch dieses Gremium hatte ausschließlich beratende Funktion.

Mit der Lizenzierung der neugebildeten politischen Parteien wurde im Herbst 1945 die Grundlage für die ersten demokratischen Wahlen nach dem Kriegsende gelegt. Ein erster Schritt auf dem Weg in ein neues politisches System waren die in dem am 19. September 1945 neu gebildeten Land Groß-Hessen (seit 1946: Hessen) abgehaltenen Gemeindewahlen, die am 20. Januar 1946 stattfanden. Hierbei erzielte die CDU im Fuldaer Land bei einer Wahlbeteiligung von knapp 92% über 80% der Stimmen, die SPD folgte mit 8,2%, KPD und LDP blieben weit unter 1%. Als zweiter Schritt folgten die Kreistagswahlen am 28. April 1946. Auch aus dieser ging die CDU als klarer Sieger hervor. Sie errang 26 von 31 Mandaten, die übrigen gingen an die SPD.

Am 26. Mai 1946 war es dann schließlich auch in Fulda soweit, in dem wie in den acht anderen kreisfreien Städten Groß-Hessens eine neue Stadtverordnetenversammlung zu wählen war. Dem Entscheid ging zwar kein spektakulärer Wahlkampf voraus, doch zeigen die Wahlbeteiligung von 77% und die Vielzahl der Kandidaten aus den unterschiedlichsten Berufsgruppen, die von den Parteien auf ihre Liste gesetzt wurden, ein großes Interesse der Bevölkerung.

Von den mehr als 21.630 Wahlberechtigten gaben 16.571 Personen ihre Stimme ab. Die CDU erhielt 63,8% der Stimmen, die SPD 22,2%, die liberale LDP 8,9% und die KPD 5,1%. Da es eine Sperrklausel von 15% gab, zogen nur die CDU mit 24 Sitzen und die SPD mit 8 Sitzen in die Stadtverordnetenversammlung ein. Diese wählte am 1. August 1946 Dr. Cuno Raabe (1888–1971)[388] in der Nachfolge von Erich Schmidt zum Oberbürgermeister.

101 | Oberbürgermeister Dr. Cuno Raabe; 1946, Foto (StadtAFd, BA-1279).

Die Neuorganisation der Wohnungsgenossenschaft

Das Kriegsende am 8. Mai 1945 bedeutete auch für die Wohnungsgenossenschaft eine tiefe Zäsur. Während sich an der Rechtsform und der Satzung nichts änderte, waren die Organe der Genossenschaft (Aufsichtsrat und Vorstand) nach der Besetzung Fuldas „außer Funktion"[389]. Die meisten Aufsichtsratsmitglieder waren wegen ihrer Zugehörigkeit zur NSDAP zurückgetreten. Auch der Vorstand war nicht mehr existent. „Vorstandsvorsitzender Steinicke war bei einem Bombenangriff ums Leben gekommen[390]. Das Vorstandsmitglied Kaufhold starb bei Kampfhandlungen in Frankreich und Vorstandsmitglied Mellin schied wegen seiner Zugehörigkeit zur NSDAP aus“[391].

Bei einer außerordentlichen Generalversammlung der Wohnungsgenossenschaft wurden am 28. Februar 1946 im Kolpinghaus die Weichen für einen personellen Neuanfang gestellt, nachdem zum letzten Mal am 7. Mai 1943 eine ordentliche Jahreshauptversammlung stattgefunden hatte. Die Leitung der Versammlung lag bei Oberbürgermeister Erich Schmidt[392], der durch „Zuruf“ von den Genossen in den Aufsichtsrat gewählt und zu dessen Leiter bestimmt wurde. Als weitere Mitglieder des Aufsichtsrats wurden folgende Personen durch Wahl bestimmt: der Fabrikarbeiter Karl Keitz (1901–1953), der Kaufmann Hugo Fritz (1910–1984), der Schlosser Anton Brähler (1897–1974), der kaufmännische Angestellte Oskar Brons (1894–1961), der Maschinenschlosser Wilhelm Larbig (1901–1967), der Baukaufmann Heinz Weiershäuser (1905-?), der Tischler Richard Krenzer (1890–1974) und der Arbeiter Karl Dittmar (1904–1978).

Bürgermeister Schmidt musste in seinem Rückblick auf die Jahre 1944/45 die schmerzliche Feststellung treffen, dass 36 Häuser mit 94 Wohnungen und damit 27% des Immobilienbestands mit einem Buchwert von über 400.000 RM durch Totalschaden verloren seien. Der hierdurch entstandene Mietausfall betrage jährlich 36.585 RM. 21 Häuser seien schwer beschädigt worden, wodurch weitere 62 Wohnungen unbewohnbar waren[393]. „1945 wurden hiervon 45 Wohnungen mit einem Mietensoll von 21.545 RM instandgesetzt und von den Mietern bezogen. Für Instandsetzungen von bombenbeschädigten Häusern und Wohnungen wurden 1945 insgesamt 49.994 RM ausgegeben. Die restlichen schwer beschädigten Häuser Dientzenhoferstraße 21, Jagdstein 1, Georgstraße 25–27 und 33 sind zum Teil bereits aufgebaut und können voraussichtlich im Laufe des Sommers bezogen werden“[394].

Der erste provisorisch aufgestellte Nachkriegsabschluss einer Bilanz verzeichnete ein Gesamtvermögen von ca. 2,3 Millionen RM, dem Fremdkapital in Höhe von ca. 1,7 Millionen RM entgegenstand. Das Vermögen der Wohnungsgenossenschaft lag demnach bei ca. 600.000 RM, an Bankguthaben waren knapp 115.000 RM vorhanden. Schmidts Fazit der finanziellen Situation war vorsichtig optimistisch: „Obwohl die Genossenschaft schwere Verluste erlitten hat, ist sie dennoch in der Lage, weiter zu bestehen. Die entstandenen Schäden können nach und nach wieder beseitigt werden.“ Die erste Mitgliederversammlung der Nachkriegszeit schloss mit der Aufforderung des Oberbürgermeisters an die Genossen, sich am Wiederaufbau tatkräftig zu beteiligen“[395].

Der Buchwert der total zerstörten Häuser betrug nach Schmidt mehr als 400.000 RM. Da dieser aber unter dem realen Wert liege, gehe man von einem Gesamtverlust von etwa einer halben Million RM aus.

In der ersten Aufsichtsratssitzung nach dem Krieg, die am 8. März 1946 nur wenige Tage nach der Generalversammlung stattfand, wurden Oberbürgermeister Schmidt zum Vorsitzenden und Oskar Brons zu dessen Stellvertreter ernannt. Aus dem Aufsichtsrat wechselten Heinz Weiershäuser und Richard Krenzer in den Vorstand. Zu dessen Vorsitzenden wurde der Stadtkassendirektor Eduard Henkel (1894–1964) gewählt[396].

Durch den Wechsel im Amt des Oberbürgermeisters 1946 kam es im selben Jahr zur Änderung an der Spitze des Aufsichtsrats. Die Jahreshauptversammlung der GWG wählte

102 | Bosestraße 5 und 7; 1930, Foto (StadtAFd, BA-6647).

das neue Stadtoberhaupt Dr. Cuno Raabe in ihrer Sitzung am 12. September 1946 „durch Zuruf"[397] zum Aufsichtsratsvorsitzenden. In dieser Funktion blieb er der Wohnungsgenossenschaft bis zum Ablauf des Jahres 1966 treu. Aus Altersgründen bat er in der Jahreshauptversammlung am 2. Dezember 1966 von seiner Wiederwahl abzusehen[398].

Wiederaufbau der zerstörten Genossenschaftshäuser

In der Frühphase des Wiederaufbaus rief die GWG die ehemaligen Mieter der zerstörten oder beschädigten Häuser auf, sich an den Aufräumungsarbeiten zu beteiligen. Eine Neuzuteilung der früheren Immobilie wurde von einer solche Mithilfe abhängig gemacht[399]. Nachgewiesen ist eine solche Mithilfe beim Wiederaufbau der Gebäude Dientzenhoferstraße 11, 13 und 22 sowie Am Kleegarten 26 bis 28 und 50 bis 70[400]. Im Falle der Säumigkeit von Mietern bei der Trümmerräumung wie im Falle der Dientzenhoferstraße 11 und 13 verzögerte sich der Wiederaufbau erheblich, zumal keine Ersatzarbeitskräfte zur Verfügung standen.

Im Laufe des Jahres 1948 wurden die sechs Wohnungen in der Georgstraße 25 und 27 wiederhergestellt sowie mit den Wiederaufbauarbeiten an den Häusern Dientzenhoferstraße 11/13, Am Waldschlösschen 67a sowie Am Kleegarten 26, 28, 50, 52, 54, 56 und 58 begonnen[401]. Bis zur Währungsreform Mitte 1948 waren alle geschädigten und nicht völlig zerstörten Immobilien der GWG mit einem Kostenaufwand von knapp 200.000 RM ohne Inanspruchnahme fremder Mittel vollständig wiederaufgebaut oder zumindest bewohnbar gemacht worden[402].

1949 wurden mit einem Aufwand von ca. 40.000 DM beschädigte Schornsteine wiederhergestellt, Bretter- und Dachpappenabdeckungen gegen eine Ziegeldeckung ausgewechselt sowie Dachrinnen, Fenster und Türen repariert in den Häusern der Georg-Anton-Straße 16–36, Am Kleegarten 1, 11, 13, 2 bis 24 und 30 bis 48, der Dientzenhoferstraße 3 bis 9, 15 bis 21 sowie 20a und 20b, Am Jagdstein 1, **Bosestraße 5 und 10** (Abb. 102 und

103 | Bosestraße 10; 1930, Foto (StadtAFd, BA-6648).

103), Marquardstraße 42 und Am Waldschlösschen 65 bis 83.

Von 1949 bis 1951 konnten 15 Häuser mit 34 Wohnungen neu gebaut werden, sodass Mitte 1951 wieder ein Bestand von 96 Häusern mit 300 Wohnungen zu verzeichnen war[403].

Die Währungsreform

Im Zuge der Währungsreform vom Juni 1948 war auch die GWG gezwungen eine Neubewertung ihres Vermögens und ihres Geschäftsguthabens vorzunehmen. In ihrer DM-Eröffnungsbilanz schlugen bei den Aktiva die Wohngebäude mit 969.550 DM zu Buche, kriegszerstörte Wohngebäude wurden mit 43.700 DM angesetzt, die Grundstücke zerstörter Gebäude mit 24.400 DM und die unbebauten Grundstücke mit 6.100 DM. Das Umlaufvermögen betrug 1.998 DM. Den Aktiva mit 1.045.749 DM standen Verbindlichkeiten und Rückstellungen in Höhe von 383.661 DM gegenüber. Damit verblieb ein Reinvermögen von 662.088 DM.

Aufsichtsrat und Vorstand waren „nach eingehender Untersuchung der wirtschaftlichen Verhältnisse der Genossenschaft zu dem Ergebnis gekommen, dass eine Neufestsetzung der Geschäftsguthaben und Geschäftsanteile im Verhältnis 4:1 einerseits für die Genossenschaft noch tragbar, andererseits auch den Mitgliedern der Genossenschaft in Anerkennung ihrer Treue gerecht wird"[404]. Hieraus ergab sich ein neufestgesetztes Geschäftsguthaben von 55.355 DM. Der noch verbleibende Teil des Vermögens wurde im Hinblick auf die noch nicht klar erkennbaren Risiken in eine gesetzliche Rücklage mit 248.000 DM und eine zusätzliche Rücklage von 358.752 DM überführt.

Bei der Umwandlung des Guthabens und der Anteile der Genossen nach dem Verhältnis 4:1 ist zu bedenken, dass bei der Währungsreform durch das Umstellungsgesetz vom 27. Juni 1948 private Guthaben nur mit einer Quote von 10:1 in D-Mark umgetauscht wurden, wovon nur die Hälfte ausgezahlt und die andere Hälfte auf einem Festgeldkonto gebunden werden musste. Die darauf noch ruhenden Guthaben sollten mit einem Satz von 100:6,5 umgewandelt werden. Da die Militärregierung allerdings die Befürchtung hatte, dass bei einer Freigabe der auf den Festgeldkonten blockierten Guthaben die junge Wirtschaft gleich wieder mit zu viel Geld überschwemmt und damit die Gefahr einer Inflation heraufbeschworen würde, strich man diese Gelder ersatzlos. Insofern waren die privaten Bankguthaben letztlich mit einer Quote von 20:1 von Reichsmark in D-Mark umgetauscht worden. Vor diesem Hintergrund ist die Umwandlung eines Geschäftsanteils von 300 RM in 75 DM als eine gegenüber den Genossen sehr kulante Lösung zu sehen.

Da nach der Satzung der GWG von 1949 ein Geschäftsanteil von 300 DM festgesetzt war, mussten die bisherigen Genossen 225 DM nachzahlen, die in monatlichen Raten von mindestens 5 DM zu erbringen waren[405].

8

VON DER ZEIT DES WIRTSCHAFTS-WUNDERS BIS ZUM 75JÄHRIGEN JUBILÄUM

(Ca. 1950–1974)

Die Währungsreform hatte die Grundlage für einen Wirtschaftsaufschwung gelegt, der in der Bundesrepublik bis zur ersten kleinen Rezession im Jahr 1967 andauern sollte. Tragende Säule der boomenden Wirtschaft war auch das Baugewerbe, das sich durch öffentliche wie private Investitionen ständig über volle Auftragsbücher freuen konnte.

Im Bereich der Stadt Fulda standen zunächst die Wiederherstellung der Infrastruktur und der Bau öffentlicher Einrichtungen wie etwa der Schulen im Vordergrund. Anfang der 1950er Jahre rückte aber zunehmend der Wohnungsbau in den Mittelpunkt des Interesses, zumal die Stadt mit der Ausweisung von Neubaugebieten auf der 1953 von der Stadt erworbenen Domäne Ziehers großflächig initiativ wurde. Zusammen mit dem Aschenberg, der seit Mitte der 1960er Jahre bebaut wurde, bildeten diese Ansiedlungen auf der grünen Wiese die Möglichkeit, der drängenden Wohnungsnot in dem sich immer mehr vergrößernden Mittelzentrum Fulda entgegenzuwirken.

„Stadt ohne Raum"

Der scheidende Oberbürgermeister Dr. Raabe war 1955 weitsichtig genug, um zu sehen, dass für eine ambitionierte städtische Entwicklungspolitik die vorhandene Gemarkung zu klein war. Provokant sprach er von einer „Stadt ohne Raum" und verlangte eine Ausdehnung des Stadtgebiets, der sich Landrat Dr. Eduard Stieler vehement widersetzte[406].

Eine große Gefahr sah der Oberbürgermeister in einer Überhitzung des Baugewerbes. Angesichts der von 1945 bis 1955 ständig gestiegenen Investitionsmaßnahmen im Baubereich für den Straßen- und Kanalbau sowie für Schulen und Wohnungen sei es nun an der Zeit, die kommenden kommunalen Maßnahmen zu strecken. Grund dafür sei nicht nur die immer weiter anwachsende Ausgabenseite des städtischen Haushalts, sondern vor allem die Überhitzung auf dem Baumarkt, die zu einem Arbeitskräftemangel und damit Qualitätsverlust geführt habe. Die öffentliche Hand dürfe diesen Boom nicht auch noch durch eigene Großprojekte fördern. Ein Umdenken inmitten der stürmischen Entwicklung während der Zeit des „Wirtschaftswunders", das in fast allen Bereichen von ständigem Zuwachs gekennzeichnet war, schien sich hier anzubahnen. Doch wer konnte es wagen, auf die Bremse zu treten und damit die konkurrierenden Standorte an sich vorüberziehen zu lassen?

Vom Wiederaufbau zum Neubau

Die investiven Maßnahmen der GWG erfolgten nach der ersten Phase der Beseitigung der Kriegsschäden und der Renovierungen seit den frühen 1950er Jahren eher in einem moderaten Umfang. 1952 konnten die wiederaufgebauten Häuser Am Waldschlösschen 61 und 63 mit insgesamt zwölf Wohnungen für Postbedienstete bezogen werden. Aufgebaut wurde in diesem Jahr auch das Haus Bosestraße 9 (früher Marquardstraße 40) mit sieben Wohnungen für Grenzschutzbeamte. Das zerstörte Haus Georg-Antoni-Straße 28 wurde durch einen Neubau ersetzt, der 1953 bezogen werden konnte. An die Stelle der zerstörten Einfamilienhäuser Am Kleegarten 60 bis 72 traten die beiden Etagenhäuser Nr. 60 und 62 mit je fünf Wohnungen, die ebenfalls 1953 fertiggestellt wurden[407].

Weitere sieben Wohnungen für Postbedienstete wurden 1954 durch den Wiederaufbau des Hauses Dientzenhoferstraße 18 bereitgestellt. Der letzte bombenzerstörte Häuserblock in der Georg-Antoni-Straße 15 und 21 konnte 1955 mit dem Bau von zwei Mehrfamilienhäusern mit je sechs Wohnungen ersetzt werden. Neubauten mit zwei Sechsfamilienhäusern entstanden 1955 Am Waldschlösschen 61a und 63a. Die Trümmergrundstücke Dientzenhoferstraße 24a und 24b wurden im selben Jahr mit 16 Garagen überbaut. 1955 besaß die GWG 107 Häuser mit 368 Wohnungen. Damit lag man mit der Zahl der Wohnungen erstmals über dem Bestand vor dem Zweiten Weltkrieg. Nicht aufgebaut war zu diesem Zeitpunkt von den total zerstörten Immobilien nur noch das Haus Dientzenhoferstraße 20b mit ehemals sieben Wohnungen.

Die Mitgliederzahl betrug 541 zum Ende des Jahres 1955. Damit lag man unter dem Niveau bei der Verschmelzung von Bauverein und Erbbaugenossenschaft 1941 (599 Mitglieder). Eine ebenfalls 1955 in Kraft getretene Satzung nach dem Vorbild einer Mustersatzung für gemeinnützige Wohnungsbaugesellschaften brachte die Einführung eines Berufungsausschusses, der im Falle des Ausschlusses eines Mitglieds als Kontrollinstanz dienen sollte.

DIE ENTWICKLUNG
bis zum 100jährigen Jubiläum

Die **innere Entwicklung** (Abb. 104) der GWG war nach dem Zweiten Weltkrieg in den Gremien von einer großen personellen Konstanz geprägt. Der langjährige Vorsitz des (Alt)Oberbürgermeisters Dr. Cuno Raabe von 1946 bis 1966 wurde bereits erwähnt[408]. Auch der Vorstandsvorsitzende Eduard Henkel blieb der Wohnungsgenossenschaft von 1946 bis zu seinem Tod 1964 fast 20 Jahre treu und bestimmte in dieser Zeit maßgeblich den Wiederaufbau mit[409]. Zu seinem Nachfolger wurde der städtische Verwaltungsbeamte Eugen Weingartner (1926–2009) gewählt, der bis 1995 den Vorsitz im Vorstand übernahm. Ihm standen in dieser Zeit als Aufsichtsratsvorsitzender zunächst von 1966 bis 1978 Karl Becker[410] und danach von 1978 bis 1999 der Sparkassendirektor **Hans Runk** (1934–2024)[411] zur Seite (Abb. 105)

Ähnlich lange Amtszeiten konnten auch die Geschäftsführer der GWG vorweisen. Der 1941 im Zuge der Verschmelzung von Bauverein und Erbbaugenossenschaft in dieser Funktion eingesetzte Georg Römmelt[412] blieb bis zum Ende des Jahres 1962 im Dienst. Zu seinem Nachfolger wurde der Buchhalter Karl Bettenhausen (1920-?) bestimmt[413], der das Amt bis zum Jahr 1988 bekleidete und als Mitglied im Vorstand bis 1994 tätig war.

Im Jahr 1960 wurde beschlossen, die Genossenschaftsanteile von 300 DM auf 500 DM zu erhöhen[414]. Im Juni 1961 kam es zur Entscheidung über einen Neubau Am Waldschlösschen Nr. 85a und 87a, der 1965 bezugsfertig war[415]. Hierfür brachte die Genossenschaft knapp ein Drittel an Eigenmitteln auf, ein relativ hoher Anteil, da in solchen Fällen im Normalfall nur 15% zur Verfügung gestellt würden, wie das Protokoll der Aufsichtsratssitzung vermerkt[416]. Bemerkenswert am Rande ist, dass 1967 der Vorstand vorschlug, die Mieter zu bitten, künftig die Miete nicht mehr in bar, sondern per Überweisung zu bezahlen[417]. Auch über Fuldas Stadtgrenzen hinaus war die GWG Ende der 1960er Jahre aktiv. Am Künzeller Hahlweg 4–6 wurde ein Zwölffamilienhaus errichtet, für das im Juli 1969 Richtfest gefeiert wurde. Erstellt wurden drei Vierzimmerwohnungen mit jeweils knapp 90 Quadratmetern und 9 Dreizimmerwohnungen mit einer Größe zwischen 67 und 77 Quadratmetern. Der Erstbezug erfolgte im März 1970. Die Miete betrug pro Quadratmeter 2,60 DM.

Aus heutiger Sicht nahezu unvorstellbar ist die Diskussion, die 1968 um den Einbau von Bädern in den älteren Wohnungen Am Waldschlösschen und in der Georg-Antoni-Straße, die noch kein Bad besaßen, geführt wurde. Offenbar gab es im Einzelnen gegen die Umbaumaßnahmen, für die Konjunkturmittel des Bundes in Höhe von 520.000 DM zur Verfügung standen[418], Widerstände. Ein Gutach-

104 | Aufsichtsrat und Vorstand der GWG; 1974 (StadtAFd, NL 199, Fotos).

ten des Mietervereins Fulda stellte hierbei fest, dass der Einbau eines Bades zumutbar ist und vom Mieter geduldet werden muss[419]. Immerhin ist zu bedenken, dass noch 1960 der Anteil der Wohnungen in Deutschland ohne Badewanne bei 53% lag und auch noch 1970 etwas mehr als ein Fünftel der Wohnungen keine Bademöglichkeit besaß[420].

Die Diskussion wirft ein Schlaglicht auf ein Grundproblem der Genossenschaft in diesen Jahren. Der teils schon ein halbes Jahrhundert alte Grundbestand der Gebäude war sichtlich in die Jahre gekommen. Neben dem regulären Erhaltungs- und Sanierungsaufwand führte der gesteigerte Anspruch an eine Wohnung dazu, dass die älteren Genossenschaftswohnungen bei einem weiteren Zuwarten nicht mehr vermietbar gewesen wären. Insofern sind die 1974 in der Festschrift zum 75jährigen Jubiläum definierten „Zukunftsaufgaben der Genossenschaft" sehr aufschlussreich.

„Mit dem geschlossenen Areal zwischen der Dientzenhoferstraße, Kleegarten und der Georg-Antoni-Straße, das der Genossenschaft gehört, besitzt sie wertvollsten, voll erschlossenen Baugrund in unmittelbarer Citynähe. Er repräsentiert heute einen sehr großen Grundstücks- und Wohnwert […]. Auf der anderen Seite ist dieses Areal besonders in der Kleegartenzeile mit Einfamilienhäusern der Genossenschaft aus den Jahren 1920–21 bebaut, die wegen ihrer Grundrisse und wegen ihrer oben erwähnten Ausgestaltung als

105 | Hans Runk; 1980, Foto: Hubert Weber (StadtAFd, NW 1980-430-004).

eine Art ländliche Nebenerwerbsbauten weder umgebaut noch sinnvoll vermietet werden können. So reizt dieses Gebiet zur modernen Sanierung“[421].
Der von der GWG mit der Neuplanung des angesprochenen Geländes beauftragte Architekt Otmar Hohmann (1934–2020) sah in einem 1972 erstellten **Entwurf** (Abb. 106) vier weit auseinandergezogene und bis zu 12 Stockwerke hohe Punkthäuser (Hochhäuser) vor, die mit modernen zweigeschossigen Gebäuden verbunden werden sollten. Man hoffte von Seiten der Genossenschaft im Jubiläumsjahr mit verbilligten Krediten des Landes Hessen und der Kreissparkasse in der schwierigen Hochzinslage den ersten Grundstein legen zu können[422].

Hierzu ist es allerdings nicht gekommen. Da der Trend zu hohen „Wohnsilos vorbei sei[423], wurden die Hochhäuser aus den Planungen genommen. Dies änderte aber nichts an dem 1975 bekundeten Willen der GWG, in dem kommenden zehn Jahren ihr „privates Sanierungsprogramm“ im Wohnungsviertel Am Kleegarten, Am Jagdstein und Dientzenhoferstraße zu verwirklichen[424]. Die Konzentration auf dieses Gebiet erfolgte trotz der durch die benachbarten Gummiwerke verursachten Geruchs- und Geräuschbelästigungen, die seit den frühen 1970er Jahren immer wieder Grund zur Klage waren. „Es kam zu mehreren Gesprächen mit Vertretern der Gummiwerke Fulda, der Stadtverwaltung und der Gewerbeaufsicht. Die Stadt legte der Genos-

106 | Entwurf Neubebauung am Kleegarten; 1972, Otmar Hohmann, Foto (StadtAFd, NL 199, Fotos).

senschaft nahe, die lärm- und geruchsbelästigten Grundstücke gegen städtische Grundstücke in anderen Stadtteilen zu tauschen. Dieser Vorschlag wurde abgelehnt, da die Mieter dieses Gebietes die Wohnungen wegen ihrer günstigen Lage zum Stadtzentrum gern annehmen würden und auch günstige Einkaufsmöglichkeiten vorhanden seien“[425].
So entstanden in drei Bauabschnitten zwischen 1974 und 1981 insgesamt 42 Wohneinheiten Am Kleegarten[426]. Hierfür wurde zunächst die zu Beginn des 20. Jahrhunderts erbaute westliche Seite der Bebauung (Nr. 2 bis 48) **abgerissen**. (Abb. 107–110) In einem ersten Bauabschnitt erfolgte 1974 der Bau eines Siebenfamilienhauses (Am Kleegarten Nr. 4–6). 1977/78 kamen 14 Wohnungen in dem Neubau Am Kleegarten 8–10 hinzu[427]. Die restlichen 21 Einheiten (Am Kleegarten 12–14) wurden 1981 fertiggestellt. 3,67 Millionen DM flossen über die Jahre in das Projekt, für das es keine Förderung von Seiten der Stadt Fulda gab. Obwohl es sich um eines der ältesten Wohngebiete Fuldas handele, wie der Architekt Hohmann betonte, habe dieser Umstand nicht dazu geführt, dass die städtischen Verantwortlichen den Kleegarten als Sanierungsgebiet ausgewiesen hätten[428].
Auch an der Georg-Antoni-Straße wurde Mitte der 1980er Jahre Gebäude aus dem noch vor dem Ersten Weltkrieg stammenden Altbestand der GWG abgerissen (Nr. 29, 31 und 33) und durch Neubauten (Nr. 16, 18 und 20) ersetzt, die 1992 bezogen werden konnten[429].

107 | Häuser am Kleegarten kurz vor dem Abbruch; 1974, Foto. Hubert Weber (StadtAFd, NW 1974-215-001).

Das größte Investitionsprojekt der Gemeinnützigen Wohnungsgenossenschaft wurde Ende der 1990er Jahre Am Waldschlösschen durchgeführt. Der dortige Baubestand war 1941 von der Erbbaugenossenschaft in die „Ehe" mit dem Bauverein eingebracht worden und stammte aus den frühen 1930er Jahren[430]. Wie schon im Bereich des Sanierungsgebiets Am Kleegarten / Georg-Antoni-Straße entschloss sich die GWG statt aufwändiger Altbausanierungen zum Neubau. In knapp zwei Jahren wurden nach Plänen des Architekten Jochen Hohmann von 1996 bis 1998 insgesamt 127 moderne und behindertengerechte Sozialwohnungen in sieben Mehrfamilienhäusern (Nr. 59A, 59B; Nr. 67A; Nr. 67B, 67C; Nr. 71A; Nr. 71B, 71C; Nr. 75; Nr. 75B, 75C) errichtet. Zudem entstanden zwölf Eigentumswohnungen in vier Häusern (Nr. 63, 63A; Nr. 65A; Nr. 69; Nr. 73A). Fortschrittlich waren die Gebäude auch im Hinblick auf die Begrünung der Dächer, den Vollwärmeschutz und die Errichtung eines Fernheizwerks, das die Mieter mit günstiger Energie versorgte[431].

Die zum 99jährigen Jubiläum der GWG im Oktober 1998 übergebene Wohnanlage erforderte Investitionen von 26,1 Millionen DM, die in Höhe von 21,5 Millionen DM durch die Aufnahme von Fremdmitteln (öffentliche Mittel Helaba 13,5 Millionen DM, kommunale Mittel 3,2 Millionen DM und Kapitalmarktmittel 4,8 Millionen DM) finanziert werden sollten. Die verbleibende Dif-

108 | Abbrucharbeiten am Kleegarten; 1974, Foto: Hubert Weber (StadtAFd, NW 1974-259-028).

ferenz von 4,6 Millionen DM sollte durch den Einsatz eigener Mittel aufgebracht werden.

Die erforderlichen eigenen Mittel waren allerdings nicht vorhanden und mussten insbesondere durch die Aufnahme von Kontokorrent- bzw. Betriebsmittelkrediten finanziert werden. Die Eigenkapitalquote der Genossenschaft verschlechterte sich zunehmend (1998 13,26% und 1999 12,13%). Ein beträchtlicher Teil der Grundmieten (Sollmieten) musste für die Zinsaufwendungen aufgebracht werden (1998 55,89% und 1999 45,49%).

Zur Verbesserung der wirtschaftlichen Verhältnisse entschlossen sich Vorstand und Aufsichtsrat der Genossenschaft im Jahr 1998 zu einem Verkauf der Mietobjekte in der Bosestraße und Marquardstraße mit 28 Wohnungen an eine andere in Fulda ansässige Genossenschaft.

Für das Jahr 1998 konnte aufgrund dieses Verkaufs (Buchgewinn ca. 1,2 Millionen DM) noch ein Jahresüberschuss von ca. 1,0 Millionen DM erzielt werden, während für das Jahr 1999 bereits ein Jahresfehlbetrag von 650,2 Tausend DM ausgewiesen wurde.

Der Abriss der Altbestände der Wohnungen Am Waldschlösschen und die Errichtung von 127 Neubauwohnungen erwies sich unabhängig von allen bautechnischen Erwägungen als betriebswirtschaftlich mehr als problematisch.

Hinzu kamen Defizite in der Verwaltung des Unternehmens und die Wahrnehmung der

109 | Neubau am Kleegarten 4–6; 1974, Foto: Hubert Weber (NW 1974-374-010).

ihnen zukommenden Pflichten durch Vorstand und Aufsichtsrat.
Der Prüfungsverband Südwestdeutscher Wohnungsunternehmen hat in seinem Bericht vom 02.04.2001 über die von ihm unter Einbeziehung der Jahresabschlüsse zum 31.12.1998 und 31.12.1999 durchgeführte Prüfung im zusammengefassten Prüfungsergebnis klar auf bestehende Missstände hinsichtlich der Ordnungsmäßigkeit und der Aussagefähigkeit bzw. Beweiskraft des Rechnungs- und Berichtswesens und eine nicht ordnungsgemäße Geschäftsführung hingewiesen. Gleichzeitig hat der Prüfungsverband die Eigenkapitalquote der Genossenschaft als weit unter dem Durchschnitt liegend und die Finanzlage als angespannt beurteilt.
Unter Einbeziehung der Wohnanlage Am Waldschlösschen wurden in den Jahren zwischen 1974 bis 1999 253 Wohnungen neu erstellt (Investitionen von ca. 40 Millionen DM). Mit einem solchen Bauvolumen war die GWG sowohl in finanzieller als auch verwaltungstechnischer Hinsicht überfordert.

110 | Neubau am Kleegarten 12–14; 1980, Foto: Hubert Weber (NW 1980-254-002).

VOM 100JÄHRIGEN JUBILÄUM BIS HEUTE

(1999–2025)

Die wirtschaftliche Lage der GWG hatte sich ausgerechnet bis zum Jahr 1999, dem Jahr des 100jährigen Jubiläums, so verschlechtert, dass von einer Bestandgefährdung auszugehen war.

Ungeachtet dieser dramatischen negativen Entwicklung feierte die GWG auf den Tag genau 100 Jahre nach ihrer Gründung am 22. Oktober 1999 ihr Jubiläum mit einem Festakt im Hotel Maritim. Die Genossenschaft zählte zu diesem Zeitpunkt 590 Mitglieder. Unter ihrer Verwaltung standen 535 Wohnungen in 87 Häusern, dazu 77 Garagen und 288 Stellplätze. Der Vorsitzende des Aufsichtsrats Alois Früchtl, der Hans Runk in dieser Funktion 1999 nachgefolgt war, konnte in seiner Begrüßung der Festgäste darauf verweisen, dass sich die Historie des Unternehmens in der Geschichte Deutschlands widerspiegele. In einem Grußwort stellte Thomas Aumüller vom Prüfungsverband Südwestdeutscher Wohnungsunternehmen die rhetorische Frage, ob die Genossenschaftsidee in der modernen Industrie- und Dienstleistungsgesellschaft zeitgemäße Lösungen für die bestehenden Probleme anzubieten vermag. Er bejahte dies und betonte, dass die Genossenschaften nach wie vor ein Stück gelebter Demokratie darstellten, „das an der Schwelle zum nächsten Jahrtausend helfend und richtungsweisend gegen den allenthalben beklagten Egoismus und die Vereinzelung in unserer Gesellschaft sein könne".

Mit Blick auf das gerade abgeschlossene große Projekt Am Waldschlösschen erklärte der Vorstandsvorsitzende Robert Herrlich, dass man als Genossenschaft auch in städteplanerischer Hinsicht Verantwortung übernehmen könne. Es gehe nämlich nicht allein darum, zweckmäßigen Wohnraum nach modernsten Gesichtspunkten zu schaffen, sondern auch ein mieterfreundliches Umfeld, das den Faktor „Umwelt" berücksichtige.

Die Gemeinnützige Wohnungsgenossenschaft Fulda eG musste in Folge der negativen Auswirkungen des Großprojektes Am Waldschlösschen auf die wirtschaftliche Lage der Genossenschaft seit Beginn des neuen Jahrtausends die wirtschaftliche Konsolidierung in den Vordergrund stellen.

Insbesondere durch den Zinsaufwand für das langfristige Fremdkapital, die aufgenommenen Betriebsmittelkredite und die in Anspruch genommenen Kontokorrentkredite setzte sich die negative Entwicklung in den Jahren 2000 bis 2002 zunächst weiter fort. Für diese Jahre ergaben sich Jahresfehlbeträge von 270,4 Tausend Euro (2000), 336,3 Tausend Euro (2001) und 246,5 Tausend Euro (2002). Die sich verschlechternde Ertragslage bedingte auch eine negative Entwicklung hinsichtlich der Eigenkapitalausstattung.

Der diesbezüglich negative Trend aus den Vorjahren setzte sich zunächst fort und die Eigenkapitalquote betrug Ende des Jahres 2000 10,50%, Ende des Jahres 2001 9,84% und Ende des Jahres 2002 9,01%.

In diesen Jahren 2000 bis 2002 und im Jahr 2003 erfolgten grundlegende Veränderungen in der Zusammensetzung der Verwaltungsorgane Vorstand und Aufsichtsrat.

Im Vordergrund aller Anstrengungen der GWG stand nun die wirtschaftliche Konsolidierung. Dabei waren sich Vorstand und Aufsichtsrat durchaus bewusst, dass eine Einstellung der Neubautätigkeit und eine zurückhaltende Durchführung von Sanierungs- und Modernisierungsmaßnahmen im Bestand langfristig wieder mit neuen Problemen verbunden sein können. Aber die auch durch den Prüfungsverband konstatierte Bestandsgefährdung und die drohende Zahlungsunfähigkeit ließen keine andere Wahl. Dies bezieht sich auch auf die Entscheidungen, die hinsichtlich des Verkaufs von zwei weiteren Mietobjekten in Fulda, Am Kleegarten, und die Umwandlung von Wohnungen in Eigentumswohnungen zu deren anschließender Veräußerung in Künzell, Hahlweg, zu treffen waren.

Dieser nunmehr eingeschlagene Weg erwies sich trotz der mit ihm auch verbundenen negativen Auswirkungen (Wegfall von Mieteinnahmen aus den veräußerten Objekten, Entstehen eines Instandhaltungs- und Modernisierungsstaus) letztendlich als sehr erfolgreich.

Ausgehend vom Jahr 2003 bis zum Jahr 2020, dem letzten Jahr vor den Auswirkungen des späteren Verkaufs des gesamten Immobilienbestandes, wurde in jedem Jahr ein Jahresüberschuss erzielt. Die Summe der in diesen Jahren erzielten Jahresüberschüsse betrug 3,7 Millionen Euro. Diese Jahresüberschüsse ermöglichten in kleinen Schritten eine stetige Verbesserung der Eigenkapitalquote von 9,01% im Jahr 2002 auf 28,20% im Jahr 2020.

Aufgrund des ab den Jahren 2002 und 2003 eingeschlagenen Wegs ist an größeren Bauprojekten in den 2000er Jahren daher mit der Sanierung und Vergrößerung von drei Häusern Am Kleegarten Nr. 32, 34 und 36 nur noch ein Projekt zu nennen. Im Zusammenwirken mit der Stadt Fulda, die im Rahmen eines von ihr selbst getragenen Förderprogramms die Maßnahme mit 240.000 Euro bezuschusste entstanden 2016 bis 2017 in den längere Zeit leerstehenden Häusern Georg-Antoni-Straße 32 bis 36 zwölf neue Sozialwohnungen, die für eine maximale Kaltmiete von 5,40 Euro vermietet werden durften.

Der Aufsichtsratsvorsitzende der Genossenschaft Hans-Joachim Frohnapfel verwies bei der Einweihung darauf, dass sich in diesem Quartier rund um die „Schorschegass" (so der Name der Straße im Volksmund) die Wurzeln des sozialen Wohnungsbaus in Fulda befänden. Hier habe der damalige Bauverein in seinen Gründungsjahren auf dem Boden, den ihm Richard Müller zur Verfügung gestellt hatte, die ersten Wohnungen errichtet. Insofern schloss sich nach fast 120 Jahren der Kreis eines über weite Strecken sehr erfolgreichen Wirkens im Sinne der Satzung der GWG, die Versorgung der wirtschaftlich schwächeren Bevölkerungskreise mit günstigem Wohnraum sicherzustellen.

Die Umsetzung des Konsolidierungsprogrammes seit den frühen 2000er Jahren und die damit einhergehende Verbesserung der Ertragslage und der Finanzlage der GWG führte zwangsläufig zu einem Stau hinsichtlich der Instandhaltung sowie der grundle-

111 | Am Waldschlösschen; um 2010, Foto: Winfried Mannel.

genden Modernisierung und Sanierung des Bestandes. Dieser Tatbestand war von den Verwaltungsorganen bewusst in Kauf genommen worden, erforderte aber Ende der 2010er Jahre neue Überlegungen hinsichtlich der weiteren Zukunft der GWG.

Vorstand und Aufsichtsrat kamen daher am 23.06.2018 zu einer Klausurtagung zusammen, um die für die Zukunft zu erwartenden Herausforderungen personeller, baulicher, verwaltungstechnischer und finanzieller Art zu erörtern. Insbesondere wurde in dieser Tagung thematisiert, dass grundlegende Instandhaltungs-, Modernisierungs- und Sanierungsmaßnahmen für den gesamten Bestand mit Kosten in Höhe von geschätzt 33 Millionen Euro verbundenen wären. In Würdigung aller Herausforderungen kamen Vorstand und Aufsichtsrat zu dem Ergebnis, dass diese nicht durch die GWG als weiterhin selbstständig agierende Genossenschaft bewältigt werden können.

Es wurde beschlossen, zunächst die Möglichkeiten der Überführung des gesamten Wohnungsbestandes auf eine kommunale Wohnungsgesellschaft oder der Verschmelzung mit einer anderen Wohnungsgenossenschaft auszuloten. Nachdem sich diese zunächst präferierten Zukunftsmodelle als nicht umsetzbar erwiesen, wurde eine Veräußerung des gesamten Wohnungsbestandes als letztendlich verbleibende Alternative erachtet.

Dabei bestand zwischen Vorstand und Aufsichtsrat von Anfang an Einvernehmen darüber, dass ein Verkauf des Wohnungsbestandes auf der Grundlage einer öffentlich jedem potentiellen Investor zugänglichen Ausschreibung aufgrund der Historie der Genossenschaft und der Erwartungen hinsichtlich der zukünftigen Entwicklung und Verwaltung des Wohnungsbestandes einschließlich unumgänglicher Auflagen für den Erwerber nicht in Betracht kommt. Eine rein kaufpreisorientierte Auswahl des Erwerbers wurde ausgeschlossen.

Aufgrund bestehender Kontakte innerhalb des Verbandes Südwestdeutscher Wohnungswirtschaft e.V. wurden Gespräche mit der GSW Gemeinnütziges Siedlungswerk GmbH in Frankfurt am Main (GSW) aufgenommen.

Die GSW Gemeinnütziges Siedlungswerk GmbH ist ein 1949 gegründetes Unternehmen, dessen Gesellschafter aus den Bistümern Fulda, Mainz, Limburg und Erfurt sowie den dortigen Caritasverbänden bestehen.

Durch die Genossenschaft wurde bei dem Prüfungsverband ein Rechtsgutachten eingeholt. In diesem Gutachten wurde durch den Prüfungsverband detailliert dargelegt, welche Schritte Vorstand und Aufsichtsrat im gesamten Verkaufsprozess zu unternehmen haben, um ihren Sorgfaltspflichten hinsichtlich der Ordnungsmäßigkeit der Geschäftsführung und der Aufsichtstätigkeit nachzukommen.

Die Verkaufsverhandlungen mit dem GSW wurden Mitte des Jahres 2021 abgeschlossen. Im Ergebnis dieser Verhandlungen war das GSW bereit, den gesamten Immobilienbestand der GWG zu einem „niedrigen zweistelligen Millionenbetrag“ zu erwerben und verschiedene ergänzende Vertragsbedingungen (u.a. Übernahme aller Mitarbeiter der GWG, Investitionsverpflichtung, Wahrung bestimmter Mieterrechte) zu erfüllen.

In einer Mitgliederversammlung am 31.08.2021 haben die Mitglieder der GWG den Verkauf der Immobilien einstimmig genehmigt. Die Kaufverträge mit dem GSW wurden am 22.09.2021 abgeschlossen. Mit Ausnahme des Gebäudes Petersberger Straße 62, in dem sich die Geschäftsstelle der GWG befand und welches an die GSW selbst veräußert wurde, erfolgte der Verkauf an ein neu gegründetes Tochterunternehmen der GSW, die GWG Fulda GmbH.

Der Übergang des wirtschaftlichen Eigentums wurde für den 31.12.2021 vereinbart. Lediglich ein größerer Parkplatz wurde durch die Genossenschaft zunächst zurückbehalten und erst im Jahr 2022 mit Eigentumsübergang zum 01.01.2023 an die GWG Fulda GmbH veräußert. Damit hatte die Genossenschaft GWG, die seit Ende des Jahres 2021 unter der Bezeichnung GWG Immobiliengenossenschaft Fulda eG firmiert, seit dem Jahr 2023 keinerlei Immobilienbestände mehr in ihrer Bilanz auszuweisen.

In der Mitgliederversammlung vom 19.03.2024 haben die Mitglieder der GWG Immobiliengenossenschaft Fulda eG die Liquidation zum 31.03.2024 beschlossen. Nach Ablauf des gesetzlichen Sperrjahres wurde die Genossenschaft nach dem 31.03.2025 endgültig abgewickelt.

ANMERKUNGEN

1 Das Folgende nach Thomas HEILER, Kleine Stadtgeschichte Fulda. Vom 12. März bis zum Aufbruch im geeinten Deutschland, Fulda 2020, S. 199–238; Thomas HEILER, Von der Industrialisierung bis zum Ende des Ersten Weltkrieges (1866–1918), in: FULDAER GESCHICHTSVEREIN (Hg.), Geschichte der Stadt Fulda, Band II: Von der fürstlichen Residenz zum hessischen Sonderstatus, Fulda 2008, S. 43–99; Thomas HEILER, Industrialisierung, Urbanisierung und soziale Frage in der Geschichte Fuldas, in: Karl-Heinz BRAUN / Frank DÖLKER (Hg.), Stadtporträt: Fulda, Dialoge mit Wolfgang Hamberger, Hildegard Hast, Thomas Heiler und Peter Krahulec, 2. Aufl., Baltmannsweiler 2016, S. 95–141.

2 Nach Thomas HEILER, Grundlinien der Fuldaer Industriegeschichte im 19. und 20. Jahrhundert, in: Georg KLEIN / Thomas HEILER, Maschinenbau in Fulda. Klein & Stiefel 1905–1979. Begleitbuch zur Ausstellung im Vonderau Museum Fulda. 20. Januar – 2. April 2006 (Vonderau Museum Fulda – Kataloge 16), Petersberg 2006, S. 6–16; Hans MAUERSBERG, Die Wirtschaft und Gesellschaft Fuldas in neuerer Zeit. Eine städtegeschichtliche Studie, Göttingen 1969.

3 Mehler AG (Technische Textilweberei), in: FULDAER GESCHICHTSVEREIN (Hg.), Fulda – Das Stadtlexikon, Redaktion: Thomas HEILER und Klaus H. ORTH, Fulda 2019, S. 324 (Thomas HEILER).

4 Emaillierwerk, in: Fulda – Das Stadtlexikon (wie Anm. 3), S. 113–114 (Marita GLASER).

5 Fuldaer Zeitung vom 21. Mai 1926.

6 Berta, Franz Anton, in: Fulda – Das Stadtlexikon (wie Anm. 3), S. 47 (Thomas HEILER).

7 Berta, Wachswarenfabrik, in: Fulda – Das Stadtlexikon (wie Anm. 3), S. 47 (Thomas HEILER).

8 EIKA Wachswerke Fulda GmbH, in: Fulda – Das Stadtlexikon (wie Anm. 3), S. 112 (Thomas HEILER).

9 Gies Wachswerke, in: Fulda – Das Stadtlexikon (wie Anm. 3), S. 179 und 185 (Thomas HEILER).

10 Michael MOTT, Wachswarenfabrikant Carl Rübsam, in: Michael MOTT, Fuldaer Köpfe, Band II, Fulda [2007], S. 169–172.

11 Rübsam Wachswarenfabrik, in: Fulda – Das Stadtlexikon (wie Anm. 3), S. 412 (Thomas HEILER).

12 Zur Geschichte der Familie, zu der auch der bekannte Priester und Komponist Heinrich Fidelis Müller (1837–1905) gehörte, vgl. Paul LANG, Heinrich Fidelis Müller (1837–1905). Priester und Komponist. Leben und Werk, Petersberg 2005.

13 Joachim SCHULZ, Vom Handel zur Produktion. Drei Generationen der Familie Stern gestalten den Wandel, .in: Sabine FECHTER (Hg.), Fulda handelt. Fulda prägt. 1000 Jahre Münz-, Markt- und Zollrecht. Begleitband zur Ausstellung im Vonderau Museum Fulda vom 12. März bis zum 4. August 2019 (Vonderau Museum Fulda Kataloge 47), Petersberg 2019, S. 336–358.

14 Fulda Reifen, in: Fulda – Das Stadtlexikon (wie Anm. 3), S. 156 (Thomas HEILER).

15 KLEIN / HEILER, Maschinenbau in Fulda (wie Anm. 2).

16 BUNDESBAHN-AUSBESSERUNGSWERK FULDA (Hg.), 125 Jahre. 1867–1992, Bundesbahn-Ausbesserungswerk Fulda. DB, Fulda 1992.

17 Gasversorgung, in: Fulda – Das Stadtlexikon (wie Anm. 3), S. 170 f. (Mathias SCHMIDT).

18 Gewerbeausstellung, in: Fulda – Das Stadtlexikon (wie Anm. 3), S. 170 (Thomas HEILER).

19 Nach HEILER, Von der Industrialisierung (vgl. Anm. 1), S. 58–61, 79; VERWALTUNGSBERICHT der Stadt Fulda 1895/96, S. 6; VERWALTUNGSBERICHT der Stadt Fulda 1896–1900, S. 7–9; VERWALTUNGSBERICHT der Stadt Fulda 1901–1905, S. 6f.

20 MAUERSBERG , Wirtschaft (wie Anm. 2), S. 128.

21 Nach den Verwaltungsberichten der Stadt Fulda (wie Anm. 19).

22 Die Zahlen nach FULDAER ZEITUNG vom 26. Juni 1925, [S. 2].

23 Nach VERWALTUNGSBERICHT der Stadt Fulda 1933, S. 1.

24 VERWALTUNGSBERICHT 1896–1900, S. 8.

25 Ebd., S. 116.

26 Die Mietwerte zur damaligen Zeit in: VERWALTUNGSBERICHT der Stadt Fulda 1901–1905, S. 7. Vgl. Wohnungsanzeigen in der FULDAER ZEITUNG vom 19. August 1899. Die teuerste Stadt für Mieter war 1899

Frankfurt am Main mit einer durchschnittlichen Jahresmiete von 301 Mark. Es folgten Hamburg und Stuttgart mit 271 Mark und Berlin mit 256 Mark, vgl. Fuldaer Zeitung vom 23. Oktober 1899, [Seite 3]; vgl. auch Fuldaer Zeitung vom 6. September 1899, [S. 1].

27 Auf der Zahlengrundlage von: Verwaltungsbericht 1896–1900, S. 26.

28 Fuldaer Zeitung vom 20. September 1899, [S. 1].

29 Fuldaer Zeitung vom 8. Februar 1896 (Erstes Blatt), [S. 1].

30 Ebenda.

31 Siegfried Weichlein, Kleinstadtgesellschaft und katholisches Milieu. Fulda 1866 bis 1933, in Walter Heinemeyer / Berthold Jäger (Hg.): Fulda in seiner Geschichte. Landschaft, Reichsabtei, Stadt, Fulda / Marburg 1995 (Veröffentlichungen der Historischen Kommission für Hessen 57), S. 461–501.

32 Das Folgende nach Heiler, Von der Industrialisierung (wie Anm. 1), S. 66–68 und Ludwig Unger, Arbeitnehmerinteressen, Familienpolitik und religiöse Verinnerlichung. Die Katholische Arbeitnehmer-Bewegung im Bistum Fulda von 1887 bis zum Ende des Dritten Reiches, in: Fuldaer Geschichtsblätter 71 (1995), S. 117–162.

33 Reichsgesetzblatt 1878 I, S, 351–358, hier S. 351.

34 Fuldaer Kreisblatt vom 5. Dezember 1877, [S. 1].

35 Heiler, Von der Industrialisierung (wie Anm. 1), S. 67.

36 Fuldaer Wohltätigkeitsanstalten und Stiftungen, in: Fuldaer Zeitung vom 20. Oktober 1905 (zweite Ausgabe), [S. 1].

37 Franz-Georg Trabert, Politische Öffentlichkeit – Die Entstehung und Entwicklung der politischen Parteien, in: Fuldaer Geschichtsverein (Hg.), Geschichte der Stadt Fulda, Band II (wie Anm. 1), S. 340–366, hier S. 358.

38 Gudrun Vögler, Wilhelm Friedrich von Oranien-Nassau, Fürst von Nassau (1802–1806) und König Wilhelm I. der Niederlande (1815–1840), Petersberg 2018 (Dokumentationen zur Stadtgeschichte 32), S. 196–203.

39 Nach Heiler, Industrialisierung (wie Anm. 1), S. 75–77.

40 Rang, Franz, in: Fulda – Das Stadtlexikon (wie Anm. 3), S. 401–402 (Beate Kann).

41 Heiler, Industrialisierung (wie Anm. 1), S. 76.

42 Klaus H. Orth, Die Fuldaer Rabbiner-Villa. Selbstbewusstsein und Selbstverständnis der jüdischen Familie Cahn. Eine dokumentarische Annäherung, Petersberg 2024 (Dokumentationen zur Stadtgeschichte 34), hier S. 34–38: Der Baumeister Karl Wegener.

43 StadtAFd, Karten und Pläne, Fa 13.

44 Genossenschaft, in: Reallexikon der Germanischen Altertumskunde, 2. Aufl. hg. von Friedrich Beck u.a., Band 11, Berlin u.a. 1998, S. 79–82 (E. Meineke).

45 Genossenschaft, in Reallexikon (wie Anm. 44), S. 82–87 (B.-R. Kern), hier S. 82.

46 Genossenschaft, in: Lexikon des Mittelalters, hg. von Robert-Henri Bautier u.a., Band IV, Sp. 1234–1236 (Werner Rösener).

47 Genossenschaft, in: Handwörterbuch zur deutschen Rechtsgeschichte, hg. von Adalbert Erler und Ekkehard Kaufmann, Band I, Berlin 1971, Sp. 1522–1527 (H. Stradal), hier Sp. 1524.

48 Victor Aimé Huber, in: Neue Deutsche Biographie, hg. von der Historischen Kommission bei der Bayerischen Akademie der Wissenschaften, Band 9, Berlin 1972, S. 688 f. (Hans-Joachim Schoeps); Rainer Richter, Victor Aimé Huber (1800–1869) – Wegbereiter der heutigen Wohnungsbaugenossenschaften, in: Hermann Schulze-Delitzsch und die Konsum-, Produktiv- und Wohnungsgenossenschaften, hg. von der Henning-Kaufmann-Stiftung, Hamburg 2011, S. 24–31; Helmut Jenkis, Die gemeinnützige Wohnungswirtschaft zwischen Markt und Sozialbindung. Aufsätze und Abhandlungen, 2 Bände, Berlin 1995 (Schriften zum Genossenschaftswesen und zur Öffentlichen Wirtschaft 14/ I und II), hier Band I, S. 17–61; Michael A. Kanther / Dietmar Petzina, Victor Aimé Huber (1800–1869). Sozialreformer und Wegbereiter der sozialen Wohnungswirtschaft, hg. vom GdW Bundesverband deutscher Wohnungsunternehmen e.V., Berlin 2000 (Schriften zum Genossenschaftswesen und zur Öffentlichen Wirtschaft 36).

49 Jenkis, Wohnungswirtschaft (wie Anm. 48), S. 62–77.

50 Walter Buschmann, Architektonische und städtebauliche Formen im Arbeitersiedlungsbau des 19. Jahrhunderts in Deutschland, in: Arbeitersiedlungen im 19. Jahrhundert. Historische Entwicklung, Bedeutung und aktuelles Erhaltungsinteresse, hg. von Johannes Biecker und Walter Buschmann, Bochum 1985, S. 22–65, hier S. 36–38.

51 Fuldaer Zeitung vom 10. Mai 1886, [S. 3].

52 Gesetz, betreffend die Erwerbs- und Wirthschaftsgenossenschaften, in: Reichsgesetzblatt 1889 I, S. 55–93.

53 Gesetz, betreffend die privatrechtliche Stellung der Erwerbs- und Wirthschafts-Genossenschaften

vom 4. Juli 1868, in: Bundesgesetzblatt des Norddeutschen Bundes 1868, Nr. 24, Seite 415–433. Vgl. auch Karl Schäfer, Festschrift 75 Jahre Gemeinnützige Wohnungsgenossenschaft eG Fulda 1899–1974, Fulda 1974, S. 9–11.

54 StadtAFd, Bestand 13, Nr. 72.

55 Vgl. Anm. 42.

56 Fuldaer Spar- und Bauverein eGmbH zu Fulda, Geschäftsbericht für das Jahr 1907, Fulda 1908, [S. 3–4].

57 Fuldaer Spar- und Bauverein eGmbH zu Fulda, Geschäftsbericht für das Kriegs-Jahr 1914, [Fulda 1915], [S. 6].

58 Ebd., [S. 5].

59 Fuldaer Spar- und Bauverein eGmbH zu Fulda, Geschäftsbericht für das Jahr 1913, [S. 3 f].

60 Ebd., [S. 4].

61 Damals waren 9.585 Einwohner in 1.102 Häusern statistisch erfasst (vgl. Verwaltungsbericht 1896–1900, S. 7). Daraus ergibt sich ein Schnitt von 8,7 Personen pro Gebäude.

62 Fuldaer Zeitung vom 21. Oktober 1899, [S. 4].

63 „Harmonie", in: Fulda – Das Stadtlexikon (wie Anm. 3), S. 210 f. (Thomas Heiler).

64 Verstorben in Hanau, vgl. Fuldaer Zeitung vom 23. November 1920, [S. 3].

65 Kurzbiographie in Fuldaer Zeitung vom 1. Januar 1924 (Erste Ausgabe), S. 3.

66 In Schäfer, Festschrift (wie Anm. 53), S. 12 irrig als „Josef Happ" bezeichnet.

67 Paul Birkenbach, Erinnerungen an den Rhöndichter Ludwig Nüdling, in: Jahrbuch des Landkreises Fulda 1996, S. 195–202.

68 Michael Mott, Weingroßhändler Joseph Schmitt, in: Mott, Fuldaer Köpfe, Band II (wie Anm. 10), S. 50–53.

69 Das Protokoll hierzu in: StadtAFd, NL 199, Nr. 1. Eine Berichterstattung darüber in der Fuldaer Zeitung vom 23. Oktober 1899, [S. 2]; im Fuldaer Kreisblatt vom 24. Oktober 1899 (Erste Ausgabe), [Seite 2] und im Bonifatiusbote (Jahresband 1899, S. 307).

70 Fuldaer Kreisblatt (wie Anm. 69). Danach auch die folgenden Ausführungen zur Rede Richard Müllers.

71 Wie Anm. 69.

72 Thielemann, Viktor Prof. Dr., in: Fulda - Das Stadtlexikon (wie Anm. 3), S. 490 f. (Martin Hartung).

73 Die Änderungen bezogen sich auf die Zahl der Vorstandsmitglieder (drei bis fünf statt der vorgeschlagenen vier), die Zahl der Aufsichtsratsmitglieder (sieben statt der vorgeschlagenen sechs) und die Mindesteinzahlung für einen Geschäftsanteil (Zahlung mindestens des zehnten statt des vierten Teils). Letzteres bedeutete, dass ein neu eintretender Genosse nur 10 statt 25 Mark einzahlen musste.

74 StadtAFd, NL 199, Nr. 1.

75 Im Dezember 1907 beschloss der Vorstand der Landesversicherungsanstalt Hessen-Nassau künftig jenen Bauvereinen, die eine Mitgliedschaft von der Zugehörigkeit zu einer Partei oder Konfession abhängig machten, keine Darlehen für den Wohnungsbau zukommen zu lassen (StadtAFd, NL 199, Nr. 1).

76 StadtAFd, NL 199, Nr. 1.

77 Eine städtische Personalakte in: StadtAFd, Bestand 4, Nr. 2508.

78 Abgedruckt im Fuldaer Kreisblatt vom 13. Januar 1900 (zweite Ausgabe), Beiblatt.

79 StadtAFd, NL 199, Nr. 1

80 Fuldaer Zeitung vom 26. Oktober 1899, [S. 2].

81 Otto Berge, Das Schicksal der Fuldaer Domänen 1815 bis 1820, in: Fuldaer Geschichtsblätter 58 (1982), S. 125–135.

82 StadtAFd, Bestand VIII, Bb 29 (Schreiben der Königlichen Regierung in Kassel vom 5. Juli 1895 an Oberbürgermeister Dr. Antoni).

83 Abdruck des Schreibens im Anhang.

84 StadtAFd, NL 199, Nr. 10, fol. 2r-3v.

85 Offenbar ein Anwesen des Fabrikanten Franz Carl Bellinger im Bereich der heutigen Künzeller Straße oder des „Musikerviertels".

86 An der heutigen Buseckstraße im Bereich der Heinrich-von-Bibra-Schule.

87 Möglicherweise die Grundstücke eines Johann Lorey am Hirtsrain, vgl. Aloys Jestaedt, Kataster der Stadt Fulda im XVIII. und XIX. Jahrhundert, 3 Teile, Fulda 1937–1940 (23.-25. Veröffentlichung des Fuldaer Geschichtsvereins), hier Teil II, Nr. 746.

88 Westlich der Frankfurter Straße an der heutigen gleichnamigen Straßenbezeichnung.

89 StadtAFd, NL 199, Nr. 3, fol. 3r.

90 Vgl. hierzu Schäfer, Festschrift (wie Anm. 53), S. 17.

91 StadtAFd, NL 199, Nr. 10, fol. 4r (Protokoll der Sitzung des Aufsichtsrats vom 30. Mai 1900); StadtAFd, NL 199, Nr.3, fol. 4v (Protokoll des Vorstands vom 4. August 1900).

92 Fuldaer Zeitung vom 20. Juni 1900, [S. 2].

93 StadtAFd, Bestand XII E 60, S. 7.

94 StadtAFd, Bestand XII E 60, S. 37.

95 StadtAFd, Karten und Pläne, Fa 22.

96 StadtAFd, Karten und Pläne, Fa 31.

97 StadtAFd, Bestand XII E, Nr. 90.
98 StadtAFd, Bestand XII E, Nr. 91.
99 StadtAFd, NL 199, Nr. 10, fol. 5r.
100 StadtAFd, NL 199, Nr. 3, fol. 9r.
101 StadtAFd, NL 199, Nr.3, fol. 15v.
102 Dies ergibt sich aus den Eintragungen im Brandversicherungskataster (StadtAFd, Bestand XIII C a, Nr. 63) sowie den Vorstandsprotokollen (StadtAFd, NL 199, Nr.3, fol. 21r, 24r; Nr. 4, fol.87r-88v).
103 StadtAFd, NL 199, Nr.3, fol. 20v.
104 StadtAFd, NL 199, Nr.3, fol. 18v.
105 StadtAFd, NL 199, Nr.3, fol. 44r.
106 StadtAFd, NL 199, Nr.3, fol. 120r.
107 StadtAFd, NL 199, Nr.3, fol. 25r.
108 StadtAFd, NL 199, Nr.3, fol. 25v.
109 StadtAFd, NL 199, Nr.3, fol. 26v.
110 StadtAFd, NL 199, Nr. 4, fol. 71r.
111 StadtAFd, NL 199, Nr. 4, fol. 30v.
112 StadtAFd, NL 199, Nr. 26.
113 Eine Liste der Bauten in: SCHÄFER, Festschrift (wie Anm. 53), S. 20; vgl. auch die damit übereinstimmenden Angaben bei Josef EBERLEIN, Die bauliche Entwicklung Fuldas, in: Erwin STEIN (Hg.), Monographien deutscher Städte, Band XXXIV: Fulda, Berlin-Friedenau 1930, S. 25–45, hier S. 34, wonach der Bauverein bis zum Kriegsbeginn 1914 im Gebiet des Landkreises elf Arbeiterwohnhäuser errichtet habe, die an Mitglieder veräußert worden seien.
114 JENKIS, Gemeinnützige Wohnungswirtschaft (wie Anm. 48), S. 115–125.
115 Die Zitate nach JENKIS, Gemeinnützige Wohnungswirtschaft (wie Anm. 48), S. 115 bzw. 123 f.
116 Nunmehr im Stadtarchiv Fulda unter der Signatur StadtAFd, NL 199, Nr. 19.
117 So wurden in der Vorstandssitzung vom 4. März 1916 gleich vier Personen der Generalversammlung zum Ausschluss vorgeschlagen (StadtAFd, NL 199, Nr. 4, fol. 80v).
118 Nach StadtAFd, NL 199, Nr. 19: Statistik von 1914.
119 Die folgenden Zahlen nach StadtAFd, NL 199, Nr. 19.
120 Eberlein, Die bauliche Entwicklung Fuldas (wie Anm. 113), S. 34 bietet eine davon abweichende Zahl. Demnach sollen sich bei Kriegsbeginn 1914 24 Wohngebäude mit 79 Wohnungen, die allesamt in der Georgstraße lagen, im Besitz der Genossenschaft befunden haben.
121 Elisabeth OTT / Thomas HEILER, Der Erste Weltkrieg in Fulda, hg. vom Magistrat der Stadt Fulda, Fulda 2014 (Dokumentationen zur Stadtgeschichte 31), hier S. 86.
122 Erster Weltkrieg, in: Fulda – Das Stadtlexikon (wie Anm. 3), Fulda 2019, S. 421 (Thomas HEILER).
123 HEILER, Kleine Stadtgeschichte (wie Anm. 1), S. 257.
124 Thomas KLEIN, Der Regierungsbezirk Kassel 1933–1936. Die Berichte des Regierungspräsidenten und der Landräte, 2 Teile, Darmstadt und Marburg 1995 (Quellen und Forschungen zur hessischen Geschichte 64), hier Teil I, S. CVI.
125 EBENDA, S. XCVIII.
126 VERWALTUNGSBERICHT des städtischen Wohlfahrtsamts 1932, [S. 1; Exemplar im StadtAFd, Z 237]
127 MAUERSBERG, Wirtschaft (wie Anm. 2), S. 210.
128 Tilman PÜNDER, Gesundheitswesen und Soziales, in: FULDAER GESCHICHTSVEREIN (Hg.), Geschichte der Stadt Fulda, Band II (wie Anm. 1), S. 435–477, hier S. 465.
129 FULDAER KREISBLATT vom 24. Juni 1918, [S. 3].
130 FULDAER ZEITUNG vom 24. Juni 1918, [S. 3].
131 FULDAER KREISBLATT vom 24. Juni 1918, [S. 3].
132 FULDAER ZEITUNG vom 19. November 1918, [S. 2].
133 Dies ergibt sich aus den Akten der städtischen Bauaufsicht; vgl. auch Schäfer, Festschrift (wie Anm. 53), S. 23.
134 FULDAER ZEITUNG vom 1. April 1922, [S. 3].
135 Ebenda.
136 FULDAER ZEITUNG vom 5. Februar 1922, [S. 3].
137 REICHSGESETZBLATT 1919 I, S. 72–82.
138 EBERLEIN, Die bauliche Entwicklung Fuldas (wie Anm. 113), S. 38. Die Frühphase dieser Genossenschaft lässt sich aus den Quellen nur schwer rekonstruieren. Das Protokollbuch des Vorstands (StadtAFd, NL 199, Nr. 24) beginnt erst am 27. Oktober 1921. Geschäftsberichte sind im Stadtarchiv Fulda nur für die Jahre 1928 und 1931 überliefert (StadtAFd, Bibliothek, Nx 88 und Nx 89).
139 Ein gedrucktes Exemplar der Satzung in der Akte StadtAFd, Bestand 10, Nr. 966.
140 FULDAER ZEITUNG vom 22. Dezember 1919, [S. 2].
141 ERBBAUGENOSSENSCHAFT Fulda eGmbH (Hg.), Geschäftsbericht für das Jahr 1928, Fulda 1929, S. 4–5.
142 EBENDA; EBERLEIN, Die bauliche Entwicklung Fuldas (wie Anm. 113), S. 38.
143 EBERLEIN, Die bauliche Entwicklung Fuldas (wie Anm. 113), S. 38.
144 EBENDA. Eine maschinenschriftliche undatierte Satzung in der Akte StadtAFd, Bestand 10, Nr. 966.
145 StadtAFd, Bestand 10, Nr. 966.
146 FULDAER ZEITUNG vom 30. April 1921, [S. 2].
147 Im StadtAFd finden sich im Bestand der Kämmerei aus dieser Zeit eine größere Anzahl von städtischen Kreditvergaben an Personen aus der ge-

nannten Liste zur Errichtung eines Eigenheims am Zieherserweg.

148 StadtAFd, Bestand 10, Nr. 966.

149 Eine Personalakte in: StadtAFd, Bestand 4, Nr. 143.

150 Zitiert nach der Akte StadtAFd, Bestand 10, Nr. 1003. Die Reinschrift hierzu in: StadtAFd, Bestand 22, Nr. 1189.

151 StadtAFd, Bestand 22, Nr. 1189.

152 FULDAER ZEITUNG vom 18. Mai 1920, [S. 2] und vom 20. Oktober 1920. [S. 2].

153 Mahr, Hermann in: Fulda – Das Stadtlexikon (wie Anm. 3), S. 317 (Thomas HEILER).

154 FULDAER ZEITUNG vom 4. Juli 1928, [S. 5]; DENKMALTOPOGRAPHIE Bundesrepublik Deutschland. Kulturdenkmäler in Hessen: Stadt Fulda, hg. vom LANDESAMT für Denkmalpflege Hessen, Braunschweig/Wiesbaden 1992, S. 302 f.

155 Adam, Fritz, in: Fulda – Das Stadtlexikon (wie Anm. 3), S. 13 f. (Thomas HEILER).

156 Vgl. S. 119.

157 Erwin STURM, Die Bau- und Kunstdenkmale der Stadt Fulda, Fulda 1984 (52. Veröffentlichung des Fuldaer Geschichtsverein), S. 1092 f.

158 Vgl. Anm. 72.

159 FULDAER ZEITUNG vom 1. Dezember 1928, [S. 5].

160 FULDAER ZEITUNG vom 15. September 1929, [S. 3].

161 StadtAFd, NL 199, Nr. 4, fol. 107r (Protokoll der Vorstandssitzung vom 7. August 1920).

162 StadtAFd, NL 199, Nr. 4, fol. 107 v (Protokoll der Vorstandssitzung vom 22. August 1920).

163 StadtAFd, NL 199, Nr. 4, fol. 120rv (Protokoll der Vorstandssitzung vom 28. Januar 1923).

164 StadtAFd, NL 199, Nr. 4, fol. 122r (Protokoll der Vorstandssitzung vom 1. Juni 1923).

165 Gesetz über die Abgabe zur Förderung des Wohnungsbaus vom 28. März 1923 (REICHSGESETZBLATT 1923 I, S.238–242).

166 StadtAFd, NL 199, Nr. 4, fol. 122v-123r (Protokoll der Vorstandssitzung vom 8. Oktober 1923).

167 StadtAFd, NL 199, Nr. 4, fol. 123v (Protokoll der Vorstandssitzung vom 8. November 1923).

168 StadtAFd, NL 199, Nr. 4, fol. 124r. Die Angaben zur Miethöhe Ende des Jahres 1923 in SCHÄFER, Festschrift (wie Anm. 53), S. 23 (11 Millionen Reichsmark für ein Haus am Kleegarten) sind viel zu niedrig.

169 StadtAFd, NL 199, Nr. 4, fol. 124v.

170 Wie Anm. 149.

171 FULDAER ZEITUNG vom 24. Januar 1924, [S. 2].

172 FULDAER ZEITUNG vom 4. Juni 1924, [S. 2].

173 REICHSGESETZBLATT 1926 I, S. 251–254.

174 Nach der Tabelle in: Ulrike HAERENDEL, Kommunale Wohnungspolitik im Dritten Reich. Siedlungsideologie, Kleinhausbau und „Wohnraumarisierung" am Beispiel Münchens, München 1999, (Studien zur Zeitgeschichte, Bd. 57), S. 116.

175 SCHÄFER, Festschrift (wie Anm. 53), S. 25 f.

176 FULDAER ZEITUNG vom 1. August 1924, [S. 2].

177 StadtAFd, Bestand 10, Nr. 1691 (Schreiben vom 17. März 1927).

178 StadtAFd, Bestand 10, Nr. 1669, fol. 2r.

179 VERWALTUNGSBERICHT der Stadt Fulda 1932, S. 22.

180 MAUERSBERG, Wirtschaft (wie Anm. 2), S. 194 bietet eine Statistik der von 1919 bis 1932 neu geschaffen Wohnungen, die etwas von den hier mitgeteilten Zahlen abweicht. Demnach wurden 296 Wohnungen durch die Stadt Fulda errichtet, 783 Wohnungen mit Hilfe von öffentlichen Mitteln und 469 Wohnungen von privat ohne öffentliche Mittel.

181 StadtAFd, Bestand 10, Nr. 1669.

182 StadtAFd, Bestand 10, Nr. 2842.

183 StadtAFd, Bestand 10, Nr. 1688.

184 StadtAFd, Bestand 10, Nr. 1689.

185 StadtAFd, Bestand 10, Nr. 1691.

186 StadtAFd, Bestand 10, Nr. 1670.

187 StadtAFd, Bestand 10, Nr. 1693.

188 StadtAFd, Bestand 10, Nr. 1692.

189 StadtAFd, Bestand 10, Nr. 2845.

190 StadtAFd, Bestand 10, Nr. 1671.

191 StadtAFd, Bestand 10, Nr. 1695.

192 StadtAFd, Bestand 10, Nr. 2846.

193 StadtAFd, Bestand 10, Nr. 2847.

194 StadtAFd, Bestand 10, Nr. 1690.

195 StadtAFd, Bestand 10, Nr. 2848.

196 StadtAFd, Bestand 10, Nr. 2849.

197 StadtAFd, Bestand 10, Nr. 2849.

198 StadtAFd, Bestand 10 Nr. 1699.

199 StadtAFd, Bestand 10, Nr. 1687.

200 StadtAFd, Bestand 10, Nr. 2843.

201 StadtAFd, Bestand 10, Nr. 1685.

202 StadtAFd, Bestand 10, Nr. 1686.

203 StadtAFd, Bestand 10, Nr. 1696.

204 StadtAFd, Bestand 10, Nr. 1694.

205 StadtAFd, Bestand 10, Nr. 1697.

206 StadtAFd, Bestand 10, Nr. 1687 und Nr. 2844.

207 StadtAFd, Bestand 10, Nr. 1698.

208 Vgl. Anm. 124 und 125.

209 StadtAFd, Bestand 22, Nr. 510.

210 EBENDA.

211 FULDAER ZEITUNG vom 18. Juli 1925, [S. 2].

212 Diese fürchteten eine steigende Kriminalität und eine Verwüstung ihrer landwirtschaftlichen Grundstücke (StadtAFd, Bestand XII H, Nr. 8).

213 Günther WILLMS, Westbahnhof. Porträt eines Notquartiers, in: Fuldaer Geschichtsblätter 74 (1998), S. 187–214, hier S. 187.
214 StadtAFd, Bestand 30, Nr. 14.
215 WILLMS, Westbahnhof (wie Anm. 213).
216 Udo ENGBRING-ROMANG, Fulda. Auschwitz. Zur Verfolgung der Sinti in Fulda, Darmstadt 1996 (Schriften des Verbands deutscher Sinti und Roma, LV Hessen, Band 3), hier S. 112–118.
217 FULDAER ZEITUNG vom 17. November 1929 (zweite Ausgabe), S. 3.
218 FULDAER ZEITUNG vom 22. Januar 1930 (erste Ausgabe), S. 5.
219 StadtAFd, Bestand VIII Bf, Nr. 7, S. 145.
220 FULDAER ZEITUNG vom 23. März 1928 (erste Ausgabe), S. 7.
221 FULDAER ZEITUNG vom 18. April 1936, Beilage Haus, Hof und Garten, S. 2.
222 Dies und das Folgende nach StadtAFd, Bestand 22, Nr. 513.
223 Kleinstwohnungs-Grundrisse, bearb. von Wilhelm LÜBBERT u.a., Berlin 1928 (Mitteilungen der Reichsforschungsgesellschaft für Wirtschaftlichkeit im Bau- und Wohnungswesen, Sonderheft 1).
224 Die Wohnung für das Existenzminimum. Auf Grund der Ergebnisse des 2. Internationalen Kongresses für Neues Bauen, sowie der vom Städtischen Hochbauamt in Frankfurt am Main veranstalteten Wander-Ausstellung, Frankfurt am Main 1930.
225 Quelle Statista: https://de.statista.com/statistik/daten/studie/1100231/ umfrage/durchschnittseinkommen-in-der-weimarer-republik/ (aufgerufen am 23. November 2024).
226 Wochenbericht des Instituts für Konjunkturforschung (hg. von Ernst WAGEMANN) 3 (1930), Nr. 20, S. 80. Hier werden Hypothekenzinsen von 9,46% für das zweite Vierteljahr 1930 nachgewiesen.
227 Helmut FEUSSNER / Friedhelm FISCHER, Von der „Heimstätte" zur Wohnstadt. Transformationen eines Unternehmens zwischen „Weimarer Republik" und 21. Jahrhundert, Kassel 2008.
228 50 Jahre Hess. Heimstätte, Zweigstelle Fulda, in: Fuldaer Monatsspiegel 28 (1979), Heft 8, S. 16.
229 StadtAFd, Bestand 22, Nr. 510.
230 Vgl. Anhang.
231 FULDAER ZEITUNG vom 7. Februar 1930, [S. 8].
232 FULDAER ZEITUNG vom 18. Februar 1930, [S. 5–6].
233 EBENDA, S. 6.
234 FULDAER ZEITUNG vom 22. Juli 1930, [S. 4].
235 FULDAER ZEITUNG vom 30. Juli 1930.
236 FULDAER ZEITUNG vom 26. Oktober 1930, [S. 4].
237 FULDAER ZEITUNG vom 19. April 1931, [Beilage, S. 3].
238 FULDAER ZEITUNG vom 8. April 1932, [S. 4].
239 FULDAER ZEITUNG vom 20. April 1932, [S. 4].
240 FULDAER ZEITUNG vom 30. November 1933, [S. 4].
241 VERWALTUNGSBERICHT der Stadt Fulda 1931, S. 31.
242 FULDAER ZEITUNG vom 1. April 1930, [S. 3].
243 StadtAFd, Bestand I A, Nr. 1.157: Beschluss der Beigeordnetenkonferenz vom 11. April 1950.
244 Danzebrink, Franz Dr., in: Fulda - Das Stadtlexikon (wie Anm. 3), S. 90. Zu Danzebrinks umstrittener Rolle während der NS-Zeit, die 2022 zur Änderung einer nach ihm benannten Straße in Fulda führte vgl. Thomas HEILER, Der „Fall" Dr. Franz Danzebrink, in: Fuldaer Geschichtsblätter 98 (2022), S. 95–132.
245 StadtAFd, NL 199, Nr. 13, S. 79.
246 SCHÄFER, Festschrift (wie Anm. 53), S. 28.
247 FULDAER ZEITUNG vom 9. Juni 1930, Erste Ausgabe, [S. 5].
248 Albert GUT, Der Wohnungsbau in Deutschland nach dem Weltkriege. Seine Entwicklung unter der unmittelbaren und mittelbaren Förderung durch die Gemeindeverwaltungen, München 1928.
249 GUT, Wohnungsbau (wie Anm. 248), S. 17.
250 Jan ABT / Alexander RUHE, Das Neue Frankfurt. Der soziale Wohnungsbau in Frankfurt am Main und sein Architekt Ernst May, Weimar u.a. 2008 (Grundrisse. Schriften zur Architektur- und Stadtbaugeschichte 12).
251 GUT, Wohnungsbau (wie Anm. 248), S. 13.
252 Herbert HUSE, „Neues Bauen" 1918 bis 1933. Moderne Architektur in der Weimarer Republik, München 1975.
253 Zu seiner Definition und zur Abgrenzung vom „Heimatstil" vgl. Sabine FECHTER, Heimatschutzbauten in Mainfranken. Entwicklungen und Wandlungen von Baupflege 1900–1975, Petersberg 2006 (Quellen und Materialien zur Hausforschung in Bayern 13).
254 Anne KOELBLIN, August Menken (1856–1903). Späthistorist zwischen Köln, Berlin und Danzig, Petersberg 2004.
255 Wie Anm. 155.
256 Werner KIRCHHOFF, Städtebau und Architektur (1803–1945), in: Fuldaer Geschichtsverein (Hg.), Geschichte der Stadt Fulda, Band II (wie Anm. 1), S. 575–610, hier S. 594.
257 DENKMALTOPOGRAPHIE (wie Anm. 154), S. 288.
258 EBENDA, S, 288 f.
259 StadtAFd, NL 199, Nr. 3, fol. 14v-15r.

260 Adressbuch der Stadt Fulda 1901, zusammengestellt von Wilhelm Trabert, Fulda o.J., S. 85.

261 Denkmaltopographie (wie Anm. 154), S. 79 und 264.

262 Adress-Buch der Stadt Fulda 1911, zusammengestellt von Ignaz Remmert, Fulda 1911, S. 190.

263 Denkmaltopographie (wie Anm. 154), S. 302.

264 Zur NS-Zeit in Fulda vgl. Udo Engbring-Romang, Machtsicherung, Opposition, Widerstand und Verfolgung (1933–1945), in: Geschichte der Stadt Fulda, Band II (wie Anm. 1), S. 135–163; Thomas Heiler, Unter der Diktatur des Nationalsozialismus, in: Ders., Kleine Stadtgeschichte (wie Anm. 1), S. 265–296; Nationalsozialismus, in: Fulda – Das Stadtlexikon (wie Anm. 3) , S. 354–357 (Thomas Heiler).

265 Ehser, Karl, in: Fulda – Das Stadtlexikon (wie Anm. 3), S. 110 f. (Thomas Heiler).

266 Jordan, Karl Rudolf, in: Hessische Biografie <https://www.lagis-hessen.de/pnd/118825534> (Stand: 27.10. 2024); Christian Raulf, Verwaltungsgeschichte (1930–1939), in Geschichte der Stadt Fulda, Band II (wie Anm. 1), S. 115–134, hier S. 123–125.

267 Laut Verwaltungsbericht der Stadt Fulda von 1933 (Exemplar im StadtAFd, Z 237) betrug die Einwohnerzahl zum 31.12.1933 nach dem Melderegister 28.293 Personen, darunter waren 20.970 Katholiken, 6.073 Protestanten und 1.029 Juden.

268 Thomas Klein, Die Hessen als Reichstagswähler. Tabellenwerk zur politischen Landesgeschichte 1867–1933, Band 2: Provinz Hessen-Nassau und Waldeck-Pyrmont, Marburg 1992 (Veröffentlichungen der Historischen Kommission für Hessen, Bd. 51/2), S. 130–219.

269 Die folgende Darstellung nach Thomas Heiler, Der „Fall" Dr. Franz Danzebrink (wie Anm. 244), S. 116–120.

270 „Burkhardt, Hans", in: Hessische Biografie <https://www.lagis-hessen.de/pnd/130469513> (Stand: 28.5. 2024).

271 Fuldaer Zeitung vom 8. Februar 1933, [S. 4].

272 Fuldaer Zeitung vom 4. März 1933, [S. 4].

273 Fuldaer Zeitung vom 18. Juli 1933, [S. 1].

274 Gesetz zur Änderung des Reichsmietengesetzes und des Mieterschutzgesetzes vom 18. April 1936 (Reichsgesetzblatt 1936 I, S. 371).

275 Verordnung über das Verbot von Preiserhöhungen vom 26. November 1936 (Reichsgesetzblatt 1936 I, S. 955 f.).

276 Gesetz über die Gemeinnützigkeit im Wohnungswesen vom 29. Februar 1940 (Reichsgesetzblatt 1940 I, S. 438–442).

277 Fuldaer Zeitung vom 27. Mai 1933, [S. 3].

278 Ebenda.

279 Richtlinien zur vorstädtischen Kleinsiedlung und Bereitstellung von Kleingärten für Erwerbslose, in: Reichsarbeitsblatt 1932, Nr.32 Teil 1 vom 10. November 1931.

280 Dies und das Folgende nach StadtAFd, Bestand XII H, Nr. 9.

281 Der Architektenvertrag mit ihm vom 31. August 1933 sah vor, dass dieser zu einem Drittel des Auftragsumfangs noch den ebenfalls sehr bedeutenden Fuldaer Architekten Fritz Adam (vgl. Anm. 155) beteiligen sollte. Zu Mahr vgl. Anm. 153.

282 Zu ihm vgl. Anm. 72

283 Verwaltungsbericht der Stadt Fulda 1933, S. 21.

284 Der Vertrag zwischen Stadt und Walter datiert 12. Dezember 1933 (StadtAFd, Bestand XII H, Nr. 9).

285 Fuldaer Zeitung vom 27. Dezember 1935, [S. 3].

286 Ebenda.

287 Fuldaer Zeitung vom 18. April 1936, Beilage Haus, Hof und Garten, S. 2.

288 Verwaltungsbericht der Stadt Fulda 1939 (Exemplar im StadtAFd, Z 237), S. 21.

289 Fuldaer Zeitung vom 31. Oktober 1936, Dritte Ausgabe: Beilage Bauerund Dorf, S. 2.

290 Fuldaer Zeitung vom 31. Dezember 1938, [S. 5].

291 Verwaltungsbericht der Stadt Fulda 1939 (Exemplar im StadtAFd, Z 237), S. 3.

292 Ebenda.

293 Ebenda.

294 Ebenda.

295 Eine Stadt wandelt ihr Gesicht. Die bauliche Entwicklung der Stadt Fulda in jüngster Zeit, in: Fuldaer Zeitung vom 29./30. Januar 1938, [S. 5].

296 Ebenda.

297 Wahrscheinlich spielte Kunkel auf das 1930/31 nach Plänen des Osnabrücker Architekten Justus Haarmann (1884–1968) errichtete Gebäude der Landesbibliothek am Heinrich-von-Bibra-Platz 12 an. Haarmann, ein prominenter Vertreter des Neuen Bauens, schuf ein dem Stil des Bauhauses verpflichtetes Gebäude, „das ganz im freiheitlich-republikanischen Sinne alle Teile der Bevölkerung ansprechen sollte. Auf größtmögliche Funktionalität wurde besonders geachtet", vgl. Denkmaltopographie (wie Anm. 154), S. 138.

298 Wie Anm. 295.

299 Wie Anm. 295.

300 Wie Anm. 295.

301 Denkmaltopographie (wie Anm. 154), S. 137.

302 So die Überschrift in der Fuldaer Zeitung vom 22./23. Januar 1938, [S. 1].

303 Unvergessene Heimat rund um´s Dammerfeld. Die abgesiedelten Ortschaften des Truppenübungsplatzes Wildflecken, 2. Aufl. Horb am Neckar 1988.

304 Denkmaltopographie (wie Anm. 154), S. 407–409; Franziska Becker, Nationalsozialistische Siedlungen im Raum Fulda. Die Siedlungen Trätzhof und Haderwald, in: Fuldaer Geschichtsblätter 96 (2020), S. 135–157, hier S. 135–147; Rhönbauern in neuer Heimat. Ein Stück Dalherda rings um den Trätzhof, in: Fuldaer Zeitung vom 30. September 1938, [Heimatbeilage zwischen Rhön und Vogelsberg, S. 1].

305 Fuldaer Zeitung vom 7. Mai 1938, [S. 13].

306 Fuldaer Zeitung vom 23. Mai 1938, [S. 6].

307 StadtAFd, NL 199, Nr. 2. Eine Personalakte seiner städtischen Tätigkeit hat sich erhalten: StadtAFd, Bestand 4, Nr. 2223.

308 Die Fuldaer Zeitung vom 8. Juli 1928, [S. 5] berichtet von einer großen Abschiedsfeier im Sitzungssaal der Stadtverordneten, bei der Oberbürgermeister Dr. Antoni die Verdienste Wohlgemuths in den höchsten Tönen lobte.

309 Fuldaer Zeitung vom 2. Februar 1928, [S. 3].

310 StadtAFd, NL 199, Nr. 11, S. 6. Unter „bewährt" und am Ende des letzten Satzes hat eine wohl zeitgenössische Hand aus unbekannten Gründen in Rot ein Fragezeichen gesetzt.

311 Fuldaer Zeitung vom 30. Mai 1933, [S. 2]; StadtAFd, NL 199, Nr. 13, S. 88. Zu seinem 80. Geburtstag erschien eine kurze Würdigung in der Fuldaer Zeitung vom 4. April 1940, [S. 3].

312 In den Akten der Genossenschaft ist von Justus Rühl bzw. Heinrich Justus Rühl die Rede. Justus (1892–1946), der Sohn Heinrichs, war bei der Bestellung 1906 zu jung, um hier gemeint sein zu können. Es ist daher davon auszugehen, dass es sich um Heinrich Rühl, der laut Standesamtsunterlagen keinen zweiten Namen trug, handelte.

313 StadtAFd, NL 199, Nr. 2.

314 Ebenda.

315 StadtAFd, NL 199, Nr. 11, S. 14.

316 StadtAFd, NL 199, Nr. 11, S. 4.

317 StadtAFd, NL 199, Nr. 1, S. 4.

318 In der Festschrift der GWG von 1999 (100 Jahre Tradition und Fortschritt, hg. von der Gemeinnützigen Wohnungsgenossenschaft e.G., Fulda 1999), S. 8 entsteht der Eindruck, dass die Rücktrittsgesuche in unmittelbarem Zusammenhang stehen mit der Machtübernahme durch die NSDAP 1933.

319 In den Akten sowie in der Literatur werden nur die Nachnamen genannt. Die Identifizierung mit den genannten Personen erfolgte aufgrund des Umstands, dass diese in Häusern lebten, die zu den Objekten des Bauvereins gehörten. Im Protokolleintrag der Aufsichtsratssitzung (StadtAFd, NL 199, Nr. 11, S. 7) wird Richard Krenzer nicht genannt.

320 StadtAFd, NL 199, Nr. 11, S. 3.

321 StadtAFd, NL 199, Nr. 10, S. 21. Es dürfte sich dabei um den Bahnarbeiter Josef Atzert (1878–1964) handeln. Die Festschrift 100 Jahre Tradition und Fortschritt (wie Anm. 318), S. 8 nennt hier einen im Melderegister nicht nachzuweisenden Hermann Atzert.

322 StadtAFd, NL 199, Nr. 13, S. 88. Vgl. auch Fuldaer Zeitung vom 31. Mai 1933, [S. 4].

323 Eine Personalakte für Laux, der u.a. im Wohnungsamt beschäftigt war, in: StadtAFd, Bestand 4, Nr. 440. In der Festschrift 100 Jahre Tradition und Fortschritt (wie Anm. 318), S. 8 irrtümlich als „Karl Lause" bezeichnet.

324 Es gab zu dieser Zeit laut städtischem Adressbuch von 1934 mehrere Josef Kircher in Fulda. Da der hier Genannte im Gegensatz zu den anderen Trägern dieses Namens in einer Wohnung des Bauvereins (Dientzenhoferstraße 21) gemeldet war, wird er hier aufgelistet.

325 Seine Personalakte in: StadtAFd, Bestand 4, Nr. 257.

326 Auch hier erfolgte eine Zuordnung (vgl. Anm. 324) aufgrund der Meldeadresse in einer Wohnung des Bauvereins (Georgstraße 27). In der Festschrift 100 Jahre Tradition und Fortschritt (wie Anm. 318), S. 8 irrtümlich als „Kurt von Keitz" bezeichnet.

327 In der Festschrift 100 Jahre Tradition und Fortschritt (wie Anm. 318), S. 8 irrtümlich als „Kurt Becker" bezeichnet.

328 StadtAFd, NL 199, Nr. 11, S. 6.

329 Schäfer, Festschrift (wie Anm. 53), S. 27.

330 Die Zahlen aus dem Geschäftsbericht des Jahres 1932 nach der Berichterstattung in der Fuldaer Zeitung vom 30. Mai 1933, [S. 2].

331 Aus dem Bericht über die Hauptversammlung am 23. April 1934 in der Fuldaer Zeitung vom 25. April 1934, [S. 3].

332 StadtAFd, NL 199, Nr. 6, S. 23.

333 StadtAFd, NL 199, Nr. 13, S. 93.

334 StadtAFd, NL 199, Nr. 6, S. 36 und 60.

335 StadtAFd, NL 199, Nr. 6, S. 131.
336 StadtAFd, NL 199, Nr. 6, S. 187.
337 Nach dem Bericht über die Hauptversammlung in der Fuldaer Zeitung vom 4. April 1939, [S. 3].
338 StadtAFd, NL 199, Nr. 11, S. 79.
339 Fuldaer Zeitung vom 16. August 1941, [S. 3].
340 StadtAFd, NL 199, Nr. 15, S. 45 f.; der Verschmelzungsvertrag in: StadtAFd, NL 199, Nr. 26.
341 Nach der Fuldaer Zeitung vom 7. Mai 1940, [S. 3] bzw. vom 4. April 1939, [S. 3].
342 Schäfer, Festschrift (wie Anm. 53), S. 32.
343 StadtAFd, NL 199, Nr. 17.
344 Vgl. Anm. 265.
345 Schäfer, Festschrift (wie Anm. 53), S. 30.
346 Zitiert nach Thomas Heiler, Der Synagogenbrand in Fulda und seine juristische Aufarbeitung nach 1945, in: Fuldaer Geschichtsblätter 90 (2014), S. 109–143, hier S. 133 f.
347 StadtAFd, NL 199, Nr. 12, S.1.
348 Eine Personalakte zu ihm im StadtAFd, Bestand 4, Nr. 486.
349 StadtAFd, NL 199, Nr. 12, S. 2.
350 StadtAFd, NL 199, Nr. 7, S. 105.
351 Günter Sagan, Die Bevölkerung hatte Verluste. Der Luftkrieg im Raum Fulda vom September 1939 bis zum März 1945, Fulda 1994 (58. Veröffentlichung des Fuldaer Geschichtsvereins), S. 270–278; Günter Sagan / Thomas Heiler / Beate Kann, Der Tod kam in der Mittagszeit. Fulda im Bombenkrieg 1944–1945, Gudensberg-Gleichen 2004.
352 Günter Sagan, Fulda 1944. Die Katastrophe im Krätzbachbunker, Petersberg 2022.
353 Fuldaer Zeitung vom 8. Oktober 2024, S. 16.
354 StadtAFd, Bestand 199, Nr. 7, S. 29.
355 StadtAFd, Bestand 199, Nr. 7, S. 41.
356 StadtAFd, Bestand 199, Nr. 7, S. 58.
357 StadtAFd, Bestand 199, Nr. 7, S. 77.
358 Nach der Aufstellung bei Sagan, Die Bevölkerung hatte Verluste (wie Anm. 351), S. 270–278.
359 StadtAFd, NL 199, Nr. 17.
360 Schäfer, Festschrift (wie Anm. 53), S. 33. Die Zahlen decken sich nicht mit jenen, die Oberbürgermeister Erich Schmidt unmittelbar nach Kriegsende auf der ersten Generalversammlung der Genossenschaft nach dem Krieg im Februar 1946 vortrug (vgl. Anm. 393).
361 Die folgenden Angaben nach den Sterbe-Erstbüchern des Standesamtes Fulda (StadtAFd, Bestand 16).
362 Nach Thomas Heiler u.a., „Alles für Fulda". Aspekte der Kommunalpolitik 1946–2006, Begleitband zur Ausstellung, 28. April - 9. Juli 2006, Vonderau-Museum Fulda, Petersberg 2006 (Kataloge des Vonderau Museums Fulda 17).
363 Nach Gustav Lochmann, Als der Ami kam. Fulda in der Stunde der Entscheidung [2. Auflage, Hünfeld 1995], S. 104–109, der das Verdienst der kampflosen Übergabe Fuldas beim Generalmajor Hoffmann sah.
364 Thomas Heiler, Der „Fall" Dr. Franz Danzebrink (wie Anm. 244), S. 107 f.
365 Nach Heiler u.a., „Alles für Fulda" (wie Anm. 362); Frank Verse (Hg.), Als die Demokratie zurückkam. 75 Jahre Verfassung in Hessen und Fulda. Begleitband zur gleichnamigen Ausstellung im Vonderau Museum Fulda, 15. Juli bis 24. Oktober 2021, Petersberg 2021 (Kataloge des Vonderau Museums 50); Günter Sagan, Besatzungsjahre 1945–1949, in: Fuldaer Geschichtsverein (Hg.), Geschichte der Stadt Fulda, Band II (wie Anm. 1), S. 205–238.
366 Militärregierung Deutschland. Kontrollgebiet des Obersten Befehlshabers, Proklamation Nr. 1.
367 Ein Abdruck in StadtAFd, Bestand 6, Nr. 478.
368 StadtAFd, Bestand 6, Nr. 477.
369 Ebenda.
370 Verwaltungsbericht der Stadt Fulda für das Haushaltsjahr 1946, S. 9 (Exemplar im StadtAFd).
371 StadtAFd, Bestand IIIa, Nr. 23.
372 Zu den Spruchkammerverfahren vgl. Thomas Heiler, Der „Fall" Dr. Franz Danzebrink (wie Anm. 244), S. 124f.
373 Schmidt, Erich, in: Fulda – Das Stadtlexikon (wie Anm. 3), S. S. 421 (Thomas Heiler).
374 Diese und die folgenden statistischen Angaben aus dem Verwaltungsbericht der Stadt Fulda für das Haushaltsjahr 1946, VII. Abschnitt: Bau-, Wohnungs- und Siedlungswesen bzw. IX. Abschnitt: Wirtschaftliche Unternehmen (Typoskript im StadtAFd).
375 Dass die sogenannten Trümmerfrauen die Hauptlast der Trümmerräumung getragen hätten, ist inzwischen von der Forschung erheblich relativiert worden, vgl. Leonie Treber, Mythos Trümmerfrauen. Von der Trümmerbeseitigung in der Kriegs- und Nachkriegszeit und der Entstehung eines deutschen Erinnerungsortes, Essen 2014.
376 StadtAFd, Bestand 23, Nr. 1–4.
377 Fuldaer Volkszeitung vom 31. Oktober 1945.
378 Fuldaer Nachrichtenblatt, Nr. 5.
379 Fuldaer Zeitung vom 27. Juli 1945.
380 Fuldaer Nachrichtenblatt vom 10. Juli 1945.
381 Fuldaer Volkszeitung vom 1. Januar 1946.

382 StadtAFd, 6, Nr. 474.
383 Raabe, Cuno Dr., in: Fulda – Das Stadtlexikon, S. 399 f. (Gerhard MÖLLER).
384 Dies und das Folgende nach Heiler u.a., „Alles für Fulda" (wie Anm. 362), S. 21–25.
385 Schmitt, Anton, in: Fulda – Das Stadtlexikon (wie Anm. 3), S. 422 f. (Thomas HEILER).
386 HEILER u.a., „Alles für Fulda" (wie Anm. 362), S. 16.
387 Büttner, Sigrid, in: Fulda – Das Stadtlexikon (wie Anm. 3), S. 82 (Beate KANN).
388 Raabe, Cuno Dr., in: Fulda – Das Stadtlexikon (wie Anm. 3), S. 399 f. (Gerhard MÖLLER).
389 SCHÄFER, Festschrift (wie Anm. 53), S. 33; vgl. FESTSCHRIFT 100 Jahre Tradition und Fortschritt (wie Anm. 318), S. 9.
390 Beim Luftangriff vom 3. Januar 1945.
391 StadtAFd, NL 199, Nr. 17; vgl. FESTSCHRIFT 100 Jahre Tradition und Fortschritt (wie Anm. 318), S. 9.
392 Wie Anm. 373.
393 StadtAFd, NL 199, Nr. 14, S. 16.
394 EBENDA; ein Bericht über das Geschäftsjahr 1944/45 in: StadtAFd, NL 199, Nr. 17.
395 StadtAFd, NL 199, Nr. 14, S. 16.
396 StadtAFd, NL 199, Nr. 12, S. 20; eine Personalakte in: StadtAFd, Bestand 4, Nr. 291.
397 StadtAFd, NL 199, Nr. 14, S. 22.
398 StadtAFd, NL 199, Nr. 14, S, 88.
399 So festgehalten in der Vorstandssitzung vom 14. Februar 1947 (StadtAFd, NL 199, Nr. 7, S. 146).
400 EBENDA, S. 147.
401 StadtAFd, NL 199, Nr. 18.
402 FULDAER ZEITUNG vom 7. August 1951, [S. 3].
403 EBENDA.
404 StadtAFd, NL 199, Nr. 18.
405 Satzung der Gemeinnützigen Wohnungsgenossenschaft ... Fulda, Ausgabe Dezember 1949, Nachdruck 1953 (StadtAFd, NL 199, Nr. 18).
406 HEILER u.a., „Alles für Fulda" (wie Anm. 362), S. 35.
407 Stadt Fulda, Bauaufsichtsamt, AZ 00 058 / 60 62.
408 Siehe oben S. 141..
409 Eine Würdigung durch Dr. Raabe in: StadtAFd, NL 199, Nr. 12, S. 130.
410 Gewählt im Dezember 1966 als Nachfolger von Dr. Cuno Raabe (StadtAFd, NL 199, Nr. 12, S. 158).
411 Bernd GÖTTE, Mann mit weitem Horizont. Ex-Sparkassenchef Hans Runk ist verstorben, in: FULDAER ZEITUNG vom 4. Juni 2024, S. 15.
412 Wie Anm. 349. Eine Würdigung durch Dr. Raabe in: StadtAFd, NL 199, Nr. 12, S. 113.
413 StadtAFd, NL 199, Nr. 12, S. 102; vgl. FESTSCHRIFT 100 Jahre Tradition und Fortschritt (wie Anm. 318), S. 15.
414 StadtAFd, NL 199, Nr. 12, S. 91.
415 StadtAFd, NL 199, Nr. 12, S. 95.
416 StadtAFd, NL 199, Nr. 12, S. 143.
417 StadtAFd, NL 199, Nr. 12, S. 166.
418 StadtAFd, NL 199, Nr. 12, S. 175.
419 StadtAFd, NL 199, Nr. 12, S. 177.
420 Rainer GEISSLER, Die Sozialstruktur Deutschlands, 7. Aufl., Wiesbaden 2014, S. 73.
421 SCHÄFER, Festschrift (wie Anm. 53), S. 40.
422 Ebenda, S. 41.
423 So die Überschrift in der OBERHESSISCHEN VOLKSZEITUNG vom 6. Juni 1975.
424 EBENDA.
425 FESTSCHRIFT 100 Jahre Tradition und Fortschritt (wie Anm. 318), S. 12.
426 FULDAER ZEITUNG vom 27. August 1981, S. 10; OBERHESSISCHE VOLKSZEITUNG vom 27. August 1981.
427 Ein Bericht über das Richtfest in: FULDAER ZEITUNG vom 16, September 1977, S. 8.
428 FULDAER ZEITUNG vom 27. August 1981, S. 10.
429 FULDAER ZEITUNG vom 8. Juni 1991, S. 19.
430 Vgl. oben S. 82 f.
431 FULDAER ZEITUNG vom 26. Oktober 1998, S. 9; Festschrift 100 Jahre Tradition und Fortschritt (wie Anm. 318), S. 17.

ANHANG

1) Die Gründungsmitglieder des Bauvereins 1899

NAME	Anteile	Lebensdaten bzw. Datum des Wegzugs /	Beruf	Wohnort	Austritt
Antoni, Georg Dr.	5	1862–1945	Oberbürgermeister	Heinrichstraße 8	
Balzer, Josef	1	1872–1948	Fabrikarbeiter	Gartenstraße 4	1902
Barthel, Peter	1	1852–1926	Weber	Am Landkrankenhaus 8	1903
Baum, Joseph	1	1855-abg. Köln 1907	Redakteur	Heinrichstraße 6	1907
Beitz, Joseph	2	1864–1938	Stadtoberinspektor	Viehmarktplatz 13, Georgstraße 12 (1902)	1935
Bickert, Ferdinand	1	1863–1941	Weber	Schleifersgasse 11, Georgstraße 26 (1911)	1941?
Brähler, Rochus	1	1855–1937	Gartenarbeiter	Langebrückenstr. 20, Georgstraße 26 (1910)	1934
Brillerty, A. Jos.	1		Bautechniker	Schulstraße 1	1905
Bug, Maria Anna	1		Fabrikarbeiterin	Judenberg 3 (?)	1901
Dangel, Damian	3	1869–?	Stadtkaplan	Nonnengasse 4	1921
Daubert, Heinrich	2		Schreiner	Florengasse 235	1932
Diehl, Heinrich	1	1862–1930	Weber	Im Fischfeld 7	1910
Dux, Gustav	1	1856–1929	Fabrikdirektor	Löherstraße 29	1929
Ernst, August	1	1864–1933	Hilfsweichensteller	Rosengasse 6	1929
Eschwege, Nathan	2	1880–abg. Niederlahnstein 1902	Kaufmann	Mittelstraße 27	1906
Faulstich, Jacob	2	1847–1901	Maurermeister	Tränke 11	1907
Feldmann, Karl	1	1859–1931	Lagerarbeiter	Sack 7	1906
Fölsch, Friedrich	1	1859–1920	Stadtpedell	Friedrichsmarkt 1	1933
Frank, Ferdinand	1	1854–1925 (hierher?)	Schreiner	Leipziger Straße 16 ?	1913
Geier, Peter	1	1866–abg. 1903 Mönchengladbach	Fabrikarbeiter	Petersberger Str. 17	1907
Göb, Nikolaus	1	1860–1924	Fabrikarbeiter	Judengasse 8	1903
Goebel, Otto	3	1862–1941	Bankdirektor	Marktstraße 32	1941
Grösch, Philipp	1	1863–1922	Schreinermeister	Abtstor 7	1903

Habersack, Michael	1	1848–1914	Fabrikarbeiter	Feldstraße 11	1903
Hack, Leonhard	1	1871–1927	Schneidermeister	Frankfurter Straße 51a	1903
Halbleib, Lorenz Michael	3	1846–1925	Fabrikarbeiter	Hirtsrain 2	1903
Helker, Wilhelm	1	1870–abg. 1906 Duisburg	Maurer	Waides 15	1906
Herget, Otto	1	1854–1931	Fabrikarbeiter	Petersbergerweg 17, Georgstraße 16 (1904)	1932
Herrlich, Wilhelm	1	1868–1941	Fabrikarbeiter	Lindenstraße 29, Georgstraße 5 (1904)	
Hohmann, Amand	1	1861–1935	Oberrealschullehrer	Karlstraße 34	1902
Hosenfeld, Georg	1	1861–1932	Totengräber	Künzellerstraße 44	1935
Jacob, Nicolaus	1	1858–1934	Schlosser	Petersberger Straße 17, Georgstraße 16 (1904)	1939
Jost, Sebastian	1	1864–1945	Färber	Hintere Schleifers-Gasse 11	1902
Kaiser, Bruno	2	1848–1927	Kleinhändler	Ohmstraße 14	1918
Kapp, Jos.	3	1862–1929	Zahntechniker	Bonifatiusplatz 5	1937
Kirschbaum, Wilh.	1	1851–1915	Vorarbeiter	Petersberger Str. 21	1902
Klüber, Amandus	1	1856–1928	Webermeister	Edelzellerweg 44	1907
Kramer, Karl	4	1852–1941	Fabrikant	Petersbergerweg 42	1930
Kress, Adam	1	1847–1936	Zugführer	Leipziger Straße 44	1903
Leise, Adam	1	1861–1909	Lackierer	Rabanusstraße 15	1912
Leitsch, Franz	1	1865–1945	Fabrikarbeiter	Nonnengasse 12	1906
Liese, Joseph	1	1877–1918	Lagerarbeiter / Gerber	Ohmstraße 4	1908
Lippert, Karl	1	1846–abg. Frankfurt (1901)	Geschäftsführer	Horaserweg 9	1901
Marx, Florentin Dr.	5	1848–1929	Medizinalrat	Lindenstraße 24	1920
Modest, August	1	1860–1945	Schlosser / Maschinenmeister	Gartenstraße 7	1900
Mollenhauer, Wilh.	1	1854–1927	Kaufmann / Bankvorstand	Marktstraße 28	1932
Möller, Franz Joseph	1	1864–1943	Fabrikarbeiter	Florengasse 40	1908
Müller, Leopold	1	1859–1932	Packer / Fabrikarbeiter	Petersgasse 14	1934
Müller, Richard	5	1851–1931	Kaufmann, Rentner, Reichstagsabgeordneter	Marienstraße 1	1914
Nüdling, Ludwig	1	1874–1947	Domkaplan	Domplatz 3	1902
Pappert, Adam	1	1867–1950	Stanzarbeiter	Kronhofstraße 81	1901
Paul, Damian	1	1870–1929	Fabrikarbeiter	Judenberg 3	1901
Petersein, Oskar	1	1865–1923	Fabrikarbeiter	Hinterburg 6	1901
Pudlich, Friedrich	3	1859–1929	Gaswerksinspektor	Rabanusstraße 6	1900
Raab, Karl	1	1864–1924	Küfer	Horaserweg 13	1904
Reith, Karl	1	1860–1927	Heizer	Wallweg 4	1904

Ritz, Philipp	2	1854–1903	Schlosser	Sebastianstraße 21	1904
Röbig, Hermann	1	1858–1917	Taglöhner / Fuhrunternehmer	Luckenberg 2	1933
Ruppert, Adam Josef	1	1861–1919	Fabrikarbeiter	Heinrichstraße 31	1933
Sand, Kaspar Josef	1	1871–1946	Bahnarbeiter	Kanalstraße 32	1906
Schäfer, Johannes	1	1870–1917	Fabrikarbeiter	Eichsfeld 16	1932
Schmitt, Anton	1	1862–1932	Fabrikarbeiter	Leipziger Straße 81	1905
Schmitt, Isidor	1	1867–1935	Schlosser	Florengasse 13	1932
Schmitt, Johann	4	1855–1926	Maurermeister / Ziegeleibesitzer	Petersberger Straße 42	1933
Schmitt, Joseph	10	1849–1920	Weinhändler	Elisabethenstraße 1	1932
Schmitt, Konrad	1	1837–1911	Weber	Angel 27	1902
Schmitt, Richard	5	1853–1936	Fabrikant	Langebrückenstraße 14	1904
Schoetz, Wilhelm	1	1848–1922	Schlosser	Schulstraße 27	1905
Schuchert, Benedict	1	1862–1911	Drechsler	Kanalstraße 68	1901
Schumann, Magnus	1	1868–?	Fabrikarbeiter	Leipzigerger Straße 43	1905
Spatz, Julius	5	1847–abg. nach Hanau (1906)	Fabrikarbeiter	Heinrichstraße 37	1906
Steffens, Kurt Gustav	5	1855–1910	Landrat	Schlossstraße 1	1932
Stock, Josef	2	1870–abg. nach Horas (1902)	Maurermeister	Kronhofstraße 61	1904
Studt, Joseph	1	1870–1909	Buchbindermeister	Kanalstraße 3	1901
Thielemann, Dr.	1	1867–1944	Theologieprofessor	Domplatz 5	1940
Traut, Ignaz	1	1852–1930	Kaufmann	Bahnhofstraße 12	1905
Voit, Franz	1	1868–abg. Götzenhof (1914)	Fabrikarbeiter	Zieherserweg 16	1901
Walter, Philipp	1		Gutsbesitzer	Kohlhaus	1902
Wattenbach, Martin	1	1859–abg. Schlüchtern (1944)	Schmied / Gießer	Langebrückenstr. 18	
Weber, Jacob	1	1834–1908	Schreinermeister	Sack 3	1906
Weber, Joseph	1	welcher?			
Wehner, Eduard	1	1863–1904	Stadtprobator	Buttermarkt 15	1902
Wehner, Vincenz	1	1859–1928	Schlosser	Königstraße 16	1901
Wehner, Wilhelm	1	1871–1925	Lackierer	Abtstor 35	1902
Wenzel, Franz	1	1846–1924	Kürschner	Mittelstraße 8	1914
Wiegand, Johann	1	1853–1928	Fabrikarbeiter	Wallweg 18	1903
Wissler, Ferdinand	1	1847–1926	Gutsbesitzer	Lindenstraße 29	1921
Ziegler, Johann Karl	1	1858–1937	Bahnarbeiter	Eichsfeld 50	1901
Gesamt	144				

2) Denkschrift zur Erbauung von Arbeiterwohnungen in Stadt und Kreis Fulda, verfasst von A. Schreiber, undatiert, ca. 1899 (StadtAFd, NL 199, Nr. 1)

In Anbetracht der immer zunehmenden Industrie und der damit verbundenen Bautätigkeit in hiesigem Kreise macht sich das Bedürfnis zur Errichtung von gesunden, bequemen und dazu billigen Arbeiterwohnungen immer mehr fühlbarer. Der St. Josefsverein kath. Arbeiter hat eingedenk seiner Ziele, diesen Punkt scharf ins Auge gefasst. Sein Vorhaben scheiterte schon früher aber an dem damaligen ablehnenden Verhalten der Stadtbehörde. Da nun die Sache einmal in Fluss gekommen war, und man die Überzeugung hatte, dass dem damaligen Wohnungsmangel abgeholfen werden musste, so setzte sich der Präses des Vereins Herr Stadtkaplan Müller mit dem Fabrikanten Herrn Richard Müller in Verbindung, um diesen für das Unternehmen zu gewinnen. Es erstanden dann auch an der Südseite der Stadt eine Anzahl Arbeiter-Wohnhäuser. Es ist aber immer noch nicht dem Bedürfnis gänzlich abgeholfen. Besonders auf dem platten Lande wird das Bedürfnis nach solchen Wohnungen immer fühlbarer. Es gibt Ortschaften in der Nähe der Stadt, wo tatsächlich eine kleine Wohnung nicht zu haben ist, und die vorhandenen sind so schlecht, dass dieselben eher etwas anderes sind als Wohnungen für Menschen.

Ich bin deshalb der Ansicht, dass man die Erbauung von Arbeiter-Wohnhäusern auf die benachbarten Orte Horas, Petersberg, Künzell, Pilgerzell, Kohlhaus, Bronnzell und Eichenzell ausdehne, und zwar aus folgenden Gründen:

1. Sind die Leute vom Land mehr an die Scholle gewöhnt und fühlen sich auf dem Lande wohler als in der Stadt und ziehen solche Leute oft sehr ungern vom Land in die Stadt, aber sie müssten öfters in die Stadt ziehen, weil eben in dem Orte keine Wohnung zu haben ist.

2. Ist auf dem Land der Grund und Boden immer noch billiger als in der Stadt. Während in und bei der Stadt der Quadratmeter nicht unter 3 Mark zu haben ist, welcher Preis zur Errichtung von Arbeiterwohnungen viel zu hoch ist, kann man auf dem Lande immer noch zu 40–50 Pfennig den Quadratmeter haben.

3. Lebt der Arbeiter auf dem Lande immer billiger wie in der Stadt; so ein Arbeiter hält sich ein Stück Kleinvieh z.B. eine Ziege oder ein Schwein und etwas Geflügel, baut sich auch ein Stück Land zu Kartoffel und somit kommt dem Arbeiter auf dem Land das Leben billiger.

4. Sind denn auch die Arbeitslöhne auf dem Lande immer noch billiger als in der Stadt. Denn der Bauhandwerker arbeitet schon um 40–50 Pfennig billiger, wenn er aus seiner Wohnung direkt zur Baustätte gehen kann und wenn er zur Mittagszeit sein Mittagsmahl zu Hause einnehmen kann, als wenn [er] morgens erst einen Weg von ¾ bis 1 ¼ Stunde zur Arbeitsstätte machen muss und zur Mittagszeit in ein Kosthaus in der Stadt gehen muss, wenn nicht gar die Frau denselben Weg machen muss, um dem Mann das Essen zu bringen.

5. Der letzte und Hauptgrund ist aber der, wenn die Arbeiter-Wohnhäuser auf dem Lande errichtet werden, so hält man den Zuzug von der Stadt fern, der für dieselbe immer gefährlicher wird, denn Lebensmittel und Miete steigen in gleichem Maße als die Stadt an Handel und Verkehr zunimmt, und da oft es dem Arbeiter mit nur mäßigem Lohn nicht möglich, seine Familie, zumal wenn dieselbe reich mit Kindern gesegnet ist, zu ernähren. Und es wird daher immer mehr die öffentliche Wohltätigkeit in

Anspruch genommen. Wird aber dem ländlichen Arbeiter die Gelegenheit geboten, sich auf dem Lande sesshaft zu machen, so trägt dieser mit dazu bei, den Bauernstand zu heben und so denselben mit seinem Stand zufrieden zu machen.

Ich ersuche deshalb die Herren, die sich mit dieser Angelegenheit befassen, auf diese Denkschrift ihr besonderes Augenmerk zu haben; und man wird sehen, dass dieser Plan nicht nur zeitgemäß, sondern auch segenbringend wirkt.

3) Überlassung der Domäne Ziehers Entwurf eines Schreibens an die Regierung in Kassel von Richard Müller (StadtAFd, NL 199, Nr. 1)

Fulda, den NN September 1899

An die Königliche Regierung, Abteilung für direkte Steuern, Domänen und Forsten Kassel

Gesuch des „Bauvereins für den Kreis Fulda" um tauschweise Überlassung eines Teils der Domäne Ziehers bei Fulda

Die Gemarkung der Stadt Fulda wird im Osten durch die Domäne Ziehers, deren Besitz jenseits des Bahnhofs der Bebra-Frankfurter-Bahn beginnt und sich bis zur Gemarkung Petersberg hinzieht, begrenzt.

Die Stadt Fulda hat in den letzten 20 Jahren ein rascheres Wachstum erfahren, die Einwohnerzahl ist von 11.000 auf 15.500 Seelen gestiegen; ein großer Teil dieser Zunahme rührt von den Beamten der Eisenbahn und den Arbeitern der Bahnwerkstätten her, ein anderer Teil von der Ausdehnung der hiesigen Industrie.

Mit der Vermehrung der Einwohnerzahl hat sich auch der Bedarf an Wohnungen insbesondere für die minderbemittelten Klassen gesteigert und ist für diese ein tatsächlicher Mangel an gesunden, preiswerten Wohnungen eingetreten.

Die Bauunternehmer beschränken sich auf die Herstellung der s.g. Mittel- und besseren Wohnungen, weil diese am lohnendsten sind, die sonst von privater Seite erfolgte Herstellung von Arbeiterwohnungen hat sich nicht als ausreichend erwiesen.

Deshalb hat sich der unterzeichnete Verein gebildet, um im sozialen Interesse der Arbeiter und Unterbeamten den Bau von zweckentsprechenden Wohnungen mit Gärten in uneigennütziger Weise in die Hand zu nehmen. Das Statut des Vereins ist hier beigefügt.

Da die Gemarkung der Stadt Fulda von 3 Seiten durch die Domänen Neuenberg, Johannisberg und Ziehers eingeschränkt ist, ein großer Teil der Gemarkung außerdem im Inundationsgebiet [Überschwemmungsgebiet] des Fuldaflusses liegt und nicht bebaut werden darf, ist der Erwerb von Grundstücken, welche sich zum Wohnungsbau speziell für Bahnarbeiter eignen, da solche von den Arbeitsstätten doch nicht allzu weit entfernt sein dürfen, sehr erschwert.

Eine wesentliche Erleichterung unserer Aufgabe würde es sein, wenn uns von der Domäne Ziehers, nördlich und südlich von den Bahnhofs-Werkstätten gelegen, Parzellen abgelassen werden könnten. Diese Parzellen sind auf mitfolgender Karte mit Blaustift umschrieben und [...] bezeichnet. Dieselben bestehen aus Röt- und Kalkboden 7er und 8er Klasse, haben also sehr geringen landwirtschaftlichen Wert und können auch nach Ansicht des Domänenpächters Herrn Oberamtmann Suntheim ohne Nachteil für die Domäne abgegeben werden. Als Ersatz für dieselben könnte eine Arrondierung der Domäne nach Osten (der Gemarkung Petersberg), wo ohnehin augenscheinlich das Zusammenlegungsverfahren stattfindet und besserer Lehm- und Sandlehmboden 4er, 5er und 6er Klasse an die Domäne stößt, stattfinden. Landwirtschaft-

lich wäre dieser Tausch für die Domäne sogar von großem Nutzen, da er ihr die fast gänzlich fehlenden besseren Bodenklassen insbesondere auch für Zuckerrüben zuführen würde.

Wenn es seitens der Königlichen Regierung gewünscht werden sollte, würden wir auch noch den Streifen A.A.A. II, einen ziemlich wertlosen Weideabhang mit in Tausch nehmen, um auf demselben schattige Anpflanzungen vorzunehmen und auf diese Weise eine Verbindung der Arbeiterwohnungen mit dem Rauschenberg-Walde herzustellen, doch legen wir hierauf geringeren Wert; der Pächter der Domäne könnte es jedoch vielleicht wünschen.

Da das Zusammenlegungsverfahren der Gemarkung Petersberg, wie schon erwähnt, jetzt die günstigste Gelegenheit gibt, einen Geländeaustausch in für die Domäne vorteilhafter und für die Zwecke unseres Vereins außerordentlich förderlichster Weise herbeizuführen, die Entscheidung aber auch sehr bald getroffen werden müsste, weil sonst das Verfahren zu weit vorgeschritten wäre, um den Tausch auszuführen, richten wir an Königliche Regierung die Bitte, den Austausch der Flächen […] vom Gelände der Domäne Ziehers nach einliegender Karte gegen entsprechende Abfindung durch Gelände aus der Gemarkung Petersberg […] gütigst genehmigen und uns hierüber recht bald Bescheid erteilen zu wollen.

4) Bericht des Arbeitsamts Fulda vom 8. August 1930 (StadtAFd, Bestand 22, Nr. 513)

Die Arbeitsmarktlage im Arbeitsamtsbezirk Fulda unter besonderer Berücksichtigung der Stadt Fulda

Im Mittelpunkt des Arbeitsamtsbezirks Fulda mit den 3 Kreisen Fulda, Gersfeld und Hünfeld liegt die Stadt Fulda als einziger Ort von wirtschaftlicher Bedeutung. Der Bezirk wird im Osten von der Rhön und im Westen vom Vogelsberg begrenzt, Die einzige Bahnlinie, die den im Arbeitsamtsbezirk wohnenden Arbeitnehmern die Möglichkeit geben könnte, außer in der Stadt Fulda Beschäftigung aufzunehmen, ist die Straße Frankfurt-Bebra. Eine tägliche Hin- und Rückfahrt nach Frankfurt am Main ist nicht möglich, wodurch die Aufnahme der Arbeit in Frankfurt erschwert wird. Hinzu kommt noch, da in diesem Jahre fast alle Versuche, in Frankfurt Arbeit zu finden, scheiterten.

Die landwirtschaftliche Bevölkerung besteht zum größten Teil aus Kleinbauern. Die Ackerkrume in der Rhön und im Vogelsberg ist so wenig ertragreich, daß die Einwohner der größten Gemeinden im Osten und Westen zu 90% aus Arbeitern bestehen, z.B. die Ortschaften Großenlüder, Kleinlüder, Müs, Hosenfeld, Magdlos, Wüstensachsen, Lahrbach, Hettenhausen, Die Bevölkerung der Gemeinden Horas, Petersberg, Künzell mit Bachrain besteht überwiegend aus Arbeitern. Diese Gemeinden sind mit Fulda eng verbunden, sodaß ein ortsunkundiger kaum feststellen kann, ob er in Fulda oder in einer dieser Gemeinden ist. Mit der Eingemeindung dieser Ortschaften ist zu rechnen. Aus dem bisher gesagten geht hervor, daß fast die gesamte Arbeitnehmerschaft des Arbeitsamtsbezirks von der wirtschaftlichen Lage der Stadt Fulda abhängig ist. Eine Ausnahme macht nur der nördliche Teil des Kreises Hünfeld, der zum Teil nach Hersfeld und zum Teil nach dem Werratal (Kaliindustrie) orientiert ist.

Im Landkreis Fulda ist nur ein Betrieb in Haimbach, der über 20 Personen beschäftigt. Im Landkreis Gersfeld sind es 2 Betriebe, die mehr als 20 Personen beschäftigen.

Die Stadt Fulda mit ihren 27.500 Einwohnern versorgt die Konsumenten des gesamten Bezirks mit sämtlichen Verbrauchs- und Gebrauchsgegenständen. Die Folge ist ein reger Handels- und Geschäftsverkehr, der jetzt infolge der großen Arbeitslosigkeit ins Stocken geraten ist. Der Geschäftsverkehr

konnte sich in Fulda nur so entwickeln, weil die weit über die Grenze Deutschlands bekannten Unternehmungen in der Stadt Fulda durchschnittlich gut beschäftigt waren. Sie boten nicht nur der Arbeiterschaft Fuldas Verdienstmöglichkeiten, sondern dem größten Teil der Arbeiterschaft des Arbeitsamtsbezirks.
Wir haben in Fulda in der Hauptsache Metall-, Textil-, Wachs- und Gummi-Industrie. Im Vorjahr war die Beschäftigung in den Betrieben noch mittelmäßig, während in diesem Jahre entweder die Betriebe geschlossen wurden oder nur mit stark verminderter Arbeiterzahl weitergeführt werden konnten. Um den alten Stamm von Arbeitern zu halten, arbeiten fast alle Betriebe mit nur ganz wenigen Ausnahmen verkürzt.
Der Baumarkt liegt nicht nur in Fulda, sondern auch im ländlichen Teil des Bezirks vollkommen still.
Von den aus Mitteln der Reichsanstalt am 31. Juli 1930 unterstützen 1.629 Personen gehören allein dem Bau- und Baunebengewerbe 950 an.
Im Arbeitsamtsbezirk werden insgesamt 2.018 Arbeitslose unterstützt. Diese Zahl gibt aber über die tatsächliche Arbeitslosigkeit kein klares Bild.
Es wurden im Jahre 1930 1.868 Anträge abgelehnt, weil die Voraussetzungen zum Bezuge der Unterstützung nicht gegeben waren, und 798 Personen wurden ausgesteuert. Aus Wohlfahrtsmitteln werden zur Zeit 389 Arbeitslose unterstützt, also von oben aufgeführten 2.666 nur ein kleiner Bruchteil. Die Zahl der Wohlfahrtserwerbslosen ist so gering, weil die Bezirksfürsorgeverbände die festgesetzten Richtsätze einhalten. Die nicht unterstützten Personen belasten aber auch weiterhin den Arbeitsmarkt.
Es kommt noch hinzu, daß 4 Großbetriebe in Fulda vom Arbeitsamt mit Kurzarbeiterunterstützung betreut werden und 3 weitere, darunter die Emaillier- und Gummiwerke nur noch 4 und 5 Tage arbeiten (Kurzarbeiterunterstützung wird bei einer Beschäftigung von 4 und 5 Tagen nicht gewährt).
Die Lage auf dem Arbeitsmarkt ist also trostlos. Das Einkommen fast der gesamten Arbeitnehmerschaft ist stark gekürzt oder ganz fortgefallen.
Die handwerksmäßigen Betriebe der Stadt Fulda leiden an Auftragsmangel. Die gestellten Rechnungen werden nur langsam und schleppend bezahlt.
Der Einzelhandel klagt mit Recht über das anhaltende ruhige Geschäft. In der Lebensmittelbranche ist der Umsatz stark zurückgegangen. Bäcker, Fleischer und Kolonialwarenhändler müssen noch einen großen Teil des Umsatzes ohne Bargeld abgeben.
Wenn auch die überwiegende Zahl der Unterstützungsempfänger nicht in Fulda-Stadt wohnt, so wirkt sich aber die Arbeitslosigkeit, wie vorstehend geschildert, ganz besonders in finanzieller Hinsicht für die Stadt aus.
Eine baldige Belebung der Wirtschaft ist nicht zu erwarten, sodaß wir im hiesigen Bezirk in den Wintermonaten, wenn die Krisenunterstützung für alle Berufe zugelassen wird, mit einer Unterstütztenzahl von über 9.000 rechnen, von denen mindestens 5.500 den Bauberufen sowie den Baunebenberufen angehören werden.
Hoffentlich gelingt es der Stadt Fulda, denn diese kommt für den Arbeitsmarktbezirk allein in Frage, die katastrophale Lage auf dem Arbeitsmarkt im kommenden Winter durch Arbeitsbeschaffung auf dem Baumarkt, wenn nicht zu beseitigen, so doch zu lindern.

Der Vorsitzende
i.V. Pfaff

5) Die Vorsitzenden des Aufsichtsrats

Dr. Georg Antoni (1899–1930), Oberbürgermeister (Abb. 36)

Der 1862 in Linden (heute Stadtteil von Hannover) geborene Antoni wurde nach Jurastudium und anwaltlicher Tätigkeit 1894 Oberbürgermeister in Fulda. Nach dreimaliger Wiederwahl schied er 1930 altersbedingt aus dem Amt aus. Als Mitglied der Zentrumspartei gehörte er lange Zeit überregionalen Gremien an, unter anderem dem Kommunallandtag in Kassel, dem Preußischer Staatsrat, dem Kreistag und dem Kreisausschuss Fulda. In seiner langen Amtszeit verdoppelte Fulda seine Einwohnerzahl von 14.000 auf 28.000 und modernisierte seine Infrastruktur (u.a. Gas- und Elektrizitätsversorgung, Wasserleitungsnetz und Kanalisation). Die Stadt wuchs weit über den mittelalterlichen Mauerring hinaus, insbesondere im Bereich der am Ende des 19. Jahrhunderts errichteten Artilleriekaserne an der Leipziger Straße, dem neuen Stadtviertel zwischen dem heutigen Universitätsplatz und dem Bahnhof sowie an der Petersberger Straße und der Frankfurter Straße. Bedeutende Industrieunternehmen wie die Gummiwerke siedelten sich in seiner Amtszeit an. Die unter Antoni professionell aufgestellte Stadtverwaltung zog vom Kanzlerpalais in das Stadtschloss. Vor allem Dr. Antoni war es zu verdanken, dass Fulda am 1. April 1927 kreisfrei wurde. Sein geschichtliches Interesse führte 1896 zur Gründung des Fuldaer Geschichtsvereins, dessen erster Vorsitzender er bis 1930 war. Seine Verdienste um den von ihm maßgeblich initiierten „Bauverein für den Kreis Fulda“ wurden dadurch gewürdigt, dass die vom Verein um die Jahrhundertwende errichtete Georgstraße im Jahre 1950 in Georg-Antoni-Straße umbenannt wurde.

Dr. Franz Danzebrink (1930–1941), Oberbürgermeister (Abb. 75)

Nach juristischem und volkswirtschaftlichem Studium an den Universitäten in Bonn und Freiburg im Breisgau kam der 1899 in Prüm geborene Danzebrink 1925 nach Fulda, wo er bei der Stadtverwaltung im Range eines Magistratsassessors als Beamter in den städtischen Dienst übernommen wurde. Ihm oblagen in dieser Zeit die Bearbeitung sämtlicher Rechtsangelegenheiten sowie die Leitung des Fürsorgewesens. Nach dem Ausscheiden von Dr. Georg Antoni als Oberbürgermeister wurde Danzebrink am 21. März 1930 zu Antonis Nachfolger gewählt.

Bei der Machtübernahme 1933 stellte sich Danzebrink den Nationalsozialisten zunächst entgegen, arrangierte sich dann aber insoweit mit den Verhältnissen, als er sich auf die Sachpolitik konzentrierte und die Propaganda sowie die Repressionsmaßnahmen den ihm zur Seite gestellten Bürgermeister Karl Ehser überließ. Im Jahre 1942 wurde Danzebrink für weitere zwölf Jahre in seinem Amt bestätigt, stand aber als Oberleutnant der Wehrmacht zwischen 1940 und 1944 meist im Feld. Auch nach dem Einmarsch der Amerikaner blieb er zunächst Oberbürgermeister. Erst am 25. Juni 1945 wurde er von der Besatzungsmacht verhaftet. Die Untersuchung seiner Amtstätigkeit im Rahmen eines Spruchkammerverfahrens führte im November 1947 bei der Spruchkammer Fulda zu dem Ergebnis, dass er in die Gruppe III der Minderbelasteten eingestuft wurde. 1954 wurde Danzebrink nicht zuletzt aufgrund seiner guten politischen Kontakte Kommunalreferent im Bundesinnenministerium. Er starb 1960 in Bonn.

Unter Hinweis darauf, dass Danzebrink in den letzten Kriegstagen Fulda nicht gegen die anrückenden Amerikaner verteidigen ließ und damit die Stadt vor der Zerstörung bewahrt habe, widmete man ihm im Jahre 1964 eine Straße im damaligen Neubaugebiet am Aschenberg. Wegen Danzebrinks Mitverantwortung bei der Umsetzung der nationalsozialistischen Unrechtspolitik in Fulda und insbesondere wegen der in seiner Amtszeit erfolgten Deportation von Juden sowie Sinti und Roma wurde 2023 mit großer Mehrheit von der Stadtverordnetenversammlung beschlossen, den Straßennamen umzuwidmen. Sein Portrait in der „OB-Galerie" des Stadtschlosses wurde belassen und mit einem Kommentar versehen

Karl Ehser (1941–1945), Bürgermeister

(Abb. 84)

Der gelernte Schlosser wurde 1893 in Fulda geboren. Hier gründete er mit wenigen Weggefährten 1925 eine Ortsgruppe der NSDAP. Zusammen mit dem aus Großenlüder stammenden Lehrer Rudolf Jordan (1902–1988), dem späteren Gauleiter von Halle-Merseburg, war Ehser die treibende Kraft in den Anfangsjahren der Partei, die im katholisch geprägten Fuldaer Land zunächst auf energischen Widerstand stieß. Ehser, seit Mai 1931 Mitglied der Stadtverordnetenversammlung, machte im nationalsozialistischen Staat schnell Karriere. Ohne fachliche Kenntnisse bekleidete er seit März 1933 das Amt des ehrenamtlichen Ersten Beigeordneten, das ihn zum Stellvertreter des Oberbürgermeisters machte. Zum 1. April 1934 wurde er durch den preußischen Innenminister zum hauptamtlichen Ersten Beigeordneten und Kämmerer der Stadt Fulda berufen. In dieser Funktion zog er alle Fäden und hatte als Parteimann der ersten Stunde einen weitaus stärkeren Rückhalt im neuen Staat als Oberbürgermeister Dr. Franz Danzebrink. Zusammen mit Stadtbaurat Emil Kunkel war Ehser der maßgebliche Drahtzieher des Fuldaer Synagogenbrandes und der Pogromnacht vom 9. auf den 10. November 1938. In den letzten Kriegstagen flüchtete er kurz vor dem Einmarsch der Amerikaner aus Fulda. Er wurde jedoch bald aufgegriffen und von der Militärregierung am 4. April 1945 interniert. Das Landgericht Kassel verurteilte Ehser im Mai 1948 wegen schwerer Brandstiftung zu vier Jahren Zuchthaus und vier Jahren Ehrverlust, „weil er in ehrloser Weise seine Pflichten, die er als Bürgermeister den Bewohnern der Stadt gegenüber hatte, außer Acht ließ und die Allgemeinheit gefährdete, um als Parteigenosse Zwecken der NSDAP dienen zu können". Ehser, der nach dem Krieg ohne Selbstzweifel immer wieder seine Verdienste um die Stadt betonte, verstarb 1980 in Fulda.

Erich Schmidt (1945–1946), Oberbürgermeister (Abb. 98)

Der 1882 in Ratibor (Schlesien) geborene Schmidt wechselte aus Kattowitz, wo er die dortige Filiale der Dresdner Bank leitete, in die gleiche Funktion 1923 nach Fulda. Aufgrund seiner unbelasteten politischen Vergangenheit bestellte ihn die amerikanische Militärregierung am 26. Juni 1945 zum Oberbürgermeister von Fulda als Nachfolger des einen Tag zuvor aus dem Amt entfernten bisherigen Stadtoberhaupts Dr. Franz Danzebrink. In seiner etwas mehr als einjährigen Regierungszeit hatte Erich Schmidt die erste Phase des Wiederaufbaus zu leiten. Neben der Wiederherstellung der zerstörten Infrastruktur gehörte seine Sorge vor allem der Aufnahme von Vertriebenen und Flüchtlingen sowie der Sicherstellung der Lebensmittelversorgung. Zudem galt es, die von der Besatzungsmacht eingeleitete demokratische Umerziehung administrativ umzusetzen. Mit dem Motto „Alles für unser liebes Fulda sei die Parole!" appellierte der neue Oberbürgermeister im Juli 1945 an den Aufbauwillen und die Spendenbereitschaft der Fuldaer Bevölkerung. Trotz seiner Verdienste konnte Schmidt nach der Rückgabe der Kommunalverwaltung an die deutschen Stellen die neu zugelassenen politischen Parteien nicht für eine neue Amtszeit hinter sich bringen. Die am 26. Mai 1946 neu konstituierte Stadtverordnetenversammlung wählte den Christdemokraten Dr. Cuno Raabe zum Oberbürgermeister. Die Verpflichtung Schmidts endete am 31. Juli 1946. Er starb 1965 in Konstanz.

Dr. Cuno Raabe (1946–1966), Oberbürgermeister (Abb. 101)

Der gebürtige Fuldaer (*1888) wirkte als promovierter Jurist zunächst beim Berliner Magistrat. Als Stadtrat für die Zentrumspartei in Königsberg (Ostpreußen) kam er in Kontakt mit dem späteren Widerstandskämpfer Carl Friedrich Goerdeler. Seit 1929 war Dr. Raabe Oberbürgermeister in Hagen. 1933 wurde er von den Nationalsozialisten abgesetzt und in „Schutzhaft" genommen. Nach dem gescheiterten Attentat am 20. Juli 1944 wurde er verhaftet und vor dem Volksgerichtshof angeklagt, rechtzeitig aber bei Kriegsende aus der Haft 1945 befreit. Zurück in seiner Heimatstadt Fulda war Dr. Raabe maßgeblich beim Aufbau der CDU beteiligt. Als Mitglied und Vizepräsident der verfassungsgebenden Versammlung von Groß-Hessen und späterer Abgeordneter im hessischen Landtag sowie als dessen erster Vizepräsident spielte Dr. Raabe auch in der Landespolitik eine wichtige Rolle. Am 1. August 1946 wählte ihn die Stadtverordnetenversammlung zum Oberbürgermeister. Bis zu seiner Amtsniederlegung 1956 organisierte er maßgeblich den Wiederaufbau der städtischen Infrastruktur, die Integration der Vertriebenen sowie den Wohnungs- und Schulbau. In seine Amtszeit fällt der Ankauf der Domäne Ziehers (1953). Bis 1968 stand Dr. Raabe auch 20 Jahre lang dem Fuldaer Geschichtsverein vor. Er starb 1971 während eines Kuraufenthalts in Gersfeld. Neben einer Grundschule am Gallasiniring trägt auch eine Straße in Ziehers Süd seinen Namen.

112 | Karl Becker (1966–1978), Steuerberater

Hans Runk (1978–1999), Sparkassendirektor (Abb. 105)

Seit 1967 war der aus Stockach am Bodensee gebürtige Runk (*1934) für die Kreissparkasse Fulda tätig, seit 1973 als Mitglied des Vorstands und seit 1980 als dessen Vorsitzender. Die 1998 fusionierte Stadt- und Kreissparkasse Fulda hatte in ihm ihren ersten Vorstandsvorsitzenden. Dieses Amt gab er anlässlich seiner Versetzung in den Ruhestand ebenso auf wie seine Tätigkeit bei der Wohnungsgenossenschaft. Hans Runk starb im Juni 2024 im Alter von 90 Jahren.

Karl Becker (1966–1978), Steuerberater (Abb. 112)

Seit 1933 gehörte der 1897 in Obervellmar geborene und 1924 nach Fulda gekommene Karl Becker dem Aufsichtsrat an. Insbesondere in der Wiederaufbauphase nach dem Zweiten Weltkrieg erwarb sich Becker große Verdienste um die Genossenschaft. Von 1966 bis 1978 stand er dem Aufsichtsrat vor. In seine Amtszeit fielen die Sanierung des in die Jahre gekommenen Wohnungsbestandes sowie die Neubauten am Kleegarten. Becker starb 1981 in Fulda.

Alois Früchtl (1999–2002), Sparkassendirektor (Abb. 113)

Nach Fertigstellung und Bezug des Großprojektes „Waldschlösschen" galt es, den Fortbestand des Unternehmens für seine Mitglieder und Mieter zu sichern. Hierfür wurden grundsätzliche Entscheidungen getroffen und langfristig wirkende Maßnahmen eingeleitet, deren Ziele die Sicherung der Liquidität, die Verbesserung der Kostenstruktur und die Wiederherstellung einer tragfähigen Eigenkapitalquote waren. Im Zuge seiner neuen Verantwortung als Vorstandsvorsitzender der Sparkasse Fulda als Hauptkreditgeberin der Genossenschaft gab er das Amt des Aufsichtsratsvorsitzenden zur Wahrung seiner Neutralität in 2002 ab.

113 | Alois Früchtl (1999–2002), Sparkassendirektor

114 | Hans-Joachim Frohnapfel, Steuerberater

Hans-Joachim Frohnapfel (2002–2025), Steuerberater (Abb. 114)

Unter ihm als Vorsitzenden des Aufsichtsrates wurde der unter seinem Vorgänger Herrn Sparkassendirektor Alois Früchtl eingeleitete Konsolidierungskurs konsequent fortgesetzt. Dabei kam der Genossenschaft auch die langjährige Erfahrung des Herrn Frohnapfel aus seiner Tätigkeit als Prüfungsleiter bei wohnungswirtschaftlichen genossenschaftlichen Prüfungsverbänden und aus der steuerlichen Beratung einer Vielzahl von Wohnungsunternehmen zugute. Nach OB a.D. Dr. Georg Antoni als erstem Vorsitzenden des Aufsichtsrates der GWG wies er als letzter Vorsitzender dieses Gremiums die zweitlängste Amtszeit auf.

115 | Die Mitglieder des Aufsichtsrats (von links): Hans-Joachim Frohnapfel, Dieter Detsch, Thomas Jahn, Gerhard Möller, Franz Heimann, Klaus Gärtner und Gerhard Schön.

6) Organe zum Zeitpunkt der Liquidation

— Aufsichtsrat

Hans-Joachim Frohnapfel	Steuerberater (Vorsitzender)
Gerhard Möller	Oberbürgermeister a. D. (stellv. Vorsitzender)
Franz Heimann	Immobilienkaufmann
Dieter Detsch	Postbeamter a. D.
Klaus Gärtner	Technischer Beamter a. D.
Thomas Jahn	Schreinermeister
Gerhard Schön	Sparkassenangestellter a. D.

116 | Die Mitglieder des Vorstands Martina Sauer und Peter Schramm

— Vorstand

Martina Sauer	Steuerfachangestellte
Peter Schramm	Bilanzbuchhalter

7) Das Team

117 | Monika Burkard, kaufmännische Mitarbeiterin.

118 | Andreas Laibach, Hausmeister im Sanitär- und Heizungsbereich.

119 | Achim Bolst, Hausmeister im Malerbereich.

120 | Dirk Kremser, Hausmeister im Bereich Grünpflege.

8) Liste der Immobilien zum 31.12.2021

Belegenheit	Wohnfläche/ Nutzfläche	Anzahl der Wohnungen	Fläche der Grundstücke (qm)
Am Jagdstein 1	475,68	7	472,00
Am Jagdstein 3	843,14	8	408,00
Am Jagdstein 7	420,12	6	353,00
Am Jagdstein 9	658,93	10	474,00
Am Kleegarten 10	741,42	10	1.167,00
Am Kleegarten 4	742,65	10	1.145,00
Am Kleegarten 6	761,6	10	1.170,00
Am Kleegarten 8	757,04	10	1.167,00
Am Kleegarten 12	588,18	7	557,00
Am Kleegarten 14	599,23	7	651,00
Am Kleegarten 60	299,89	5	510,50
Am Kleegarten 62	299,15	5	510,50
Am Rötacker 1	410,32	5	1.006,00
Am Waldschlösschen 59	742,34	9	2.293,00
Am Waldschlösschen 59a	390,29	8	
Am Waldschlösschen 59b	531,26	8	
Am Waldschlösschen 61	359,23	6	1.841,00
Am Waldschlösschen 61a	389,63	6	
Am Waldschlösschen 67	516,2	8	1.379,00
Am Waldschlösschen 67a	551,17	9	
Am Waldschlösschen 67b	542,23	8	2.527,00
Am Waldschlösschen 67c	538,97	9	
Am Waldschlösschen 71	493,54	8	1.185,00
Am Waldschlösschen 71a	587,66	9	
Am Waldschlösschen 71b	493,54	8	1.777,00
Am Waldschlösschen 71c	587,66	9	
Am Waldschlösschen 75	542,23	8	1.317,00
Am Waldschlösschen 75a	538,97	9	
Am Waldschlösschen 75b	493,54	8	1.686,00
Am Waldschlösschen 75c	587,66	9	
Am Waldschlösschen 77	176,62	4	689,00
Am Waldschlösschen 77a	322,68	4	1.099,00

Belegenheit	Wohnfläche/ Nutzfläche	Anzahl der Wohnungen	Fläche der Grundstücke (qm)
Am Waldschlösschen 79	190,8	4	
Am Waldschlösschen 79a	166,76	2	
Am Waldschlösschen 81	183,54	4	1.327,00
Am Waldschlösschen 81a	407,58	6	1.962,00
Am Waldschlösschen 83	183,54	4	
Am Waldschlösschen 83a	414,46	6	
Am Waldschlösschen 85a	421,77	6	4.495,00
Am Waldschlösschen 87a	420,21	6	
Baugulfstr. 2	475,9	5	994,00
Dientzenhoferstr. 3	209,84	3	483,00
Dientzenhoferstr. 5	215,59	3	357,00
Dientzenhoferstr. 7	210,74	3	476,00
Dientzenhoferstr. 9	450,01	7	805,00
Dientzenhoferstr. 11	169,76	3	375,00
Dientzenhoferstr. 13	468,06	7	626,00
Dientzenhoferstr. 15	169,76	3	391,00
Dientzenhoferstr. 17	478,5	7	872,00
Dientzenhoferstr. 18	400,2	6	584,00
Dientzenhoferstr. 19	481,71	7	731,00
Dientzenhoferstr. 20	322,05	6	572,50
Dientzenhoferstr. 20a	225,3	3	572,50
Dientzenhoferstr. 21	483,48	7	371,00
Georg-Antoni-Str. 13	158,09	3	405,00
Georg-Antoni-Str. 15	398,25	6	936,00
Georg-Antoni-Str. 16	1015,78	12	495,00
Georg-Antoni-Str. 18	721,91	8	495,00
Georg-Antoni-Str. 20	877,09	12	667,00
Georg-Antoni-Str. 21	406,39	6	936,00
Georg-Antoni-Str. 22	80,92	1	
Georg-Antoni-Str. 23	537,06	6	829,00
Georg-Antoni-Str. 25	630,92	9	935,00
Georg-Antoni-Str. 28	464,29	7	1.976,00
Georg-Antoni-Str. 32	222,28	4	419,00
Georg-Antoni-Str. 34	228,32	4	367,00

Belegenheit	Wohnfläche/ Nutzfläche	Anzahl der Wohnungen	Fläche der Grundstücke (qm)
Georg-Antoni-Str. 36	216,15	4	
Petersberger Str. 62	722,51	1	462,00
Petersberger Str. 73	218,17	3	447,00
Petersberger Str. 75	140,64	2	427,00
Petersberger Str. 77	243,37	3	535,00
Petersberger Str. 79	400,56	5	353,00
Petersberger Str. 81	400,78	6	356,00
Petersberger Str. 83	170,94	2	457,00
Petersberger Str. 85	243,92	3	479,00
Petersberger Str. 87	243,92	3	442,00
Ratgarstr. 1	412,81	5	991,00
Ratgarstr. 2	413,64	6	979,00
			55.766
Gesamt	**33701,04**	**476**	**55.766,00**

9) Aufstellung der Mietobjekte mit Bindung / ohne Bindung

Straße	öffentlich	frei	Bindung bis
Am Jagdstein 1		7	
Am Jagdstein 3	8		31.12.2092
Am Jagdstein 7	6		31.12.2091
Am Jagdstein 9	10		31.12.2041
Am Kleegarten 4	8	2	30.11.2027
Am Kleegarten 6	7	3	31.12.2076
Am Kleegarten 8	10		31.12.2027
Am Kleegarten 10	10		31.12.2027
Am Kleegarten 12	7		31.12.2020
Am Kleegarten 14	7		31.12.2020
Am Kleegarten 60	5		30.11.2027
Am Kleegarten 62	2	3	30.11.2027
Am Rötacker 1		5	
Am Waldschlösschen 59	9		31.12.2096
Am Waldschlösschen 59a	8		31.12.2096
Am Waldschlösschen 59b	8		31.12.2096
Am Waldschlösschen 61		6	
Am Waldschlösschen 61a		6	
Am Waldschlösschen 67	8		31.12.2096
Am Waldschlösschen 67a	9		31.12.2096
Am Waldschlösschen 67b	8		31.12.2098
Am Waldschlösschen 67c	9		31.12.2098
Am Waldschlösschen 71	8		31.12.2098
Am Waldschlösschen 71a	9		31.12.2098
Am Waldschlösschen 71b	8		31.12.2098
Am Waldschlösschen 71c	9		31.12.2098
Am Waldschlösschen 75	8		31.12.2098
Am Waldschlösschen 75a	9		31.12.2098
Am Waldschlösschen 75b	8		31.12.2098
Am Waldschlösschen 75c	9		31.12.2098
Am Waldschlösschen 77		4	
Am Waldschlösschen 77a		4	
Am Waldschlösschen 79		4	

Straße	öffentlich	frei	Bindung bis
Am Waldschlösschen 79a		2	
Am Waldschlösschen 81		4	
Am Waldschlösschen 81a		6	
Am Waldschlösschen 83		4	
Am Waldschlösschen 83a		6	
Am Waldschlösschen 85a		6	
Am Waldschlösschen 87a		6	
Baugulfstr. 2		5	
Dientzenhoferstr. 3		3	
Dientzenhoferstr. 5		3	
Dientzenhoferstr. 7		3	
Dientzenhoferstr. 9		7	
Dientzenhoferstr. 11		3	
Dientzenhoferstr. 13		7	
Dientzenhoferstr. 15		3	
Dientzenhoferstr. 17		7	
Dientzenhoferstr. 18		6	
Dientzenhoferstr. 19		7	
Dientzenhoferstr. 20	6		30.11.2027
Dientzenhoferstr. 20a	3		30.11.2027
Dientzenhoferstr. 21		7	
Georg-Antoni-Str. 13		3	
Georg-Antoni-Str. 15		6	
Georg-Antoni-Str. 16	12		31.12.2092
Georg-Antoni-Str. 18	8		31.12.2092
Georg-Antoni-Str. 20	12		31.12.2092
Georg-Antoni-Str. 21		6	
Georg-Antoni-Str. 22		1	
Georg-Antoni-Str. 23	6		31.12.2041
Georg-Antoni-Str. 25	9		31.12.2041
Georg-Antoni-Str. 28		7	
Georg-Antoni-Str. 32	4		31.12.2037
Georg-Antoni-Str. 34	4		31.12.2037

Straße	öffentlich	frei	Bindung bis
Georg-Antoni-Str. 36	4		31.12.2037
Petersberger Str. 62		5	
Petersberger Str. 73		3	
Petersberger Str. 75		2	
Petersberger Str. 77		3	
Petersberger Str. 79		5	
Petersberger Str. 81		6	
Petersberger Str. 83		2	
Petersberger Str. 85		3	
Petersberger Str. 87		3	
Ratgarstr. 1		5	
Ratgarstr. 2		6	
	275	**205**	

10) Wohnungsgemeinnützigkeit
(Ein Beitrag von Hans-Joachim Frohnapfel)

Zum 01.01.1990 hat der Gesetzgeber im Rahmen des Steuerreformgesetzes 1990 das bis dahin geltende Wohnungsgemeinnützigkeitsgesetz (WGG) und die dies ergänzende Durchführungsverordnung (WGGDV) aufgehoben. Das sich aus diesen Regelungen ergebende Wohnungsgemeinnützigkeitsrecht resultierte aus einer entsprechenden Gesetzgebung im Jahr 1940. Aber schon vor dem Jahr 1940 bis zurück zu den Jahren 1851 und 1867 waren bereits Prinzipien der Gemeinnützigkeit von Wohnungsunternehmen in einer Vielzahl von Landes- und Reichsgesetzen verankert. Die ersten gemeinnützigen Wohnungsunternehmen waren in der Mitte des 19. Jahrhunderts entstanden.

Somit gehörte auch die GWG Immobiliengenossenschaft Fulda eG in ihren unterschiedlichen Firmierungen seit ihrer Gründung im Jahr 1899 zum Kreis der gemeinnützigen Wohnungsunternehmen. Bei diesen gemeinnützigen Wohnungsunternehmen handelte es sich im Wesentlichen um Genossenschaften, Kapitalgesellschaften in unterschiedlicher Rechtsform, Stiftungen und Körperschaften des öffentlichen Rechtes. Gesellschafter der Kapitalgesellschaften waren insbesondere Kommunen, Landkreise, Länder, der Bund bzw. Unternehmen des Bundes, Kirchen, Industriebetriebe und sonstige gewerbliche Unternehmen.

Der Status eines gemeinnützigen Wohnungsunternehmens beruhte auf der Grundlage eines staatlichen Anerkennungsverfahrens. Diese Anerkennung führte zu einer Befreiung von der Körperschaft-, Gewerbe- und Vermögensteuer und der Gewährung von weiteren Steuererleichterungen.

Diese Steuerprivilegien standen im Wesentlichen folgende gesetzlichen Bindungen und Auflagen gegenüber.

1.
Beschränkung des Geschäftskreises auf den Bau, die Betreuung, die Bewirtschaftung sowie auf den Verkauf von Wohnungen sowie auf städtebauliche Entwicklungs- und Sanierungsmaßnahmen.

2.
Beschränkung der Miete auf die Höhe der Kostenmiete auch für freifinanzierte Wohnungen bzw. für öffentlich geförderte Wohnungen nach Entfall der hieraus resultierenden Bindung.

3.
Beschränkung der an die Anteilseigner (Mitglieder der Genossenschaft, Gesellschafter) auszuzahlenden Dividende auf maximal 4 Prozent des jeweils eingezahlten Kapitals.

4.
Vermögensbindung in der Weise, dass das Vermögen des Wohnungsunternehmens während des Bestehens des Unternehmens nur zur Erfüllung der gemeinnützigen Zwecke einzusetzen war (z.B. Baupflicht) und dass das nach Auflösung des Unternehmens verbleibende Vermögen gemeinnützigen Zwecken zuzuführen war.

5.
Unabhängigkeit von Angehörigen des Baugewerbes.

6.
Mustervertragszwang.

7.
Zwang zur Begrenzung der Verwaltungskosten.

8.
Prüfungspflicht hinsichtlich der Jahresabschlüsse und der ordnungsgemäßen Geschäftsführung unter Einbeziehung der Frage, ob das jeweilige Unternehmen die Bindungen und Auflagen eingehalten hat, durch den zuständigen Prüfungsverband.

Mit der Aufhebung des Wohnungsgemeinnützigkeitsgesetzes und der Durchführungsverordnung zum 01.01.1990 sind die Steuerbefreiungen, aber auch alle Auflagen und Bindungen entfallen.

Der Anteil der gemeinnützigen Wohnungsunternehmen an den nach 1945 errichteten Sozialwohnungen (ca. 60% der insgesamt errichteten Sozialwohnungen) und der Anteil an der Wohnungsversorgung insbesondere in den Großstädten (ca. ein Drittel) macht die Bedeutung der bis zum 01.01. 1990 gemeinnützigen Wohnungsunternehmen an der Versorgung der Bevölkerung mit Wohnraum deutlich.

Die Auswirkungen der Aufhebung der Gemeinnützigkeit in der Wohnungswirtschaft sind gerade zur Zeit der Auflösung der GWG Immobiliengenossenschaft Fulda eG noch spürbar. Einerseits sind die Mehreinnahmen des Fiskus an Steuern (Körperschaftsteuer und Gewerbesteuer) aufgrund der relativ günstigen steuerlichen Rahmenbedingungen für die Unternehmen beim Übergang in die Steuerpflicht überschaubar. Andererseits steht die Steigerung staatlicher Transferleistungen (z.B. Wohngeld) diesen Mehreinnahmen ohnehin entgegen. Weiterhin sind die nachhaltigen Probleme bei der Versorgung breiter Bevölkerungsschichten mit Wohnraum nicht zuletzt das Ergebnis dieses Paradigmenwechsels. Umfangreiche Wohnungsbestände im Bereich der öffentlichen Hand und von gewerblichen Unternehmen wurden zur Sanierung der eigenen Finanzen veräußert, Gewinne aus der Vermietung werden nicht mehr im Umfang wie ehedem für Investitionen in Neubauten oder im Bestand eingesetzt und der Entfall der Mietpreisbeschränkung auf die Kostenmiete hat entsprechende negative Auswirkungen.

Für die GWG Immobiliengenossenschaft Fulda eG ist der Status eines gemeinnützigen Wohnungsunternehmens aufgrund einer gesetzlichen Übergangsfrist von einem Jahr erst zum 01.01.1991 entfallen. Eine sich neu und ausschließlich für Genossenschaften ergebende Möglichkeit der Steuerbefreiung konnte von der Genossenschaft nicht in Anspruch genommen werden, da die hierfür zu erfüllende Voraussetzung, dass die nicht aus der Vermietung von Wohnungen an Mitglieder resultierenden Einnahmen nicht mehr als 10% der Gesamteinnahmen betragen, nicht erfüllt werden konnte.

Die GWG Immobiliengenossenschaft Fulda eG kann für sich in Anspruch nehmen, dass sie trotz des Eintritts in die Steuerpflicht und des Entfalls der früheren Auflagen und Bindungen auch in den Jahren nach 1990 den Grundprinzipien der früheren Gemeinnützigkeit im Wohnungswesen treu geblieben ist.

QUELLEN UND LITERATUR

Archivalische Quellen im Stadtarchiv Fulda (StadtAFd)

Historisches Archiv

– Bestand I A (Protokolle der Gemeindeausschüsse)
— Nr. 1157: Beschlüsse der Beigeordnetenkonferenz, 1950.

– Bestand III A (Gesuche, Klagen und Wahlen)
— Nr. 23: Wahl des bisherigen Magistratsrats Dr. jur. Franz Danzebrink zum neuen Oberbürgermeister der Stadt Fulda, 1925–1950.

– Bestand VIII Bb (Grundstückserwerb)
— Nr. 29: Ankauf der Domäne Ziehers, 1894–1924

– Bestand VIII Bf (Mietverträge)
— Nr. 7: Unterhaltung und Vermietung der Notwohngebäude in der städtischen Sandgrube an der Haimbacher Straße, 1925–1935.

– Bestand XII E (Unterhaltung von Straßen und Plätzen)
— Nr. 60: Der Fluchtlinienplan für die Kohlhäuser Straße, den Wallweg und Edelzeller Weg, sowie über das Gelände am Zickegarten zwischen Petersberger- und Künzeller Straße, 1892–1918.
— Nr. 90: Der Ausbau der Straße am Kleegarten, 1920–1931.
— Nr. 91: Die Benennung der Straßen in der Stadt Fulda, 1920–1932.

– Bestand XII H (Wohnungsbau)
— Nr. 8: Die Errichtung von Notwohnungsbauten an der Haimbacher Straße (Sandhohle), 1925–1930.
— Nr. 9: Die vorstädtische Kleinsiedlung (Edelzeller Siedlung), 1931–1935.

– Bestand XIII Ca (Feuerlöschwesen, Brandversicherung)
— Nr. 63: Brandversicherungskataster

Verwaltungsarchiv

– Bestand 4 (Personalamt)
— Nr. 119: Personalakte Dr. Franz Danzebrink, 1950–1960.
— Nr. 143: Personalakte Michael Josef Eberlein, 1919–1932.
— Nr. 257: Personalakte Heinrich Halling, 1946–1972.
— Nr. 291: Personalakte Eduard Henkel, 1908–1959.
— Nr. 440: Personalakte Karl Laux, 1920–1940.
— Nr. 486: Personalakte Fritz Mellin, 1919–1945.
— Nr. 2223: Personalakte Joseph Wohlgemuth, 1890–1928.
— Nr. 2508: Personalakte Joseph Beitz, 1896–1938.
— Nr. 7711: Personalakte Karl Ehser, 1934–1946.

– Bestand 6 (Hauptamt)
— Nr. 474: Verfügungen der Militärregierung, 1947–1949.
— Nr. 477: Entlassungen der Beamten, Angestellten und Arbeiter bei den Reichsbehörden, Landesbehörden und Kommunalbehörden, Anordnungen der amerikanischen Besatzungsmacht, 1939–1947.
— Nr. 478: Bekanntmachungen der Militärregierung, 1945–1951.

– Bestand 10 (Kämmerei)
— Nr. 966: Baudarlehen an den Eigenhandbauverein, Gruppe: Zieherser Weg, 1921–1923.
— Nr. 1003: Baudarlehen an die Stadt Fulda für die städtischen Wohnhausbauten im Kohlhäuser Feld, 1920–1921.
— Nr. 1669: Hauszinssteuerhypothek Am Jagdstein 1, 1939–1964.
— Nr. 1670: Hauszinssteuerhypothek Dientzenhoferstraße 18, 1938–1964.

— Nr. 1671: Hauszinssteuerhypothek Dientzenhoferstraße 24 a, 1937–1964.
— Nr. 1685: Hauszinssteuerhypothek Ecke Marquardstraße 40 / Bosestrasse 7, 1925–1974.
— Nr. 1686: Hauszinssteuerhypothek Ecke Marquardstrasse 42 / Bosestrasse 10, 1929–1975.
— Nr. 1687: Hauszinssteuerhypothek Baugulfstrasse 2 bzw. Ratgarstrasse 1, 1928–1974.
— Nr. 1688: Hauszinssteuerhypothek Dientzenhoferstrasse 3,5 und 7, 1924–1974.
— Nr. 1689: Hauszinssteuerhypothek Dientzenhoferstrasse 9, 1926–1974.
— Nr. 1690: Hauszinssteuerhypothek Am Waldschlösschen 69–79, 1945–1981.
— Nr. 1691: Hauszinssteuerhypothek Dientzenhoferstrasse 11 und 13, 1926–1975.
— Nr. 1692: Hauszinssteuerhypothek Dientzenhoferstrasse 20, 20a, 20b und 24b, 1929–1975.
— Nr. 1693: Hauszinssteuerhypothek Dientzenhoferstrasse 19 und 21, 1927–1975.
— Nr. 1694: Hauszinssteuerhypothek Petersberger Straße 77, 79, 81 und 83, 1926–1975.
— Nr. 1695: Hauszinssteuerhypothek Am Kleegarten 11 und 13, 1929–1964.
— Nr. 1696: Hauszinssteuerhypothek Petersberger Straße 73 und 75, 1926–1974.
— Nr. 1697: Hauszinssteuerhypothek Petersberger Straße 85 und 87, 1927–1974.
— Nr. 1698: Hauszinssteuerhypothek Ratgarstraße 2, 1928–1974.
— Nr. 1699: Hauszinssteuerhypothek Am Waldschlösschen 81 und 83, 1931–1974.
— Nr. 2842: Hauszinssteuerhypothek Am Kleegarten 1, 1926–1964.
— Nr. 2843: Hauszinssteuerhypothek Bosestraße 5, 1926–1964.
— Nr. 2844: Hauszinssteuerhypothek Ratgarstraße 1, 1929–1935.
— Nr. 2845: Hauszinssteuerhypothek Dientzenhoferstraße 22 und Am Jagdstein 1, 1929–1964.
— Nr. 2846: Hauszinssteuerhypothek Am Waldschlösschen 65 und 67, 1930–1964.
— Nr. 2847: Hauszinssteuerhypothek Am Waldschlösschen 65a und 67a, 1931–1965.
— Nr. 2848: Hauszinssteuerhypothek Am Waldschlösschen 73a und 75a, 1938.
— Nr. 2849: Hauszinssteuerhypothek Am Waldschlösschen 79, 1932–1965.

– Bestand 13 (Polizeiverwaltung)
— Nr. 72: Acta betr. den Fuldaer Spar-und Bauverein. Specialia, 1893–1916.

– Bestand 14 (Ordnungs- und Meldebehörde)
— Alte und neue Meldekartei.

– Bestand 16 (Standesamt)
— Sterbeerstbücher 1944 und 1945.

– Bestand 22 (Hochbauamt)
— Nr. 510: Wohnbaracken und Notunterkünfte, 1921–1935.
— Nr. 513: Zusätzliches Wohnbauprogramm des Reichs, 1930.
— Nr. 1189: Unterhaltung der gemeindeeigenen Wohnhäuser und sonstigen Gebäuden, Siedlungsplanung am Kohlhäuser Feld, Mietspiegel, 1920–1947.

– Bestand 23 (Tiefbauamt)
— Nr. 1–4-: Schadenslisten, 1945.

Karten und Pläne

– Stadtpläne
— Fa 13: Plan der Stadt Fulda. Verlag Aloys Maier, Fulda 1899.
— Fa 22: Plan der Stadt Fulda, 1910.
— Fa 31: Pharus-Plan Fulda, Pharus-Verlag,, Berlin 1921.

Bauakten

Im Aufbau befindlicher Bestand im Stadtarchiv aus der Abgabe des analogen Bauaktenarchivs im Bauaufsichtsamt.

Sammlungen und Nachlässe

– Nachlass 199, Abgabe des Archivs der Gemeinnützigen Wohnungsgenossenschaft e.G. Fulda
— Nr. 1: Gründung eines Bauvereins für den Kreis Fulda. Vorgeschichte der Gründung; Gründungsversammlung; Statuten, 1899–1927.
— Nr. 2: Bestellung des Vorstandes, 1900–1924.
— Nr. 3: Sitzungsbuch des Vorstandes des Bauvereins Nr. I. Protokolle der Sitzungen 1899 bis 1904, 1899–1904.
— Nr. 4: Protokollbuch des Vorstandes des Bauvereins II. Protokolle der Sitzungen 1904 bis 1924, 1904–1924.
— Nr. 5: Protokollbuch des Vorstandes des Bauvereins III. Protokolle der Sitzungen 1924 bis 14.1.1933, 1924–1933.

— Nr. 6: Protokollbuch des Vorstandes des Bauvereins IV. Protokolle der Sitzungen 21.1.1933 bis 4.7.1938, 1933–1938.
— Nr. 7: Protokollbuch des Vorstandes des Bauvereins V. Protokolle der Sitzungen 9.8.1938 bis 5.11.1955, 1938–1955.
— Nr. 8: Protokollbuch des Vorstandes des Bauvereins VI. Protokolle der Sitzungen 17.12.1955 bis 31.12.1973, 1955–1973.
— Nr. 9: Protokollbuch des Vorstandes des Bauvereins VII. Protokolle der Sitzungen 1.1.1974 bis 11.4.1979, 1974–1979.
— Nr. 10: Sitzungsbuch des Aufsichtsrats des Bauvereins I. Protokolle der Sitzungen 30.10.1899 bis 11.4.1932, 1899–1932.
— Nr. 11: Sitzungsbuch des Aufsichtsrats des Bauvereins II. Protokolle der Sitzungen vom 23.8.1932 bis 24.7.1941, 1932–1941.
— Nr. 12: Sitzungsbuch des Aufsichtsrats des Bauvereins III. Protokolle der Sitzungen vom 9.8.1941 bis 8.9.1978, 1941–1978.
— Nr. 13: Protokollbuch der Hauptversammlungen / Mitgliederversammlungen. Protokolle der Sitzungen vom 28.4.1901 bis 9.8.1941, 1901–1941.
— Nr. 14: Protokollbuch der Hauptversammlungen / Mitgliederversammlungen. Protokolle der Sitzungen vom 26.3.1942 bis 30.6.1978, 1942–1978.
— Nr. 15: Niederschriften über die ordentlichen und außerordentlichen Hauptversammlungen der Erbbaugenossenschaft, Protokolle der Sitzungen vom 29.4.1932 bis 9.8.1941, 1932–1941.
— Nr. 16: Niederschriften über die gemeinsamen Sitzungen des Vorstandes und des Aufsichtsrats der Erbbaugenossenschaft Fulda. Protokolle der Sitzungen vom 10.5.1932 bis 9.8.1941, 1932–1941.
— Nr. 17: Einladungen und Protokolle zu Sitzungen des Vorstands und des Aufsichtsrats. Enthält auch: DM-Eröffnungsbilanz; Umstellungsgrundschulden; Liste der im Zweiten Weltkrieg zerstörten Häuser der Genossenschaft; Geschäftsberichte; Zeitungsausschnitte zur Währungsreform, 1944–1950.
— Nr. 18: Einladungen und Protokolle zu Sitzungen des Vorstands und des Aufsichtsrats. Enthält: Geschäftsberichte und Satzungen. Darin: Plan Waldschlösschen, 1946–1960.
— Nr. 19: Jahresrechnungen, Abschlüsse, 1900–1931.
— Nr. 20: Bauakte Georg-Antoni-Straße 16–26. Darin: Fotos, 1964–1965.
— Nr. 21: Gebäude- und Hypothekenkonto der Erbbaugenossenschaft, 1931–1938.
— Nr. 22: Liste der Genossen, 1899–1912.
— Nr. 23: Liste der Genossen, 1912–1941.
— Nr. 24: Niederschriften über die Vorstandssitzungen der Erbbaugenossenschaft. Protokolle der Sitzungen vom 27.10.1921 bis19.2.1930, 1921–1930.
— Nr. 25: Niederschriften über die Vorstandssitzungen der Erbbaugenossenschaft. Protokolle der Sitzungen vom 22.3.1930 bis 15.5.1939, 1930–1939.
— Nr. 26: Sammelakte mit Fotos und Presseausschnitten. Verschmelzungsvertrag zwischen dem Bauverein und der Erbbaugenossenschaft vom 8. August 1941. Darin: Lageplan Georgstraße (um 1901), 1901–1981.
— Nr. 27: 100 Jahre Gemeinnützige Wohnungsgenossenschaft. Unterlagen zum Jubiläum, 1999.

Literaturverzeichnis

50 Jahre Hess. Heimstätte, Zweigstelle Fulda, in: Fuldaer Monatsspiegel 28 (1979), Heft 8, S. 16.

Abt, Jan / Ruhe, Alexander: Das Neue Frankfurt. Der soziale Wohnungsbau in Frankfurt am Main und sein Architekt Ernst May, Weimar u.a. 2008 (Grundrisse. Schriften zur Architektur- und Stadtbaugeschichte 12).

Adressbuch der Stadt Fulda 1901, zusammengestellt von Wilhelm Trabert, Fulda o.J.

Adress-Buch der Stadt Fulda 1911, zusammengestellt von Ignaz Remmert, Fulda 1911.

Becker, Franziska: Nationalsozialistische Siedlungen im Raum Fulda. Die Siedlungen Trätzhof und Haderwald, in: Fuldaer Geschichtsblätter 96 (2020), S. 135–157.

Berge, Otto: Das Schicksal der Fuldaer Domänen 1815 bis 1820, in: Fuldaer Geschichtsblätter 58 (1982), S. 125–135.

Birkenbach, Paul: Erinnerungen an den Rhöndichter Ludwig Nüdling, in: Jahrbuch des Landkreises Fulda 1996, S. 195–202.

Bonifatiusbote. Kirchenzeitung für das BistumFulda, Mainz u.a. 1893–1939.

Bundesbahn-Ausbesserungswerk Fulda (Hg.), 125 Jahre. 1867–1992, Bundesbahn-Ausbesserungswerk Fulda. DB, Fulda 1992.

Bundesgesetzblatt des Norddeutschen Bundes, Berlin 1867–1871.

Buschmann, Walter: Architektonische und städtebauliche Formen im Arbeitersiedlungsbau des 19. Jahrhunderts in Deutschland, in: Arbeitersiedlungen im 19. Jahrhundert. Historische Entwicklung, Bedeutung und aktuelles Erhaltungsinteresse, hg. von Johannes BIECKER und Walter BUSCHMANN, Bochum 1985, S. 22–65.

DENKMALTOPOGRAPHIE Bundesrepublik Deutschland. Kulturdenkmäler in Hessen: Stadt Fulda, hg. vom LANDESAMT für Denkmalpflege Hessen, Braunschweig/Wiesbaden 1992.

DIE WOHNUNG FÜR DAS EXISTENZMINIMUM. Auf Grund der Ergebnisse des 2. Internationalen Kongresses für Neues Bauen, sowie der vom Städtischen Hochbauamt in Frankfurt am Main veranstalteten Wander-Ausstellung, Frankfurt am Main 1930.

EBERLEIN, Josef: Die bauliche Entwicklung Fuldas, in: Erwin STEIN (Hg.), Monographien deutscher Städte, Band XXXIV: Fulda, Berlin-Friedenau 1930, S. 25–45.

EBERSTADT, Rudolf: Handbuch des Wohnungswesens und der Wohnungsfrage, Jena 1909.

ENGBRING-ROMANG, Udo: Fulda. Auschwitz. Zur Verfolgung der Sinti in Fulda, Darmstadt 1996 (Schriften des Verbands deutscher Sinti und Roma, LV Hessen, Band 3).

ENGBRING-ROMANG, Udo: Machtsicherung, Opposition, Widerstand und Verfolgung (1933–1945), in: FULDAER GESCHICHTSVEREIN (Hg.), Geschichte der Stadt Fulda, Band II, S. 135–163.

ERBBAU-GENOSSENSCHAFT FULDA E.G.M.B.H. (Hg.), Geschäftsbericht für das Jahr 1928, Fulda 1929; Geschäfts-Bericht für das Geschäftsjahr 1931, Fulda 1932.

FECHTER, Sabine: Heimatschutzbauten in Mainfranken. Entwicklungen und Wandlungen von Baupflege 1900–1975, Petersberg 2006 (Quellen und Materialien zur Hausforschung in Bayern 13).

FEUSSNER, HELMUT / FISCHER, Friedhelm: Von der „Heimstätte" zur Wohnstadt. Transformationen eines Unternehmens zwischen „Weimarer Republik" und 21. Jahrhundert, Kassel 2008.

FULDA – Das Stadtlexikon, hg. vom FULDAER GESCHICHTSVEREIN. Redaktion: Thomas HEILER und Klaus H. ORTH, Fulda 2019.

FULDAER GESCHICHTSVEREIN (Hg.), Geschichte der Stadt Fulda. Band I: Von den Anfängen bis zum Ende des Alten Reiches, Fulda 2009. Band II: Von der fürstlichen Residenz zum hessischen Sonderstatus, Fulda 2008.

FULDAER KREISBLATT, Fulda 1885–1920.

FULDAER NACHRICHTENBLATT, Fulda 1945.

FULDAER SPAR- UND BAUVEREIN eGmbH zu Fulda (Hg.): Geschäftsbericht für das Jahr 1907, Fulda 1908; Geschäftsbericht für das Jahr 1913, [Fulda 1914]; Geschäftsbericht für das Kriegs-Jahr 1914, [Fulda 1915].

FULDAER VOLKSZEITUNG, hg. von der FULDAER VERLAGSANSTALT, Fulda 1945–1974.

FULDAER ZEITUNG, hg. vom Verlag PARZELLER, Fulda 1874 ff.

GEISSLER, Rainer: Die Sozialstruktur Deutschlands, 7. Aufl., Wiesbaden 2014.

GEMEINNÜTZIGE WOHNUNGSGENOSSENSCHAFT E.G. (Hg.): 100 Jahre Tradition und Fortschritt, Fulda 1999.

GLASER, Marita: Emaillierwerk, in: FULDA – Das Stadtlexikon, S. 113–114.

GÖTTE, Bernd: Mann mit weitem Horizont. Ex-Sparkassenchef Hans Runk ist verstorben, in: FULDAER ZEITUNG vom 4. Juni 2024, S. 15.

GUT, Albert: Der Wohnungsbau in Deutschland nach dem Weltkriege. Seine Entwicklung unter der unmittelbaren und mittelbaren Förderung durch die Gemeindeverwaltungen, München 1928.

HAENEL, Erich / TSCHARMANN, Heinrich (Hg.): Das Mietwohnhaus der Neuzeit, Leipzig 1913.

HAERENDEL, Ulrike: Kommunale Wohnungspolitik im Dritten Reich. Siedlungsideologie, Kleinhausbau und „Wohnraumarisierung" am Beispiel Münchens, München 1999 (Studien zur Zeitgeschichte, Bd. 57).

HARTUNG, Martin: Thielemann, Viktor Prof. Dr., in: Fulda - Das Stadtlexikon, S. 490 f.

HEILER, Thomas u.a.: „Alles für Fulda". Aspekte der Kommunalpolitik 1946–2006, Begleitband zur Ausstellung, 28. April - 9. Juli 2006, Vonderau-Museum Fulda, Petersberg 2006 (Kataloge des Vonderau Museums Fulda 17).

HEILER, Thomas: „Harmonie", in: FULDA – Das Stadtlexikon, S. 210 f.

HEILER, Thomas: Adam, Fritz, in: FULDA - Das Stadtlexikon, S. 13 f.

HEILER, Thomas: Berta, Franz Anton, in: FULDA – Das Stadtlexikon, S. 47.

HEILER, Thomas: Berta, Wachswarenfabrik, in: FULDA – Das Stadtlexikon, S. 47.

HEILER, Thomas: Danzebrink, Franz Dr., in: FULDA - Das Stadtlexikon, S. 90.

HEILER, Thomas: Der „Fall" Dr. Franz Danzebrink, in: FULDAER GESCHICHTSBLÄTTER 98 (2022), S. 95–132.

HEILER, Thomas: Der Synagogenbrand in Fulda und seine juristische Aufarbeitung nach 1945, in: FULDAER GESCHICHTSBLÄTTER 90 (2014), S. 109–143.

HEILER, Thomas: Ehser, Karl, in: FULDA – Das Stadtlexikon, S. 110 f.

HEILER, Thomas: EIKA Wachswerke Fulda GmbH, in: FULDA – Das Stadtlexikon, S. 112.

HEILER, Thomas: Erster Weltkrieg, in: FULDA – Das Stadtlexikon, S. 421.

Heiler, Thomas: Fulda Reifen, in: FULDA – Das Stadtlexikon, S. 156.

HEILER, Thomas: Gewerbeausstellung, in: FULDA – Das Stadtlexikon, S. 170.

HEILER, Thomas: Gies Wachswerke, in: FULDA – Das Stadtlexikon, S. 179 und 185.

HEILER, Thomas: Grundlinien der Fuldaer Industriegeschichte im 19. und 20. Jahrhundert, in: Georg KLEIN / Thomas HEILER, Maschinenbau in Fulda. Klein & Stiefel 1905–1979. Begleitbuch zur Ausstellung im Vonderau Museum Fulda. 20. Januar – 2. April 2006 (Vonderau Museum Fulda – Kataloge 16), Petersberg 2006, S. 6–16.

HEILER, Thomas: Industrialisierung, Urbanisierung und soziale Frage in der Geschichte Fuldas, in: Karl-Heinz BRAUN / Frank DÖLKER (Hg.), Stadtporträt: Fulda, Dialoge mit Wolfgang Hamberger, Hildegard Hast, Thomas Heiler und Peter Krahulec, 2. Aufl., Baltmannsweiler 2016, S. 95–141.

HEILER, Thomas: Kleine Stadtgeschichte Fulda. Vom 12. März bis zum Aufbruch im geeinten Deutschland, Fulda 2020

HEILER, Thomas: Mahr, Hermann in: FULDA – Das Stadtlexikon, S. 317.

HEILER, Thomas: Mehler AG (Technische Textilweberei), in: FULDA – Das Stadtlexikon, S. 324.

HEILER, Thomas: Nationalsozialismus, in: FULDA – Das Stadtlexikon, S. 354–357.

HEILER, Thomas: Rübsam Wachswarenfabrik, in: FULDA – Das Stadtlexikon, S. 412.

HEILER, Thomas: Schmidt, Erich, in: FULDA – Das Stadtlexikon, S. 421.

HEILER, Thomas: Schmitt, Anton, in: FULDA – Das Stadtlexikon, S. 422 f.

HEILER, Thomas: Unter der Diktatur des Nationalsozialismus, in: DERS., Kleine Stadtgeschichte, S. 265–296.

HEILER, Thomas: Von der Industrialisierung bis zum Ende des Ersten Weltkrieges (1866–1918), in: FULDAER GESCHICHTSVEREIN (Hg.), Geschichte der Stadt Fulda, Band II, S. 43–99.

HESSISCHES INSTITUT FÜR LANDESGESCHICHTE (Hg.), Jordan, Karl Rudolf, in: Hessische Biografie <https://www.lagis-hessen.de/pnd/118825534> (Stand: 27.10.2024).

HESSISCHES INSTITUT FÜR LANDESGESCHICHTE (Hg.): Burkhardt, Hans, in: Hessische Biografie <https://www.lagis-hessen.de/pnd/130469513> (Stand: 28.5.2024).

HUSE, Herbert: „Neues Bauen" 1918 bis 1933. Moderne Architektur in der Weimarer Republik, München 1975.

JENKIS, Helmut: Die gemeinnützige Wohnungswirtschaft zwischen Markt und Sozialbindung. Aufsätze und Abhandlungen, 2 Bände, Berlin 1995 (Schriften zum Genossenschaftswesen und zur Öffentlichen Wirtschaft 14/I und II).

JESTAEDT, Aloys: Kataster der Stadt Fulda im XVIII. und XIX. Jahrhundert, 3 Teile, Fulda 1937–1940 (23.-25. Veröffentlichung des Fuldaer Geschichtsvereins).

KANN, Beate: Büttner, Sigrid, in: FULDA – Das Stadtlexikon, S. 82.

KANN, Beate: Rang, Franz, in: FULDA – Das Stadtlexikon, S. 401–402.

KANTHER, Michael A. KANTHER / PETZINA, Dietmar: Victor Aimé Huber (1800–1869). Sozialreformer und Wegbereiter der sozialen Wohnungswirtschaft, hg. vom GdW Bundesverband deutscher Wohnungsunternehmen e.V., Berlin 2000 (Schriften zum Genossenschaftswesen und zur Öffentlichen Wirtschaft 36).

KERN, B.-R.: Genossenschaft, in: REALLEXIKON DER GERMANISCHEN ALTERTUMSKUNDE, 2. Aufl. hg. von Friedrich BECK u.a., Band 11, Berlin u.a. 1998, S. 82–87.

KIRCHHOFF, Werner: Städtebau und Architektur (1803–1945), in: FULDAER GESCHICHTSVEREIN (Hg.), Geschichte der Stadt Fulda, Band II, S. 575–610.

KLEIN, Thomas: Der Regierungsbezirk Kassel 1933–1936. Die Berichte des Regierungspräsidenten und der Landräte, 2 Teile, Darmstadt und Marburg 1995 (Quellen und Forschungen zur hessischen Geschichte 64).

KLEIN, Thomas: Die Hessen als Reichstagswähler. Tabellenwerk zur politischen Landesgeschichte 1867–1933, Band 2: Provinz Hessen-Nassau und Waldeck-Pyrmont, Marburg 1992 (Veröffentlichungen der Historischen Kommission für Hessen, Bd. 51/2).

KOELBLIN, Anne: August Menken (1856–1903). Späthistorist zwischen Köln, Berlin und Danzig, Petersberg 2004.

KOPPE, R[obert] O[skar]: Kleinwohnungsbauten für Behörden, gemeinden, Baugesellschaften und Industrie und Bergmannswohnstätten aus der Praxis ..., Leipzig 1921.

KUNKEL, Emil: Eine Stadt wandelt ihr Gesicht. Die bauliche Entwicklung der Stadt Fulda in jüngster Zeit, in: FULDAER ZEITUNG vom 29./30. Januar 1938, [S. 5].

LANG, Paul: Heinrich Fidelis Müller (1837–1905). Priester und Komponist. Leben und Werk, Petersberg 2005.

LOCHMANN, Gustav: Als der Ami kam. Fulda in der Stunde der Entscheidung [2. Auflage], Hünfeld 1995.

LÜBBERT, Wilhelm u.a. (Bearb.): Kleinstwohnungs-Grundrisse, Berlin 1928 (Mitteilungen der Reichsforschungsgesellschaft für Wirtschaftlichkeit im Bau- und Wohnungswesen, Sonderheft 1).

MAUERSBERG, Hans: Die Wirtschaft und Gesellschaft Fuldas in neuerer Zeit. Eine städtegeschichtliche Studie, Göttingen 1969.

MEINEKE, E.: Genossenschaft, in: REALLEXIKON DER GERMANISCHEN ALTERTUMSKUNDE, 2. Aufl. hg. von Friedrich BECK u.a., Band 11, Berlin u.a. 1998, S. 79–82.

MÖLLER, Gerhard: Raabe, Cuno Dr., in: FULDA – Das Stadtlexikon, S. 399 f.

MOTT, Michael: Wachswarenfabrikant Carl Rübsam, in: Michael MOTT, Fuldaer Köpfe, Band II, Fulda [2007], S. 169–172.

MOTT, Michael: Weingroßhändler Joseph Schmitt, in: MOTT, Fuldaer Köpfe, Band II, S. 50–53.

MUTHESIUS, Hermann: Kleinhaus und Kleinsiedlung, München 1918.

NOVY, Klaus (Hg.): Wohnreform in Köln. Geschichte der Baugenossenschaften, Köln 1986.

OBERHESSISCHE VOLKSZEITUNG vom 6. Juni 1975.

ORTH, Klaus H.: Die Fuldaer Rabbiner-Villa. Selbstbewusstsein und Selbstverständnis der jüdischen Familie Cahn. Eine dokumentarische Annäherung, Petersberg 2024 (Dokumentationen zur Stadtgeschichte 34).

OTT, ELISABETH / HEILER, Thomas: Der Erste Weltkrieg in Fulda, hg. vom MAGISTRAT DER STADT FULDA, Fulda 2014 (Dokumentationen zur Stadtgeschichte 31).

PÜNDER, Tilman: Gesundheitswesen und Soziales, in: FULDAER GESCHICHTSVEREIN (Hg.), Geschichte der Stadt Fulda, Band II, S. 435–477.

RAULF, Christian: Verwaltungsgeschichte (1930–1939), in: FULDAER GESCHICHTSVEREIN (Hg.), Geschichte der Stadt Fulda, Band II, S. 115–134.

REICHSARBEITSBLATT. Amtsblatt des Reichsarbeitsministeriums ..., Berlin 1903–1945.

REICHSGESETZBLATT, hg. vom Reichsministerium des Innern, Berlin 1871–1945.

RHÖNBAUERN in neuer Heimat. Ein Stück Dalherda rings um den Trätzhof, in: FULDAER ZEITUNG vom 30. September 1938, [Heimatbeilage zwischen Rhön und Vogelsberg, S. 1].

RICHTER, Rainer: Victor Aimé Huber (1800–1869) – Wegbereiter der heutigen Wohnungsbaugenossenschaften, in: Hermann Schulze-Delitzsch und die Konsum-, Produktiv- und Wohnungsgenossenschaften, hg. von der HENNING-KAUFMANN-STIFTUNG, Hamburg 2011, S. 24–31.

RÖSENER, Werner: Genossenschaft, in: LEXIKON DES MITTELALTERS, hg. von Robert-Henri BAUTIER u.a., Band IV, Sp. 1234–1236.

SAGAN, GÜNTER / HEILER, THOMAS / KANN, Beate: Der Tod kam in der Mittagszeit. Fulda im Bombenkrieg 1944–1945, Gudensberg-Gleichen 2004.

SAGAN, Günter: Besatzungsjahre 1945–1949, in: FULDAER GESCHICHTSVEREIN (Hg.), Geschichte der Stadt Fulda, Band II, S. 205–238.

SAGAN, Günter: Die Bevölkerung hatte Verluste. Der Luftkrieg im Raum Fulda vom September 1939 bis zum März 1945, Fulda 1994 (58. Veröffentlichung des Fuldaer Geschichtsvereins).

SAGAN, Günter: Fulda 1944. Die Katastrophe im Krätzbachbunker, Petersberg 2022.

SCHÄFER, Karl: Festschrift 75 Jahre Gemeinnützige Wohnungsgenossenschaft eG Fulda 1899–1974, Fulda 1974.

SCHMIDT, Mathias: Gasversorgung, in: FULDA – Das Stadtlexikon, S. 170 f.

SCHOEPS, Hans-Joachim: Victor Aimé Huber, in: NEUE DEUTSCHE BIOGRAPHIE, hg. von der Historischen Kommission bei der Bayerischen Akademie der Wissenschaften, Band 9, Berlin 1972, S. 688 f.

SCHULZ, Joachim: Vom Handel zur Produktion. Drei Generationen der Familie Stern gestalten den Wandel, .in: Sabine FECHTER (Hg.), Fulda handelt. Fulda prägt. 1000 Jahre Münz-, Markt- und Zollrecht. Begleitband zur Ausstellung im Vonderau Museum Fulda vom 12. März bis zum 4. August 2019 (Vonderau Museum Fulda - Kataloge 47), Petersberg 2019, S. 336–358.

STRADAL, H.: Genossenschaft, in: HANDWÖRTERBUCH ZUR DEUTSCHEN RECHTSGESCHICHTE, hg. von Adalbert ERLER und Ekkehard KAUFMANN, Band I, Berlin 1971, Sp. 1522–1527.

STURM, Erwin: Die Bau- und Kunstdenkmale der Stadt Fulda, Fulda 1984 (52. Veröffentlichung des Fuldaer Geschichtsvereins).

TRABERT, Franz-Georg: Politische Öffentlichkeit – Die Entstehung und Entwicklung der politischen Parteien, in: FULDAER GESCHICHTSVEREIN (Hg.), Geschichte der Stadt Fulda, Band II, S. 340–366.

TREBER, Leonie: Mythos Trümmerfrauen. Von der Trümmerbeseitigung in der Kriegs- und Nachkriegszeit und der Entstehung eines deutschen Erinnerungsortes, Essen 2014.

UNGER, Ludwig: Arbeitnehmerinteressen, Familienpolitik und religiöse Verinnerlichung. Die Katholische Arbeitnehmer-Bewegung im Bistum Fulda von 1887 bis zum Ende des Dritten Reiches, in: FULDAER GESCHICHTSBLÄTTER 71 (1995), S. 117–162.

UNVERGESSENE HEIMAT rund um´s Dammerfeld. Die abgesiedelten Ortschaften des Truppenübungsplatzes Wildflecken, 2. Aufl. Horb am Neckar 1988.

VERSE, Frank (Hg.): Als die Demokratie zurückkam. 75 Jahre Verfassung in Hessen und Fulda. Begleitband zur gleichnamigen Ausstellung im Vonderau Museum Fulda, 15. Juli bis 24. Oktober 2021, Petersberg 2021 (Kataloge des Vonderau Museums 50)

VERWALTUNGSBERICHT der Stadt Fulda 1895/96: Erster Bericht über die Verwaltung und den Stand der Gemeinde-Angelegenheiten der Stadt Fulda zum Schlusse des Geschäftsjahres 1895/96, Fulda 1897.

VERWALTUNGSBERICHT der Stadt Fulda 1896–1900: Zweiter Bericht über die Verwaltung und den Stand der Gemeinde-Angelegenheiten der Stadt Fulda in den Geschäftsjahren 1896–1900, Fulda 1901.

VERWALTUNGSBERICHT der Stadt Fulda 1901–1905: Dritter Bericht über die Verwaltung und den Stand der Gemeinde-Angelegenheiten der Stadt Fulda in den Geschäftsjahren 1901–1905, Fulda 1906.

VERWALTUNGSBERICHT der Stadt Fulda 1932. Ungedrucktes Exemplar im StadtAFd, Bibliothek (Z 237).

VERWALTUNGSBERICHT der Stadt Fulda 1933. Ungedrucktes Exemplar im StadtAFd, Bibliothek (Z 237).

VERWALTUNGSBERICHT der Stadt Fulda 1939. Ungedrucktes Exemplar im StadtAFd, Bibliothek (Z 237).

VERWALTUNGSBERICHT der Stadt Fulda für das Haushaltsjahr 1946. Ungedrucktes Exemplar im StadtAFd, Bibliothek (Z 237).

VERWALTUNGSBERICHT des städtischen Wohlfahrtsamts 1932. Ungedrucktes Exemplar im StadtAFd (Z 237)

VÖGLER, Gudrun: Wilhelm Friedrich von Oranien-Nassau, Fürst von Nassau (1802–1806) und König Wilhelm I. der Niederlande (1815–1840), Petersberg 2018 (Dokumentationen zur Stadtgeschichte 32).

WAGEMANN, Ernst (Hg.): Wochenbericht des Instituts für Konjunkturforschung 3 (1930), Nr. 20, S. 80.

WEICHLEIN, Siegfried: Kleinstadtgesellschaft und katholisches Milieu. Fulda 1866 bis 1933, in Walter HEINEMEYER / Berthold JÄGER (Hg.): Fulda in seiner Geschichte. Landschaft, Reichsabtei, Stadt, Fulda / Marburg 1995 (Veröffentlichungen der Historischen Kommission für Hessen 57), S. 461–501.

WILLMS, Günther: Westbahnhof. Porträt eines Notquartiers, in: FULDAER GESCHICHTSBLÄTTER 74 (1998), S. 187–214.

IMPRESSUM

Herausgeber

GWG Immobiliengenossenschaft Fulda eG i.L.

Redaktion

Dr. Thomas Heiler, Hans-Joachim Frohnapfel

Michael Imhof Verlag GmbH & Co. KG

Stettiner Straße 25, 36100 Petersberg

Tel.: 0661 2919166 0; Fax: 0661 2919166 9

E-Mail: info@imhof-verlag.de

www.imhof-verlag.de

Gestaltung und Reproduktion

Margarita Licht, Michael Imhof Verlag

Fotos

Magistrat der Stadt Fulda, Stadtarchiv

Druck und Bindung

mediaprint solutions GmbH, Paderborn

Printed in EU

ISBN 978-3-7319-1516-4